乐游全球·全年无休

重磅旅游图书
《欧洲攻略》新装升级
一如既往带您畅游香港

欧洲攻略

旅游行家亲历亲拍！
最美欧洲热地大赏！

GUIDE

2015-2016
最新全彩版

《欧洲攻略》编辑部 编著

华夏出版社
HUAXIA PUBLISHING HOUSE

目录 CONTENTS

欧洲攻略

A 速度看欧洲！ ···015
B 速度去欧洲！ ···017
C 速度行欧洲！ ···020
D 速度玩欧洲！ ···023
E 速度买欧洲！ ···026
F 速度吃欧洲！ ···028

Part.1 英国伦敦 ···030

好玩

白金汉宫 ···032
大英博物馆 ···033
威斯敏斯特宫 ···033
海德公园 ···033
大本钟 ···034
伦敦塔桥 ···034
伦敦眼 ···034
特拉法尔加广场 ···035
泰晤士河 ···035
国王十字车站 ···035
皇家植物园 ···036
肯辛顿宫 ···036
诺丁山 ···036

好买

Hatchards ···037
Floris ···037
骑士桥购物区 ···038

好吃

Paxton&Whitfield ···039
Fortnum&Mason ···039
Prestat ···039

Part.2 英国剑桥&牛津 ···040

好玩

剑河 ···042
剑桥大学 ···043
牛津大学 ···044

好买

爱丽丝的店 ···045
剑桥书店 ···045
牛津商业中心 ···045
剑桥市集广场 ···045

Part.3 英国苏格兰&威尔士 ···046

好玩

爱丁堡城堡 ···048
圣十字架宫 ···049
格拉斯哥大教堂 ···049
苏格兰博物馆 ···049

华莱士纪念塔	…049
斯诺登尼亚国家公园	…050
波特梅里恩	…050
哈勒赫城堡	…050

好买

苏格兰威士忌遗产中心	…051
威尔士城堡工艺品百货	…051

Part.4 英国其他 …052

好玩

利物浦马修街	…054
斯特拉夫德镇	…055
曼彻斯特艾伯特广场	…055
温莎城堡	…055
史前巨石阵	…056
哈德良城墙	…056
巨人之路	…056
林肯大教堂	…056
约克大教堂	…057
皇家新月楼	…057
温德米尔湖	…057
卡里克空中索桥	…057

Part.5 法国巴黎 …058

好玩

凯旋门	…060
埃菲尔铁塔	…061
战神广场	…061
爱丽舍宫	…061
协和广场	…061
罗丹美术馆	…062
荣军院	…062
丽都	…062
巴黎唐人街	…063
卢浮宫	…063
艺术桥	…063
塞纳河	…064
西岱岛	…064
巴黎圣母院大教堂	…064
加尼埃歌剧院	…065
先贤祠	…065
红磨坊	…065
蓬皮杜文化艺术中心	…066
巴士底广场	…066
圣日耳曼德佩教堂	…066
布卢瓦城	…067
尚博堡	…067
巴黎迪斯尼乐园	…067
凡尔赛宫	…068
枫丹白露宫	…068
布隆尼森林	…068

好买

香榭丽舍大街	…069
蒙田大道	…069
瑞士村跳蚤市场	…070
巴黎春天百货	…070
老佛爷百货	…070
米其林专卖店	…070

好吃

JEAN-PAUL HEVIN	…071
和平咖啡馆	…071
双叟咖啡馆	…072
力普啤酒馆	…072
波克普咖啡馆	…072
花神咖啡馆	…072
皮耶赫梅	…073
狡兔之家	…073
双风车咖啡馆	…073
雨果咖啡馆	…073

Part.6 法国其他 ···074

好玩

马赛旧港	···076
马赛市政厅	···077
隆尚宫	···077
古罗马剧场	···077
罗马竞技场	···077
塞尚故居	···078
米哈波林荫大道	···078
里昂老城	···078
里昂圣母教堂	···079
贝勒库尔广场	···079
夏慕尼	···079
冰海	···080
依云镇	···080
南针峰	···080
安纳西	···081
戛纳影节宫	···081
尼斯昂日湾	···081

好买

马赛肥皂店	···082
亚维农时钟广场	···082
Alziari橄榄油专卖店	···083
圣凯瑟琳街	···083

Part.7 德国柏林 ···084

好玩

勃兰登堡门	···086
菩提树下大街	···087
犹太人牺牲者纪念馆	···087
蒂尔加藤公园	···087
柏林墙遗址	···088
波茨坦广场	···088
柏林故事博物馆	···088
柏林大教堂	···089
无忧宫	···089
橘园	···089
塞西里恩霍夫宫	···090
新宫	···090
达勒姆区	···090

好买

选帝侯大街	···091
Mauer Park跳蚤市场	···091
亚历山大广场	···091

Part.8 德国慕尼黑&纽伦堡 ···092

好玩

德意志博物馆	···094
雕刻博物馆	···095
巴伐利亚歌剧院	···095
奥林匹克公园	···095
宁芬堡宫	···096
宝马博物馆	···096
英式花园	···096
皇帝城堡	···097

圣洛伦茨教堂	…097
纽伦堡大审法庭	…097

好买
慕尼黑谷物市场	…098

好吃
皇家啤酒屋	…099
Bayerischer Donisl	…099
Alois Dallmayr美食馆	…099

Part.9 德国法兰克福&科隆&波恩 …100

好玩
欧洲大厦	…102
皇帝大教堂	…103
美因河	…103
老萨克森豪森	…103
歌德故居	…103
莱茵河	…104
科隆大教堂	…104
德意志角	…104
波恩大教堂	…105
波恩旧市政厅	…105
贝多芬故居	…105

好买
采尔大街	…106
歌德大街	…106
杜塞尔多夫国王大道	…106

好吃
Café Hauptwache	…107
Fressgass美食街	…107
Apfelweinwirtschaft Adolf Wagner	…107

Part.10 德国其他 …108

好玩
汉堡港	…110
路德维希堡宫	…111
吕贝克圣佩特里教堂	…111
黑森林博物馆	…111
特里堡瀑布	…111
茨温格尔宫	…112
迈森大教堂	…112
德累斯顿王宫	…112
海德堡大学	…112
海德堡古堡	…113
鲁尔工业区	…113
楚格峰	…113

好买
汉堡鱼市场	…114
仓库城	…114

好吃

尼德艾格杏仁巧克力专卖店	…115
脚镣塔餐厅	…115
船员工会之家	…115

Part.11 意大利罗马 …116

好玩

古罗马斗兽场	…118
君士坦丁凯旋门	…119
罗马议事广场	…119
圣玛利亚大教堂	…119
阿皮亚古道	…119
特里堡瀑布	…120
巴贝里尼广场	…120
许愿池	…120
万神殿	…121
台伯河	…121
哈德良别墅	…121
圣保罗大教堂	…122
纳沃纳广场	…122
卡拉卡拉浴场	…122
人民广场	…123
共和广场	…123
卡诺波	…123

好买

威尼托街	…124
百花广场	…124

好吃

Andrea海鲜老店	…125
Antico Caffe Greco	…125
Antica Enoteca di Via della Croce	…125
希腊咖啡馆	…126
Giolitti	…126
Da Baffetto	…126
Papa Giovanni	…126
Ivo	…127
卢卡提诺	…127
Sebatini	…127
Checchino Dal 1887	…127

Part.12 意大利威尼斯&佛罗伦萨&比萨 …128

好玩

圣马可广场	…130

圣马可大教堂	…131	斯卡拉歌剧院	…139
威尼斯大运河	…131	达·芬奇科技博物馆	…139
利多岛	…131	斯福尔扎城堡	…140
圣乔凡尼与圣保罗教堂	…131	布雷拉画廊	…140
安康圣母教堂	…132	安托内利尖塔	…140
菜园圣母院	…132		
圣乔治马乔雷教堂	…132	**好买**	
穆拉诺岛	…132	维托里奥·埃马努埃莱二世长廊	…141
圣母百花大教堂	…133	米兰精品区	…141
巴杰罗宫国家博物馆	…133		
但丁故居	…133		
米开朗基罗博物馆	…133	**Part.14 意大利其他**	…142
韦奇奥宫	…134		
圣十字教堂	…134		
领主广场	…134	**好玩**	
比萨斜塔	…134	朱丽叶之家	…144
		那不勒斯皇宫	…145
好买		博洛尼亚双塔	…145
中央市场	…135	热那亚君王宫	…145
布拉诺岛	…135	巴勒莫诺曼底宫	…145
		庞贝古城	…146
		索伦托	…146
Part.13 意大利米兰&都灵	…136	卡普里岛	…146
		锡耶纳	…146
		热那亚港口	…147
好玩			
米兰大教堂	…138	**好吃**	
感恩圣母教堂	…139	贝多洛奇咖啡馆	…147
		热那亚加里波第路	…147
		Part.15 梵蒂冈	…148
		好玩	
		圣彼得大教堂	…150
		圣彼得广场	…151
		梵蒂冈博物馆	…151
		圣天使堡	…151

Part.16 西班牙马德里 ⋯152

好玩
马德里王宫	⋯154
西班牙广场	⋯155
皇室化身女子修道院	⋯155
东方广场	⋯155
普拉多美术馆	⋯155
丰收女神广场	⋯156
太阳门广场	⋯156
马德里主广场	⋯156
卡斯蒂里亚大街	⋯157
圣伊西德罗大教堂	⋯157
独立广场	⋯157
埃斯科里亚宫	⋯157
本塔斯斗牛场	⋯158
索菲亚王妃艺术中心	⋯158
圣十字架烈士谷	⋯158

好买
塞拉诺街	⋯159
格兰维亚大道	⋯159
La Violeta	⋯159

Part.17 西班牙巴塞罗那&瓦伦西亚 ⋯160

好玩
加泰罗尼亚音乐宫	⋯162
贝尔港	⋯163
不和谐建筑群	⋯163
高迪故居博物馆	⋯163
哥伦布纪念柱	⋯163
毕加索美术馆	⋯164
达利美术馆	⋯164
蒙瑟瑞特山	⋯164
波布雷特修道院	⋯164
塞拉诺城楼	⋯165
孤苦圣母教堂	⋯165
瓦伦西亚大教堂	⋯165
拉阿尔武费拉湖	⋯165

好买
波盖利亚市场	⋯166
Passeig de Gracia大街	⋯166

好吃
4Gats	⋯167
瓦伦西亚中央市场	⋯167

Part.18 西班牙其他 ⋯168

好玩
塞维利亚大教堂	⋯170
塞维利亚王宫	⋯171
科尔多瓦大清真寺	⋯171

卑尔根大教堂	…180
松恩峡湾	…180
夫拉姆	…180

好买

卡尔约翰大街	…181
卑尔根鱼市	…181

Part.20 瑞典 …182

好玩

瑞典王宫	…184
斯德哥尔摩大教堂	…185
斯德哥尔摩诺贝尔博物馆	…185
斯塔森露天博物馆	…185
马尔默城堡	…186
水晶王国	…186
维斯比旧城区	…186
斯德哥尔摩市政厅	…187

好买

传统市场	…187
皇后大街	…187

Part.21 芬兰 …188

好玩

芬兰堡	…190
乌斯彭斯基大教堂	…191
赫尔辛基市议会广场和大教堂	…191
列宁博物馆	…191
坦佩雷东正教堂	…191
圣诞老人村	…192
奥兰岛	…192
岩石教堂	…193

塞维利亚圣十字区	…171
塞维利亚美术馆	…171
天主教国王城堡	…172
阿维拉古城墙	…172
阿兰布拉宫	…172
贝壳湾	…172
阿卡乍堡	…173
潘普洛纳	…173
加那利群岛	…173
罗马桥	…174

好买

西尔皮斯街	…174
科尔多瓦犹太街区	…174
小马广场	…175

好吃

Cerveceria Giralda	…175
圣托梅糕饼店	…175

Part.19 挪威 …176

好玩

挪威王宫	…178
奥斯陆国会大厦	…179
奥斯陆市政厅	…179
诺贝尔和平中心	…179
奥斯陆大教堂	…179

好买

赫尔辛基露天市集广场 …193

Part.22 比利时 …194

好玩

布鲁塞尔大广场 …196
布鲁塞尔市政厅 …197
皇家美术馆 …197
布鲁塞尔王宫 …197
于连铜像 …198
萨伯隆圣母院 …198
原子球塔 …198
圣母大教堂 …199
钻石博物馆 …199
安特卫普中央车站 …199

好买

圣胡博购物拱廊 …200
梅尔购物街 …200

好吃

Aux Armes de Bruxelles …201
Chez Leon …201

Part.23 荷兰 …202

好玩

环形运河 …204
梵·高博物馆 …205
荷兰国家博物馆 …205
西教堂 …205
水坝广场 …205
马肯渔村 …206
沃伦丹 …206

鹿特丹方块屋 …206
代尔夫特陶瓷工厂 …207
代尔夫特新教堂 …207
赞斯堡 …207
小孩堤防 …207
库肯霍夫花园 …208
羊角村 …208
马斯特里赫特古城墙 …208

好买

史佩广场艺术市场 …209
Geels&Co …209
De Kaaskamer …209
阿姆斯特丹购物大街 …210
马斯特里赫特旧城购物街区 …210
阿尔克马尔奶酪市场 …210

好吃

De Knijp …211
泪之塔 …211

Part.24 瑞士 …212

好玩

伯尔尼旧城区 …214
爱因斯坦故居 …215
伯尔尼大学 …215
熊公园 …215
伯尔尼大教堂 …215
阿尔卑斯博物馆 …216
少女峰 …216
雪朗峰 …216
日内瓦大喷泉 …217
日内瓦湖 …217
西庸城堡 …217
国际热气球周 …218
冰河3000 …218
苏黎世大教堂 …218

苏黎世湖	…219	萨尔茨堡城堡	…231
沙夫豪森老城区	…219	美泉宫	…232
米诺要塞	…219	萨尔茨堡大教堂	…232
莱茵瀑布	…220	圣彼得修道院	…232
施泰因	…220	海布伦宫	…233
荷恩克林根城堡	…220	莫扎特故居	…233
卢塞恩湖	…221	皇宫教堂	…233
皮拉图斯山	…221	史度拜冰河	…234
库尔旧城区	…221	格拉茨城堡山	…234
威斯康提城堡	…222	格拉茨旧城区	…234
瑞士国家公园	…222		
贝林佐纳大城堡	…222	**好买**	
		维也纳格拉本大街	…235
好买		粮食胡同	…235
Jelmoli	…223		
宝齐莱本店	…223		

Part.26 希腊 …236

好玩

希腊国家考古博物馆	…238
雅典卫城	…239
雅典竞技场	…239
宙斯神庙	…239
宪法广场	…239
爱琴海	…240
雅典国家花园	…240
米斯特拉遗迹	…240
爱琴那岛	…241
米克诺斯岛	…241
克里特岛	…241
纳克索斯岛	…242

好吃

Altes Tramdepot	…224
Oepfelchammer	…224
L'Hotel-de-Ville	…224
Kaiser's Reblaube	…225
Stadtkeller餐厅	…225
Kropf	…225
Armures	…225

Part.25 奥地利 …226

好玩

霍夫堡宫	…228
阿尔贝蒂娜博物馆	…229
贝多芬故居	…229
莫扎特纪念馆	…229
维也纳国家歌剧院	…230
奥地利国家美术馆	…230
爱乐协会大楼	…230
梅克修道院	…231
多瑙河	…231

好买

哈尼亚市场	…242
雅典中央市场	…243

好吃

Psara's	…243
1866街	…243

Part.27 波兰 ···244

好玩

城堡广场	···246
王宫城堡	···247
肖邦博物馆	···247
圣十字教堂	···247
涅伯鲁夫宫	···248
居里夫人博物馆	···248
维拉努夫宫	···248

好买

克拉科夫中央广场	···249

Part.28 捷克 ···250

好玩

布拉格城堡	···252
布拉格广场	···253
艾斯特剧院	···253
克拉姆葛拉斯宫	···253
查理大桥	···253
罗瑞塔教堂	···254
图根哈特别墅	···254
圣彼得与圣保罗大教堂	···254
奥洛莫乌茨天文钟	···255
圣三位一体纪念柱	···255
泰尔奇城堡	···255
莫拉斯基夸斯钟乳石洞	···256
百威啤酒厂	···256
犹太教大会堂	···256
卡罗维发利	···256

好买

萨哈利修广场	···257
瓦茨拉夫广场	···257

Part.29 匈牙利 ···258

好玩

布达王宫	···260
马提亚斯教堂	···261
匈牙利国会大厦	···261
渔夫堡	···261
匈牙利国家歌剧院	···262
圣史蒂芬大教堂	···262
英雄广场	···262

好买

瓦采街	···263
中央市场	···263

Part.30 土耳其 ···264

好玩

托普卡珀皇宫	···266
圣索菲亚博物馆	···267
地下宫殿	···267
博斯普鲁斯海峡	···267
特洛伊	···268

库兹涅茨基街	…278
TSUM中央百货公司	…278
涅瓦大街	…278

好吃
图兰朵餐厅	…279
文学咖啡馆	…279

Part.32 欧洲其他 …280

好玩
圣若热城堡	…282
辛特拉王宫	…283
丹麦王宫	…283
腓特烈堡宫	…283
玫瑰宫	…284
小美人鱼铜像	…284
安徒生博物馆	…284
乐高乐园	…285
雷克雅未克旧城区	…285
蓝湖	…285
杰古沙龙冰河湖	…286
都柏林城堡	…286
圣帕特里克大教堂	…286
布拉尼城堡	…287
大公宫殿	…287
卢森堡地下要塞	…287
阿道夫大桥	…288
摩纳哥大教堂	…288
亲王宫	…288
基辅金门	…289
彼切尔洞窟修道院	…289
切尔诺贝利博物馆	…289

好买
有顶大集市	…268
阿拉斯塔集市	…269

好吃
加拉塔塔	…269

Part.31 俄罗斯 …270

好玩
克里姆林宫	…272
红场	…273
圣瓦西里大教堂	…273
莫斯科国家历史博物馆	…273
俄罗斯国家模范大剧院	…273
新圣女修道院	…274
普希金美术馆	…274
全俄展览中心	…274
彼得大帝纪念雕像	…275
海军总部	…275
冬宫	…275
战神广场	…276
耶稣复活教堂	…276
彼得一世夏宫	…276

好买
特维斯卡亚大街	…277
阿尔巴特大街	…277

Part.33 索引 …290

欧洲
攻略HOW

好玩　好买　好吃

A 速度看欧洲！
EUROPE HOW

欧洲推荐

因此，欧洲大部分国家都比较富裕。时至今日，欧洲经济发展水平依然居各大洲之首，工业、交通、商业、贸易、金融等各项事业在世界经济中占重要地位。

欧洲是一个美丽的地方，令世人向往，如果你来到欧洲，会发现乡村比城市优美。安静恬静，环境幽雅，风光旖旎，这是欧洲乡村的真实写照，难怪很多年前，当大部分人还对城市充满憧憬时，欧洲人就开始从城市向农村转移了。当然，乡村有乡村的美丽，城市有城市的魅力，无论去哪个国家的城市，都会有世界知名的标志性景观，给你留下深刻的印象，比如英国伦敦的大英博物馆、白金汉宫，法国巴黎的凯旋门、埃菲尔铁塔，意大利的水上城市威尼斯，希腊最浪漫的地方爱琴海等，诸如此类的风景名胜不胜枚举。

欧洲人追求闲适安宁、幽静简朴的生活，到了周末，所有商店都早早打烊，他们涌向郊外，或者田间地头，亲密地与大自然接触。欧洲人热情好客，和每个欧洲人交流，都会让你感觉到亲切自然。每个去欧洲旅行的游客都会留下一段美好的回忆。

❶ 概况及印象

如果你打开世界地图，找到欧洲，首先给你留下的印象也许是它的"矮小"，其"矮"表现在平均海拔只有340米，其"小"表现在面积较小，整个欧洲的面积比中国的面积大不了多少，只有1016万平方公里。尽管欧洲是个"矮小"的大洲，但无论是历史文化、科学技术，还是经济贸易，均走在世界的前列。当提到欧洲的时候，相信很多人脑海中会涌现出亚里士多德、牛顿、爱因斯坦、爱迪生、肖邦、贝多芬、达芬奇、马克思等一大批世界历史名人，他们在各个领域为欧洲、为世界、为全人类做出了巨大贡献。在欧洲兴起的"文艺复兴运动"，是人类历史上一次伟大的文化运动，给世人留下了宝贵的精神财富和物质财富。欧洲是世界第六大洲，也是资本主义经济发展最早的一洲。19世纪，欧洲爆发人类第一次工业革命，逐渐成为世界经济中心，

❷ 地理

欧洲东面与亚洲毗连，北、西、南三面分别濒临着北冰洋、大西洋、地中海和黑海，作为亚欧大陆的一部分，它就像是亚欧大陆向西突出的一个大半岛。水平轮

015

廓破碎是欧洲自然地理的一个显著特点，总面积的三分之一以上属于半岛和岛屿，著名的有亚平宁半岛、巴尔干半岛、冰岛、爱尔兰岛、西西里岛等，众多的半岛和岛屿把欧洲大陆边缘的海洋分割成许多内海、海湾、海滩，这不仅给欧洲的经济活动提供了方便，也成为欧洲著名的旅游胜地。

欧洲是世界上地势最低的一个洲，平原所占比重之大，在各大洲中首屈一指。欧洲的平原西起大西洋沿岸，东迄乌拉尔山麓，绵绵数千公里，没有间断。欧洲山地不多，高山更少，海拔2000米以上的高山仅占全洲总面积的2%。值得一提的是，由于欧洲特殊的地理位置，欧洲存在着两个大的冰川中心，尤其是欧洲北半部，遍布冰川地貌。

❸ 气候

欧洲位于中纬度地区，气候的特点整体上可以概括为气候温和，降雨丰富，相对湿度高，并且多云。当然由于受地理位置及海洋的影响，欧洲各地的气候又表现出极大差异，比如欧洲大陆东边降雨量少，相对湿度低，天空晴朗日数较多。此外，还有地中海沿岸的欧洲国家，均为典型的地中海气候，夏季炎热干燥，冬季温和多雨，并且雨热不同期。

❹ 区划

人们习惯上将欧洲分为西欧、北欧、中欧、东欧、南欧，其中西欧一般指欧洲西部濒临大西洋的地区和附近岛屿，包括英国、爱尔兰、荷兰、比利时、卢森堡、法国和摩纳哥。北欧指日德兰半岛、斯堪的纳维亚半岛一带，包括冰岛、法罗群岛、丹麦、挪威、瑞典和芬兰。中欧则指波罗的海以南、阿尔卑斯山脉以北的欧洲中部地区，所包括的国家有波兰、捷克、斯洛伐克、匈牙利、德国、奥地利、瑞士、列支敦士登。东欧指欧洲东部地区，主要有爱沙尼亚、拉脱维亚、立陶宛、白俄罗斯、乌克兰、摩尔多瓦和俄罗斯的欧洲部分。南欧指阿尔卑斯山脉以南的巴尔干半岛、亚平宁半岛、伊比利亚半岛及附近岛屿，主要国家有斯洛文尼亚、克罗地亚、南斯拉夫、波斯尼亚和黑塞哥维那、马其顿、罗马尼亚、保加利亚、阿尔巴尼亚、希腊、土耳其、意大利、梵蒂冈、圣马力诺、马耳他、西班牙、葡萄牙、安道尔。

❺ 人口

欧洲是世界人口第三多的洲，仅次于亚洲和非洲，同时也是人口密度最大的洲之一，人口密度平均每平方公里70人。欧洲城市居民较多，约占全洲人口的64%，在各洲中次于大洋洲和北美洲，居第三位。欧洲还是种族构成比较单一的大洲，欧洲居民中的99%属白种人。

❻ 语言

欧洲是世界上语言种类最丰富的地区，官方语言有英语、俄语、法语、德语、意大利语、西班牙语、葡萄牙语、捷克语、克罗地亚语、希腊语、拉丁语等30余种语言，其中90%以上的语言都是以拉丁字母和西里尔字母为基础构成的。

B 速度去 欧洲！
EUROPE HOW

欧洲推荐

❶ 办理赴欧旅游观光手续

很多人以为赴欧旅游办理签证是一件很麻烦的事情，其实不然，现在中国公民前往欧洲旅游，并不需要每去一个国家便办理一个国家的签证申请。根据在卢森堡签署的申根协议，持有奥地利、比利时、丹麦、芬兰、法国、德国、冰岛、意大利、希腊、卢森堡、荷兰、挪威、葡萄牙、西班牙、瑞典、匈牙利、捷克、斯洛伐克、斯洛文尼亚、波兰、爱沙尼亚、拉脱维亚、立陶宛、瑞士和马耳他这25个国家中任何一个申根成员国签发的签证，在所有其他成员国也被视作有效，而无须另外申请签证。

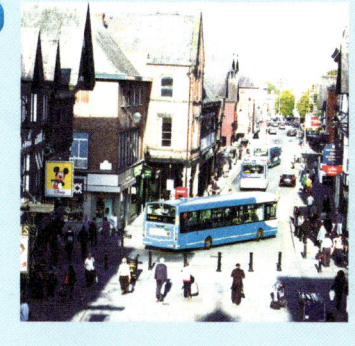

具体办理赴欧旅游手续清单

申请资格	我国所有地区的公民都可以申请赴欧旅游。
所需材料	身份证及身份证复印件（退休人员需提供退休证复印件，在职证明、单位空白抬头纸和营业执照复印件可以省略；学生则需要提供由学校出具的有学校函头并盖章的学生假期证明及学生证。 户口本：全家户口本复印件（户口本上服务处所及职业栏目中的工作单位必须和在职证明中的单位一致，婚姻状况必须和实际一致）。 个人资料表：如果有拒签，请写明拒签的时间和国家，特别是曾经被申根国拒签过一定要注明。 照片：免冠正身彩照4张，白色背景。 签证申请表。 有效护照：必须是有效期半年以上因私护照，如果是换发的护照，要同时提供旧护照，如果旧护照丢失必须让当地派出所开遗失证明。 资产证明：金额在3万元人民币以上或等值外币的个人银行存款证明及房产证复印件证明、汽车行驶证等，如夫妻一同申请，则存款证明需要在6万元以上，如财产证明为配偶名字，则需提供结婚证明。 在职证明：由所在单位信笺纸打印并加盖公章。 单位空白盖章抬头纸：4张，要求抬头纸上必须盖有公司的红章，印有抬头（公司名称）、公司地址电话及传真，并且有公司领导人签名及其职务(公司领导人不能是申请人)； 营业执照复印件（带最近一年年检章）。 若申请的是申根国家签证，还必须准备申根签证保险：保险金额为3万欧元或30万人民币以上，须在整个申根区和旅游逗留期有效。
停留时间	原则上不超过90天。
所需费用	60欧元。

017

欧洲部分国家驻中国使馆一览	英国驻华大使馆：北京市建国门外光华路11号，电话：010-85296080、85296081。 意大利驻华大使馆：北京市三里屯东二街2号，电话：010-85327600。 法国驻华大使馆：北京市朝阳区天泽路60号，电话：010-85312130、85312000。 德国驻华人使馆：北京市朝阳区东直门外大街17号，电话：010-85329000。 俄罗斯驻华大使馆：北京市东直门北中街4号，电话：010-65322051、65321381。 瑞士驻华大使馆：北京市三里屯东五街3号，电话：010-85328888。 西班牙驻华大使馆：北京市朝阳区三里屯路9号，电话：010-65323728、65323629； 荷兰驻华大使馆：北京市朝阳区亮马河南路4号，电话：010-85320200。 希腊驻华大使馆：北京市朝阳区光华路9号天阶大厦17层，电话：010-65872838。 比利时驻华大使馆：北京市三里屯路6号，电话：010-65321736、65321737。 奥地利驻华大使馆：北京市建国门外秀水南街5号，电话：010-65329869、65329879。 丹麦王国驻华大使馆：北京市三里屯东五街1号，电话：010-85329900。 芬兰驻华大使馆：北京市朝阳区光华路1号嘉里中心南塔楼26层，电话：010-85198300。
签证过程中注意事项	申请签证准备材料时，要认真，严格，细致，这样通过的成功率更高。 申请签证时资料一定要与真实情况相符，否则若是在申请过程中被发现，可能会被永久拒签。 申根签证有几次进出申根国家的限制，请事先了解清楚，以免到时无法入境。 有的大使馆会通知面签，面签的时候可以使用英语，如果英语不好的话可以用汉语回答，不会因此影响签证的成功率。 在办理签证之前，最好先向该国驻华使领馆以电话或通过其网页查询相关要求，以免准备不全。

*上述介绍仅供参考，具体申请手续以当地有关部门公布的规定为准。

❷ 欧洲旅游注意事项

　　为了在欧洲旅行顺利、安全，每位前往欧洲的游客都要了解一些关于欧洲的常识，比如天气、语言、货币、急救电话等，只有未雨绸缪，才能保证有一个愉快的旅程。以下内容是每位即将踏上欧洲旅行的游客有必要了解的信息。

赴欧旅游必知常识

天气	春天，去欧洲旅游，要准备好雨伞和防寒衣服，因为这个时候非常适合户外旅行。夏季，最适合旅游的地方是地中海边的欧洲国家，不过要准备好墨镜、防晒霜，以免被强烈的阳光灼伤。秋季，欧洲大部分地区较为凉爽，须带厚衣服，注意保暖。冬季的欧洲较为寒冷，尤其是在欧洲北部的一些国家，游客要注意防冻。
货币	欧洲大部分国家使用欧元，而瑞典、丹麦和英国则使用自己国家的货币，不过欧元在某些商店里也是可以使用的。人民币在欧洲不属于流通货币，不能自由兑换，一般在欧洲较大的城市均设有外币兑换处。当然，也可以在银行兑换外币，不过要切记，银行一般周六、周日全天休息。
时差	欧洲跨了3个时区，分别是零时区、东一区、东二区，其中零时区与中国北京时间差了8个小时，东一区则相差7个小时，东二区相差6个小时。
语言	欧洲的语言比较复杂，说英语的国家最多，另外，法语、德语、意大利语等语言也很常用。去欧洲旅行，至少要懂一些日常交流的英语。
住宿	欧洲各大城市的旅馆、酒店等住宿场所，和我国国内有些不同，一般不提供牙刷、牙膏、拖鞋等洗漱用品，游客需要自备。另外，欧洲的自来水可以饮用，因此，酒店、旅馆里一般不提供开水，如有需要必须自己去烧。欧洲的电压大多数为220伏，不过插头是两相圆孔，为手机、相机等电子产品充电，需要电源转换插头。
通讯	国内的手机在欧洲可以使用，不过必须支付高昂的漫游费。想要和国内亲朋好友联系，需要先拨0086，然后再加上地区号和电话号码即可。在欧洲各大城市，游客可以购买欧洲通用的电话卡，使用方法和IP电话卡一样，既方便，也实惠。
治安	欧洲大部分国家及地区治安良好，但是游客还是一定要注意看管保护好自己的财物，尤其在著名景区、餐厅、博物馆、酒店大厅、百货公司和街头等人多的地方要特别当心。如果发现财物丢失，或者存在危及自身安全的因素，及时报警。
常用电话	**英国** 报警、救护电话：999 英国国内电话业务的免费咨询：100 中国驻英大使馆电话：0044-20-72994049 **法国** 报警电话：17 火警电话：18　　急救中心：15 中国驻法国大使馆电话：0033-49521950 **德国** 报警电话：110 火警电话：112　　急救中心：112 中国驻德国大使馆电话：0049-30-27588221 **意大利** 报警电话：112 火警电话：115　　急救中心：118 中国驻意大利使馆电话：0039-06-96524200 **俄罗斯** 报警电话：02 急救中心：03 中国驻俄罗斯使馆电话：9561168 **荷兰** 报警、消防、救护电话：112 中国驻荷兰大使馆电话：0031-70-3065099 **瑞士** 报警电话：117 火警电话：118 紧急求救电话：144 中国驻瑞士大使馆电话：0041-44-2011005 **西班牙** 紧急电话：112 报警电话：91-5885000 中国驻西班牙大使馆电话：0034-93-2541199

速度行欧洲！
EUROPE HOW

❶ 航空

乘飞机去欧洲是最快捷的交通方式之一，欧洲的航空交通非常发达，它是世界上航空线最为密集的地区之一，从世界各地都有飞往欧洲的航班。目前与中国通直达航线的欧洲城市主要有：英国伦敦，法国巴黎，德国法兰克福、慕尼黑、杜塞尔多夫，芬兰赫尔辛基，丹麦哥本哈根，瑞典斯德哥尔摩，奥地利维也纳，意大利米兰、罗马，荷兰阿姆斯特丹，西班牙马德里等。前往欧洲其他城市可以在上述机场中转，中转非常方便，大多不用出机场。欧洲境内的每个大城市几乎都有机场。欧洲城市之间机票费用非常昂贵，如果不事先预订甚至会比中国到欧洲的机票还要贵。欧洲境内的航班没有头等舱位，最好的是公务舱。

近几年欧洲出现的廉价机票是游客旅行的首选，廉价机票有时便宜得惊人。游客只需要通过互联网网上订票，凭电子票登机即可。另外，欧洲的绝大多数机场交通方便，可连接到市区以及其他地区。比如大都有机场快速火车、地铁、轻轨等交通。即使普通机场也会有机场巴士，因此游客不必为下了飞机后中转去其他地方而担忧。

❷ 铁路

欧洲的铁路四通八达，几乎没有火车到不了的地方，欧洲火车的种类如果粗略地分，有高铁、豪华列车（景观列车）、快车、慢车、区域列车、城郊列车等几种，这些列车满足了游客短途、长途、跨境等各种需求。游客在欧洲旅行时大都选择铁路。短途的线路每天有多班列车，长途线路往返各主要大城市的城际列车也最少一个小时一班。此外还有跨国长距离的夜班全卧铺列车，一般夕发朝至。欧洲的火车车厢分一等舱和二等舱，一等舱设备非常豪华，有视听和办公的设施。为了照顾烟民，有些列车还特别设有吸烟舱。在欧洲乘火车，车票通常是要预订的，预订座位要额外付费。临时上车补票也可以，不过票价要比预订的贵很多。

值得一提的是在欧洲有一种通票，即Eurail Pass，持这种票可以在欧洲17个国家指定时间内无限次乘坐各国的列车通行，有15天、21天、1个月、3个月有效的票种，非常适合外国的游客。另外，欧洲境内的法国、德国、意大利、瑞典、挪威、西班牙等国都有高速列车，时速200多公里以上，游客在这些国家旅行时，乘坐高速列车，可以在较短的时间内，参观较多的景点。

❸ 公路

欧洲由于整体地势较为平坦，因此公路网密布，公路交通十分发达，这里的高速公路大多是免费通行的，同时高速公路的辅助设施齐全，不管加油站，还是路上补给，都有明确的标示。除了路况好、车辆少，宽敞的高速路还基本没有速度限制，这在其他地方十分少见。

欧洲游客旅行很少选择乘长途汽车旅行，主要是班次少，行车时间长。值得一提的是Eurolines欧洲长途车是由欧洲各国的35个公司组成的联盟，通达25个国家的主要大城市。通票Pass可在规定的期限内无限地换乘，如果时间允许的话，游客可以选择长途汽车旅行，虽然费时，但是花费少，尤其是夜班车，就更加便宜了。

❹ 水运

欧洲水运有三多，即运河多、港口多、船坞多，这就决定了欧洲有非常发达的水运交通。游客可以根据实际需要选择，如果是两个半岛城市之间，或者去某岛屿上旅行，自然是选择水路交通比较方便，免去了陆上交通周转的时间和精力。

不过去欧洲有些城市旅游，还必须得通过水运，

欧洲推荐

比如意大利的威尼斯，就是一座典型的水上城市，市内有几百条河道，纵横交错，游客只有乘船，沿水道，才能欣赏到它的魅力。此外，有些大城市，比如伦敦、柏林、维也纳等都有河流从城市穿过，因此，来一次"水路之旅"也不错。另外，欧洲很多大城市都有港口，这更给"水路之旅"提供了便利。著名港口有意大利腊万纳港、法国勒阿弗尔港、荷兰首都阿姆斯特丹港、德国的汉堡港、卢贝克威廉港、比利时的安特卫普港、根特港、荷兰的艾莫伊登港等。这些港口之间都有客轮相互连通，游客可以在网上购票，如果是乘坐豪华游轮，游客还需要提前预订船票。

英国伦敦交通

1 地铁

历史悠久的伦敦地铁是全世界最古老的地铁系统之一，现有12条地铁线路遍布全市，数百个车站分布在市区的各个角落，是伦敦人日常使用最频繁的交通工具。伦敦地铁站的标志是红色圆环加蓝底白字UNDERGROUND，以不同颜色区分的地铁将伦敦市区分为1~9区，地铁车票按分区制定票价，成人单程票1~6区4英镑，1~7区5.5英镑，1~9区7英镑；不包括1区在内，跨2~5个区3英镑，跨6个区4英镑，3~9区4英镑，2~8区或2~9区5.5英镑。

2 公共汽车

经典的红色双层巴士早已成为伦敦的城市标志之一。在2004年老款红色双层巴士被淘汰后，终于在2010年推出了全新改款的红色双层巴士继续运营。伦敦的公共汽车大多数运营时间为早7点到午夜，部分主要居民区和市中心则保持24小时运营。车费单程票价2英镑，游客需要提前在公共汽车站的自动售票机上买票，此外也可选择购买6英镑的折扣车票（Bus Saver）或者各种面额的通票（Bus Pass）。其中，折扣车票为一本六张，价格6英镑，上车将收据联交给司机或售票员，不过只能乘坐公共汽车；通票分为成人日票3.5英镑，周票13英镑，月票50英镑，年票520英镑，可以乘坐公共汽车和有轨电车。

3 出租车

伦敦出租车圆头圆脑的黑色外观已经成为伦敦的经典城市标志之一，伦敦出租车起步价为1英镑，计价器根据行车时段、行程里程和出租车速度计算最高车费，游人若电话预约则收取2英镑预约费，12月24~27日及12月31日~1月2日的20:00~次日6:00加收4英镑，附加费均显示在计价器上。

法国巴黎交通

1 地铁

巴黎市区有三种轨道交通系统，分别为市中心有14条线路的地铁METRO、通往周边郊区和卫星城的近郊快速铁路RER、在市区周边行驶的有轨电车，是巴黎最方便快捷的交通工具。巴黎地铁单程票价为1.4欧元，在车票有效时间的45分钟内可以任意转车，也可以换乘市中心区域内运行的RER列车。一次购买10张地铁联票为10.5欧元，儿童票5.45欧元。

2 公共汽车

巴黎市区内的公共汽车大部分是运行在地铁无法到达的区域，但车票可与地铁票通用。游人在巴黎公交车站等车时需要举手向司机示意，之后从前门上车，下车时需要提前按车里的按钮。

3 出租车

巴黎市中心大约每隔100米就有一个出租车等候点，只有在附近没有出租车等候点的时候才可以直接招手叫车。巴黎出租车分为三种计价方法，白色车顶灯的出租车只在市区运营，10:00~17:00，每公里0.86欧元；红色车顶灯的出租车在市区运营，平日17:00~次日10:00，周日7:00~24:00，郊区运营，平日7:00~19:00，每公里收费1.12欧元；蓝色车顶灯的出租车市区运营，周日0:00~7:00，郊区运营，平日19:00~次日7:00，周日及公众假期全天，每公里收费1.35欧元。

德国柏林交通

1 地铁

柏林的地铁线路快速高效，每天运营时间从4:00到24:00，周末除U1、U4和U12三条线路外，其余线路都会24小时运营，非常方便。柏林的城铁运营时间与地铁一样，每到周末都会全线通宵运营。柏林的轨道交通区域分为A、B、C三区，其中A、B区的单程车票为2.1欧元，短程票为1.3欧元，1日票为6.1欧元。

2 公共汽车

柏林市内的公共汽车站都有一个很大的"H"标志，非常容易辨认，在柏林乘坐公共汽车时驾驶员会售票

021

并找零，车厢内有扬声器和显示器提示乘客下一站的站名，如果需下车只要按下扶手上的按钮即可。

③ 出租车

柏林市内所有主要地铁站和城市各处都建有出租车站，柏林出租车起步价为2.5欧元，7公里内每公里收费1.5欧元，超过后每公里收费1欧元，如果乘客携带大件的行李，每件行李需要加收1欧元。如果在路上叫停出租车并且目的地在2公里以内，则统一收取3欧元。

意大利罗马交通

① 地铁

罗马地铁线路只有橘色的A线和蓝色的B线两条，据说是由于罗马地下文物众多，才使得地铁无法轻易开工。两条地铁线路在特米尼车站交会，运营时间为5:30～23:30，周六延长至次日0:30。罗马地铁票价单程票1欧元，在地铁站和烟店都可以买到。此外，值得一提的是罗马地铁的涂鸦非常有名，不只在站台上，就连地铁列车也是布满涂鸦。

② 公共汽车

罗马的公交系统发达，几乎覆盖了全市所有区域，其中市内公共汽车行驶时间是5:30～24:00；编号N的夜间公共汽车行驶时间是0:10～5:30；此外还有直接前往各旅游景点的旅游巴士，非常方便。罗马的公共汽车票价1欧元，在75分钟内可以随意换乘，此外还有一日票、三日票和一周票等方便游客的交通周游券。

③ 出租车

罗马的正规出租车为白色或黄色，在市内的火车站、威尼斯广场、西班牙广场、巴贝里尼广场等游客众多的地方设有出租车站，游人可以在这里排队等候出租车。此外也可选择打电话预约出租车，但车费要从出发点开始计算。罗马出租车起步价为2.33欧元，之后以0.11欧元的幅度递增，22:00～次日7:00起步价4.91欧元，周日、节日起步价3.36欧元，大件行李每件1.04欧元，外环高速路1.29欧元/公里，内环0.78欧元/公里。

西班牙马德里交通

① 地铁

马德里地铁线路发达，不仅在市中心纵横交错，还连接马德里周围的众多卫星城，是世界上人均拥有地铁最多的城市。马德里地铁按A、B1、B2、B3、C1、C2、E1、E2等区域划分，单区单程票1欧元，跨区域乘车时按跨区数量票价分别为跨2区1.15欧元、跨3区1.3欧元、跨4区1.85欧元、跨5区2.45欧元、跨6区2.9欧元、跨7区3.8欧元。

② 公共汽车

马德里公共汽车拥有超过160条的日间线路和26条夜班线路，其中市区运营的日间线路运营时间一般为6:00～23:30，车票与地铁共用，单程票为1欧元，若购买可使用10次的Metrobus则只需9欧元，可多人同时使用。

③ 出租车

马德里街头出租车为白色车身，前车门有一道红色的对角线，夜班出租车亮起绿灯即表示空车，除在出租车站排队等候外，也可在路边招手拦车。马德里出租车平日和假日、白天和夜晚起步价不同，介于2.05至3.1欧元之间，之后每公里0.98欧元，夜班或假日则每公里1.17欧元。

D 速度玩 欧洲！
EUROPE HOW
10大人气好玩旅游热地

欧洲推荐

① 爱琴海

爱琴海是一个非常浪漫的地方，令世人向往，尤其是对于青年情侣来说，爱琴海更成了度蜜月的最佳选择。其实，爱琴海就是地中海东部的一个大海湾，因岛屿众多，又被称为"多岛海"。这里海岸线曲折，港湾众多，气候宜人，风光优美，犹如人间仙境一般。无论是穿着泳衣在红色的海洋里畅游，还是躺在柔软的沙滩上晒太阳，又或者是让海水有节奏地拍打着脚踝，海风轻柔地从身边吹过，一切都让人感到十分惬意、美好。

② 埃菲尔铁塔

埃菲尔铁塔是西方三大著名建筑之一，在世界范围内享有盛誉，它被看成是法国的一个标志。这座铁塔建于1889年，高324米，塔上既设有餐厅，又设有观景台，站在铁塔上，整个巴黎的城市风貌，一览无余。

③ 巴黎圣母院

矗立在塞纳河畔的巴黎圣母院是一座哥特式风格的基督教教堂，也是法国历史上最为辉煌的建筑之一。这座教堂始建于1163年，历经近两个世纪才完工，无论是建筑艺术还是历史价值都无与伦比。虽然这是一幢宗教建筑，但它闪烁着法国人民的智慧，是古老巴黎的象征。

④ 凯旋门

凯旋门是巴黎四大代表建筑之一，是法国历史上最著名的皇帝拿破仑下令、为纪念奥斯特利茨战争的胜利而建立的。这座凯旋门高50米，宽45米，高大、壮观，令人赞叹。在凯旋门两面门墩的墙面上，还有4组以战争为题材的大型浮雕，艺术高超，形象逼真。

⑤ 卢浮宫

卢浮宫起初是法国王室的住所，建于1204年，历经800多年扩建、重修达到今天的规模，现在被辟为博物馆，是世界上最古老、最大、最著名的博物馆之一，馆内珍宝无数，被誉为世界三宝的《维纳斯》雕像、《蒙娜丽莎》油画和《胜利女神》雕像全珍藏于此。

⑥ 克里姆林宫

克里姆林宫曾是历代沙皇的宫殿，一直享有"世界第八奇景"的美誉，该宫殿始建于1156年，呈不等边三角形，周长2公里多，面积27.5万平方米，今天这里大部分保存完好，被看成俄罗斯的标志之一。克里姆林宫内保存有许多俄国铸造艺术杰作，比如重达40吨的"炮王"、200吨的"钟王"等都是无价之宝。

⑦ 大英博物馆

大英博物馆在16世纪中叶就对公众开放，是世界上历史最悠久、规模最宏伟的综合性博物馆，博物馆藏品之丰富、种类之繁多，为全世界博物馆所罕见。作为世界三大博物馆之一，每年吸引无数世界游人参观。

欧洲推荐

⑧ 古罗马斗兽场

古罗马斗兽场，也叫罗马大角斗场，是古罗马文明的象征，它建于公元72年至82年间，呈圆形，规模宏大，可容纳近10万人。无论从建筑规模，还是设计布局等各个方面，都堪称西方古代建筑中的典范。每年这里游人如织，每个游客都用"庞大、雄伟、壮观"来形容它。

⑨ 圣彼得大教堂

欧洲教堂众多，但最为知名的是圣彼得大教堂，这座世界第一大教堂正位于世界最小的国家梵蒂冈。教堂修建于公元4世纪，艺术大师圣迦罗、拉斐尔、米开朗基罗等都为它的建筑、设计、布局等出过不少力，可以说它是整个人类智慧的结晶。圣彼得大教堂最引人注目的是它那全世界最壮观的巨型圆顶，它的高度达132米。教堂内的装饰更是金碧辉煌。另外，教堂里还有不少历史瑰宝。

⑩ 剑桥大学&牛津大学

剑桥大学是世界最顶尖的大学之一，该大学成立于1209年，从建校开始，这里走出了许多著名的科学家、作家、政治家等世界知名人士，被称为"人才的摇篮"。牛津大学是英语国家中最古老的大学，它建于1167年，自建校至今，走出了数十位英国首相及诺贝尔奖获得者。剑桥大学和牛津大学作为世界著名的高等学府，其一草一木，一砖一瓦，似乎都散发着文化的气息，在这里参观一番，让人受益匪浅。

E 速度买 欧洲！
EUROPE HOW

特色伴手好礼带回家

① 英国泰迪熊

提到英国的泰迪熊，就会自然而然想到它那圆润的身材、矫健的四肢以及憨态可掬的表情。如今泰迪熊不再是普通的玩具，而是被赋予了重要的纪念价值，扛起了传承英国文化的责任。

② 苏格兰威士忌

苏格兰生产威士忌酒已有500年的历史，这里出产的苏格兰威士忌具有口感干冽、醇厚、劲足、圆润、绵柔等特点，被誉为"液体黄金"，非常受游客青睐。

③ 列支敦士登邮票

如果要问哪儿的纪念邮票最好，那非列支敦士登邮票莫属，列支敦士登有"邮票之国"之称，所发行的邮票近100年来一直让世界各地的收藏家爱不释手。

④ 瑞士钟表

瑞士被人们誉为"钟表之国"，无论是产量，还是质量，均居世界前列，瑞士钟表以其完善的售后服务和经久耐用的质量，在世界范围内广受推崇。

欧洲推荐

5 德国照相机

早在19世纪，德国就已经生产出了全金属外壳的相机，并以磨制精良的镜头和经久耐用的机械性能受到世人的青睐。如今，徕卡、蔡司等德国品牌，风靡世界。

6 法国香水

法国香水历史悠久，举世闻名，其香味沁人心脾，悠远持久，绝对是非常有意义的纪念品，我们熟知的品牌有巴宝莉、安娜苏、波士等。

7 俄罗斯套娃

俄罗斯套娃是俄罗斯非常流行的一种木质玩具，大小不一的娃娃一个套一个，因此称为套娃。而最常见的就是穿着俄罗斯民族服饰的娃娃，叫做"玛特罗什卡"，非常精致。

8 比利时巧克力

巧克力大家都品尝过，并不会感到新鲜，但是提到比利时巧克力，还是会垂涎欲滴。比利时巧克力不仅仅有着细腻浓香的口感，还有着奇特的外形，具有特别的美感。

9 波尔多葡萄酒

波尔多葡萄酒享誉世界，它口感柔顺细致，风情万种，有"法国葡萄酒皇后"的美称，深受世界各地人们的喜爱。

10 荷兰风车

荷兰人创造风车的历史悠久，应用广泛，游客没有办法将荷兰的大风车带回来，可是精美别致的小风车模型在荷兰大街小巷都可以买到，作为来荷兰旅游的留念非常不错。

速度吃欧洲！

EUROPE HOW

10大特色风味好吃美食

1 意大利面

意大利面在西餐品种中最接近中国人的饮食习惯，因此备受中国人喜欢。这种面采用杜兰小麦作原料，其制成的意大利面通体呈黄色、耐煮、口感好。此外，意大利面的形状也各不相同，比如有螺丝形的、弯管形的、蝴蝶形的、贝壳形的等等，多达数百种。

3 意大利比萨饼

比萨饼是一种发源于意大利的风味小吃，在全球颇受欢迎，但是要想品尝正宗的比萨饼，还要在意大利当地。目前，意大利总共有数万家比萨店，做出的比萨饼有多种口味，外层香脆、内层松软，老少皆宜。

2 意大利炒饭

意大利有"南吃面、北好米"的习俗，意大利炒饭是由热水饭、热鸡汤、洋葱粒等食材制作而成的一道美食，这道美食最先在意大利北部盛行，现在成为风靡全球的小吃。

4 法国鹅肝

欧洲人将鹅肝与鱼子酱、松露并列为"世界三大珍馐"，其中以法国鹅肝最负盛名，在法国，鹅肝的珍贵程度等同于我们中餐的鱼翅、海参，因此，有人说没尝法国鹅肝，不能算是真正吃过法国菜。

欧洲推荐

⑤ 法国田螺

　　法国田螺，也称法国蜗牛，是一道著名的法国烹饪美食，也是和鲍鱼齐名的世界美食，一般都是烤制食用，由于价格昂贵，一般只在喜庆的日子，法国人才食用。

⑥ 德国香肠

　　在德国的食品中，最有名的是香肠，几乎每个德国人都喜欢吃香肠，他们制造的香肠种类起码有1500种以上，德国的国菜就是在酸卷心菜上铺满各式香肠，可见香肠在德国人日常生活中的地位。

⑦ 英国火鸡

　　英国食用火鸡的历史有数百年了，一般家庭都会自行烹调火鸡，将大量的蔬果，如甘笋、西芹、洋葱、栗子等，塞进火鸡肚子里，再在表层抹上多种香料，然后放入焗炉烤，没等出炉，就能闻到诱人的香味了。

⑧ 德国猪脚

　　德国猪脚堪称一道享誉世界的名菜，也是德国人的传统美食之一。德国猪脚通常要选用脂肪较厚的猪后小腿，经腌制后水煮或火烤，并佐以德国酸菜，美味十足。

⑨ 瑞典腌鲱鱼

　　瑞典腌鲱鱼是一种散发着恶臭、味道偏酸的食物，如果你到了瑞典旅游，他们会推荐每一个外国人品尝"臭名昭著"的腌鲱鱼，它就像是中国的臭豆腐一样，并不是每个人都喜欢吃，但是对瑞典人来说，就是赞不绝口。

⑩ 希腊菲达奶酪

　　菲达奶酪是享誉世界的希腊奶制品和标志性美食，希腊人无时无刻不在食用菲达奶酪。这种食品色泽乳白，质地柔软，可伴以各种其他食品，一道享用。

欧洲
攻略HOW

Part.1 英国伦敦

作为英国首都的伦敦同时也是欧洲重要的金融中心，2000年的光阴与历史凝聚在伦敦这座宏伟的"雾都"之中，当游人揭开那层神秘的面纱，英航伦敦眼、伦敦市政厅等标新立异的建筑都展现出了伦敦的现代风情。恰如塞缪尔·约翰逊所说的："厌倦伦敦，就是厌倦生活。"温文尔雅又个性十足，内敛矜持又前卫张狂，看似矛盾的特质交织杂糅，不经意间成就了伦敦独一无二的气质。

欧洲攻略 | 英国伦敦

英国伦敦 特别看点！

第1名！
大英博物馆！
100分！ 
★ 历史最悠久的综合博物馆，世界最知名的博物馆！

第2名！
大本钟！ 
90分！
★ 伦敦的著名地标，倾听悠扬的钟声！

第3名！
白金汉宫！ 
75分！
★ 因白金汉公爵兴建而得名，是英国王室的府邸！

好玩 PLAY

01 白金汉宫
● ● ● 英国王室的府邸
75分！
★★★★★

Tips
🏠 Buckingham Palace, London SW1A 1AA, United Kingdom ☎ 020-77667300
💷 12.5英镑　🚇 乘地铁在St. James's Park站或Victoria站出站

白金汉宫因白金汉公爵兴建，所以得名，它是英国王室的府邸，与故宫、白宫、凡尔赛宫、克里姆林宫齐名，并称为世界五大宫殿。该宫殿是一座四层正方体灰色建筑，建筑规模非常庞大、壮观，可以说是英国最为恢弘雄伟的建筑。白金汉宫有典礼厅、音乐厅、宴会厅、画廊等600余间厅室，厅室内的装饰非常华丽，到处都能见到生动的壁画和雕塑，有些部分甚至用黄金和象牙修饰，精美程度令人惊叹。目前，白金汉宫开放参观的部分主要有王座室、音乐厅、国家餐厅等，作为英国著名的历史文化遗产，每年都迎来大批的海内外游客。

032

02 大英博物馆

世界三大博物馆之一　★★★★★　100分!

Tips
📍 Great Russell Street, London WC1B 3DG, United Kingdom ☎ 020-73238000 🚇 乘地铁在Russell Square站出站

　　大英博物馆，也叫不列颠博物馆，是世界上历史最悠久、规模最大的综合性博物馆之一，和纽约的大都会艺术博物馆、巴黎的卢浮宫并称为世界三大博物馆。博物馆是一座气势恢弘的古罗马神殿式建筑，整个建筑气魄雄伟，蔚为壮观，又不失庄严。博物馆内藏品之丰富、种类之繁多，为全世界博物馆所罕见。其中，罗塞塔石碑、帕特农神庙石雕、拉美西斯二世头像等珍品，是镇馆之宝。

03 威斯敏斯特宫

英国国会所在地　★★★★

　　威斯敏斯特宫也称国会大厦，位于伦敦市中心的泰晤士河畔，这里是英国国会的所在地，也是英国的政治中心。国会大厦是典型的哥德复兴式建筑风格，它不仅外表雄伟壮观，而且内部装饰华丽。大厦分为4层，有上千间厅室、百余座楼梯以及近5公里长的走廊。尽管威斯敏斯特宫经过19世纪重修而成，但依然保留了初建时的许多历史遗迹，如威斯敏斯特厅的历史可以追溯至1097年，是当时欧洲最大的厅室，也是威斯敏斯特宫最古老的建筑，现在重大的公共庆典仪式仍在这里举行。威斯敏斯特宫作为哥德复兴式建筑的代表作之一，20世纪80年代还被列为世界文化遗产。

Tips
📍 Palace of Westminster, London SW1A 0AA, United Kingdom ☎ 020-72193000 💴 12英镑 🚇 乘地铁在Houses of Parliament站出站

04 海德公园

英国最大的皇家公园　★★★★

　　海德公园是英国最大的皇家公园，历史极其悠久，18世纪前这里就曾是英王的狩鹿场，18世纪末，这里同市区连成一片，被辟为公园，即海德公园。公园西接肯辛顿公园(Kensington Park)，东连绿色公园(Green Park)，形成寸土寸金的伦敦城里一片奢侈的绿地。公园里的标志性景观很多，如公园的东北角的大理石凯旋门，东南角的威灵顿拱门等都非常有特点，不过最受人们关注的则是园区内的"演讲者之角"，它被看成是英国民主的历史象征，市民可在此演说任何有关国计民生的话题，这个传统一直延续到今。

Tips
📍 Westminster, London W2 2, United Kingdom 🚇 乘地铁在Hyde Park Corner、Marble Arch站出站

欧洲攻略　英国伦敦

033

05 大本钟

伦敦著名地标 90分！

大本钟是英国伦敦著名古钟，它坐落在英国国会会议厅附属的钟楼上，是伦敦市的地标。2012年6月，英国宣布将悬挂大本钟的钟楼改名为"伊丽莎白塔"。大本钟与伊丽莎白塔一起成为伦敦市内的一道亮丽风景线。大本钟重13.5吨，钟盘直径7米，时针和分针长度分别为2.75米和4.27米，钟摆重305公斤。该钟从1859年起就为伦敦报时，根据格林尼治时间每隔一小时敲响一次，至今一个多世纪了。今天，大本钟的钟声仍然清晰、动听。

Tips
Bridge Street, Westminster, London SW1A 2, United Kingdom　乘地铁在Westminster站出站

06 伦敦塔桥

有"伦敦正门"之称

Tips
202-203 Grange Road, London SE1 2NP, United Kingdom　020-74033761　8.5英镑　乘地铁在Tower Bridge站出站

伦敦塔桥有"伦敦正门"之称，被看成伦敦的象征。该桥始建于1886年，是伦敦泰晤士河上建的第一座桥，它将伦敦南北区连接成一体，两岸有两座用花岗石和钢铁建成的高塔，高约60米，分上下两层。上层支撑着两岸的塔，可让行人通过；如果巨轮鸣笛而来，下层桥身慢慢分开，向上折起，船只过后，桥身慢慢落下，恢复车辆通行。另外，桥上设有商店、酒吧，即使在雨雪天，行人也能在桥上购物、休闲，或者凭栏眺望两岸风光。

07 伦敦眼

世界第四大摩天轮

Tips
Riverside Building, County Hall, Westminster Bridge Rd, London SE1 7PB, United Kingdom　15.5英镑　乘地铁在Waterloo站出站

伦敦眼又称"千禧之轮"，它坐落在伦敦泰晤士河畔，是世界第四大摩天轮，也是伦敦的地标之一。伦敦眼总高度135米，重1500多吨，共有32个乘坐舱，每个乘坐舱可载客约15名，每30分钟旋转一周。白天乘坐伦敦眼不但可以体验惊险、刺激的乐趣，还能欣赏泰晤士河两岸的风光。晚上，伦敦眼轮上的灯光就会亮起，幻化成一个充满梦幻感的蓝色圆环，将泰晤士河衬托得更为美丽。

08 特拉法尔加广场
伦敦著名广场 ★★★★★

Tips
📍 Trafalgar Square, Westminster, London WC2N 5DN 🚇 乘地铁在Charing Cross站出站

特拉法尔加广场，又称"鸽子广场"，位于伦敦市中心，是伦敦著名广场，该广场建于1805年，是为纪念著名的特拉法尔加港海战而修建的。广场上最引人入胜的是由威廉·雷尔顿设计的纪念碑，纪念碑的主体是一根高约56米的圆形石柱，石柱上端立着一尊5米多高的纳尔逊全身戎装的铜像，是用特拉法尔加大海战中缴获的铜炮铸成的。远远望去，纪念碑高大而宏伟。特拉法尔加广场鸽子之多，可与威尼斯的圣马可广场相媲美。广场上鸽子成群，或嬉戏，或飞翔，成为广场上的一道动态风景线。

09 泰晤士河
英国的母亲河 ★★★★

泰晤士河是英国的母亲河，也是英国第二大河，全长402公里。泰晤士河虽然不算长，但它流经之处，都是英国文化精华所在。它横贯伦敦，伦敦的主要建筑物大多分布在泰晤士河的两旁，比如伦敦塔、威斯敏斯特教堂、圣保罗大教堂等都屹立在泰晤士河畔。今天，泰晤士河使伦敦成为世界上不可多得的一大良港，为促进伦敦的经济、贸易、文化等发展发挥了巨大作用。在历史上泰晤士河也占有举足轻重的地位，英国的政治家约翰·伯恩斯曾说："泰晤士河是世界上最优美的河流，因为它是一部流动的历史。"

Tips
📍 威斯敏斯特码头、滑铁卢码头等主要码头 🚇 在DLR道克兰线的Cutty sark for Maritime Greenwich站出站

10 国王十字车站
英国最重要的站点 ★★★★

国王十字车站是英国国内最重要的站点，因为这里既是英国东海岸主干线的南端终点，又紧靠着欧洲之星的终点站——圣潘可拉斯站，在英国交通中发挥着重大的作用。这座车站建于1852年，经过多年的改造和扩建，如今已经成为一座现代化车站，拥有一座宏大的半圆形候车大厅、数十个月台。车站周围还有酒店和广场等附属设施。值得一提的是，小说《哈利·波特》也曾描写过这座车站，它的名声远播海内外。

Tips
📍 London, UK N1 9AP

欧洲攻略　英国伦敦

11 皇家植物园
● ● ● 世界各地植物的大观园 ★★★★★

英国皇家植物园位于伦敦西南部的泰晤士河南岸，被联合国指定为世界文化遗产。该园收集了来自世界各地的5万多种植物，分为多个专题园，如玫瑰园、草园、竹园等，走进植物园，植物葱茏，鸟语花香，各种奇花异木令人目不暇接。另外，来到皇家植物园，除了欣赏各具特色的植物外，还能看到许多濒临灭绝的动物。

Tips

🏠 Victoria Gate, Kew Road, Richmond, Surrey TW9 3AB, United Kingdom ☎ 020-83325655 ¥ 13英镑 🚇 乘地铁District线或Overground 在Kew Gardens站出站

12 肯辛顿宫
● ● ● 英国皇室的住所 ★★★★

肯辛顿宫是戴安娜亡故前在伦敦的住所，一直到现在王宫前仍有民众献花凭吊。肯辛顿宫原为诺丁汉豪宅，由威廉三世与玛丽皇后在1689年买下作为皇宫，之后一直是英国皇室的住所，从乔治三世开始才迁至白金汉宫的前身白金汉屋。肯辛顿宫收藏有丰富的皇室服饰，让人大开眼界，包括玛丽女王的结婚礼服、伊丽莎白二世女王的家居服和礼服，当然还有许多华丽至极的装饰品。

Tips

🏠 202-220 Cromwell Road, London W8 4PX ☎ 087-0751-5170 ¥ 12英镑 🚇 乘地铁在High StreetKensingtan站出站

13 诺丁山
● ● ● 充满异国风情的地方 ★★★★

诺丁山并不是一座山的名称，而是英国伦敦郊区的地名，1999年的一部英国电影《诺丁山》使这里名声远播海内外。诺丁山是旅行者必逛之处，因为这里虽然距伦敦市区很近，但是却有着异国风情。诺丁山像个文化大熔炉，在这里各色人种齐聚一堂，有富人也有穷人，每天都上演着精彩的爱情故事。每年夏天举办的狂欢节更是令各国游客蜂拥而至，诺丁山狂欢节如同一场奇异华丽的化装舞会，令各地游客流连忘返。

Tips

🏠 6-14 Kensington Church Street, kensington, London W8 4 🚇 乘地铁在Notting Hill Gate站出站

好买 BUY

01 Hatchards
皇家御用书店 ★★★★

Tips
📍 187 Piccadilly 🚇 乘地铁在Piccadilly Circus 站出站 ☎ 020-74399921

Hatchards是伦敦最著名的"御用书店"，是伦敦现存最古老的书店，有200多年历史。早在17~18世纪，这里就是伦敦各界文化人士经常前来的文化中心，包括王尔德、拜伦等知名文豪都是这里的常客。书店一直追求纯粹的读书环境，这里的装潢充满了古典风味，而且在书店里从不销售杂志，这里读书空间广阔，环境优雅，是伦敦爱读书的人们的第一选择。

02 Floris
王室特供的香水 ★★★★

Tips
📍 89 Jermyn Street 🚇 乘地铁在Piccadilly Circus站出站 ☎ 020-79302885

Floris位于伦敦市中心的哲麦街上，这是一家拥有超过两百年历史的老香水店。因为这里的香水香味浓郁持久，因此深受英国王室的喜爱，这里也就成为专门为王室设计香水的商店。这里制作香水所使用的原料全部来自大自然，不添加任何人工合成的成分，因此特别受人欢迎。看着放在店内柜台中那一瓶瓶不同时期的香水，人们好像走进了历史的长廊，在芬芳的香气中感受这里的悠久历史。

欧洲攻略 | 英国伦敦

037

03 骑士桥购物区

奢侈品的天堂 ★★★★★

Tips
🚇 Regent Street, London 🚊 乘地铁在Marble Arch 站出站

骑士桥是位于伦敦中西部的一条街道，这里是伦敦最著名的精品店商业区，同时也是伦敦地价最贵的地方。Harrods和Harvey Nicholas这两家伦敦知名的百货商店也位于此，其余各种世界品牌的专营店更是数不胜数。这里一直都是名流富豪和上层阶级聚居的地区。来到这条街区的游人不光是为了购物而来，更多的是为了目睹一下这里众多的百年老店，感受一下这里的历史氛围。

必玩 01 摄政街
伦敦最著名的购物街

摄政街是英国著名的购物街，以高质量的英国服装店著称，被看成伦敦城市文化的象征。摄政街曲折蜿蜒，连接牛津广场和匹卡德利广场，大街两侧都是用白色波兰石砌成的传统建筑。这条街上名牌店铺林立，从阿玛尼服饰到苹果专卖店，包含了世界各地的知名品牌，成为时尚达人的购物天堂。每天摄政街人来人往，热闹非凡，尤其是每年圣诞节前摄政街都会举行亮灯仪式，届时，街上更是人潮涌动，寸步难行。

必玩 02 Hamleys
世界上最大的玩具店

Hamleys一直都号称是世界上最大的玩具商店。位于摄政街的这家店是一座高达7层的大厦，每一层都按照不同的分类堆满了各色的玩具，小孩子来到这里肯定是乐不思归。包括毛绒玩具、模型、娃娃、遥控汽车等在这里都能看到，这里甚至还提供试玩互动服务。

必玩 03 Harrods
英国最高级的百货店

Harrods是英国最顶级的百货商店，一直都是摄政街上销售额名列前茅的商店。这里销售的货品范围广泛，从服饰、化石、钢琴、自制纪念品到水上摩托等无所不包，还拥有多个世界知名品牌奢侈品的专柜。甚至有人戏称，不管是什么货物，只要放进Harrods的购物袋里立刻身价倍增。

好吃 EAT

01 Paxton&Whitfield
英国最知名的奶酪店 ★★★★

Paxton&Whitfield是英国最知名的奶酪商店，至今已经有200多年历史。由于英国女王伊丽莎白二世特别喜欢这里的奶酪，这家店也担负着为王室提供奶酪的责任。这家店的店面并不大，但是走进去立刻就能闻到浓烈的奶酪味道。货架上摆放着各种颜色样式不一的奶酪，形状多种多样，味道也千差万别，就好像进入了一间奶酪博物馆一般。这里的奶酪全都是精雕细刻，虽然价钱不菲，但是依然令无数人纷至沓来。

Tips
🏠 93 Jermyn Street 🚇 乘地铁在Piccadilly Circus站出站 ☎ 020-73210621

02 Fortnum&Mason
著名的红茶店 ★★★★

在英国，喝下午茶已经成为人们的生活和社交习惯之一，Fortnum&Mason就是伦敦最著名的王室御用红茶店。早在1707年这里刚开张后不久，就深受各路贵族的青睐，如今在店门外还能看到女王颁发的认证书。这家店里提供最上等的红茶和各种美味的甜点，配上充满古典气息的骨瓷茶具和刀叉。在喝下午茶的同时，店里还提供钢琴演奏，一派古典贵族的派头。

Tips
🏠 181 Piccadilly,London W1A 1ER 🚇 乘地铁在Piccadilly Circus站出站 ☎ 020-77348040

03 Prestat
有100多年历史的巧克力品牌 ★★★★

Tips
🏠 14 Princes Arcade, Piccadilly 🚇 乘地铁在Piccadilly Circus站出站 ☎ 020-76294838

Prestat是英国有100多年历史的巧克力品牌，除了在伦敦拥有多家分店外，现在也开始走向世界。同时这里也是专供英国王室的巧克力品牌，据说女王对这里出产的"拿破仑三世手卷松露巧克力"最为青睐。Prestat自创立以来，这里的巧克力配方就一直没有改变过，除了手卷松露巧克力外，还有完全由手工制作的紫罗兰巧克力，其中还加上了300磅鲜花才能提炼出1磅的鲜花精油，足见其高贵奢华。

欧洲攻略 英国伦敦

欧洲
攻略HOW

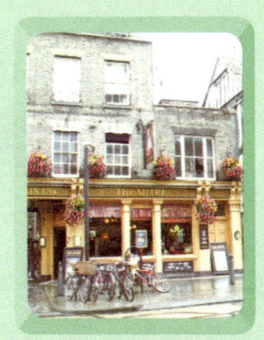

Part.2 英国剑桥&牛津

　　剑桥拥有古老的学院、宽阔的草坪，微风轻拂过剑河，充满静谧安详的味道，是一座景色美丽的大学城。

　　拥有近900年历史的牛津是一座古色古香的大学城，漫步在古老的建筑之中，仿佛穿越英国历史。

欧洲攻略

英国剑桥&牛津

英国剑桥&牛津 特别看点！

第1名！
剑桥大学！
100分！ 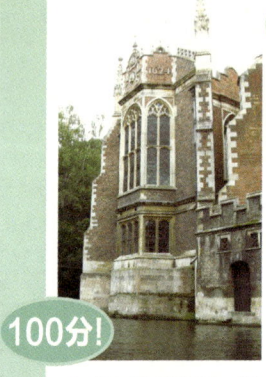
★ 成立于1209年，是英国乃至全世界最顶尖的大学之一！

第2名！
牛津大学！
90分！ 
★ 培养出数十位英国首相、诺贝尔奖获得者及数百位各领域的大师级人物！

第3名！
剑河！ 
75分！
★ 撑篙游览，漂流于剑河之上饱览两岸风光！

📷 好玩 PLAY

01 剑河
剑桥的象征
75分！
★★★★★

Tips
📍 Silver street, Mill Lane

剑河，又名康河，是剑桥的象征，剑河穿城而过，它的上游河流曲折，岸边风景自然淳朴；它的下游河面较为宽阔，水流平缓，岸边尽是剑桥大学校园的建筑。来剑桥一定要撑篙游览，漂流于剑河之上饱览两岸风光。

042

02 剑桥大学

世界最顶尖的大学之一

100分！
★★★★★

Tips

📍 University of Cambridge, Cambridge CB2 1TN, UK 🚌 在火车站和长途汽车站坐直接到剑桥的快车和汽车

剑桥大学是英国乃至全世界最顶尖的大学之一，该大学成立于1209年，最早是由一批为躲避斗殴而从牛津大学逃离出来的老师建立的。从建校开始，这里走出了许多科学家、作家、政治家等世界知名人士，不愧是培养人才的摇篮。剑桥大学的许多地方保留着中世纪以来的风貌，到处可见几百年来不断按原样精心维修的古城建筑，许多校舍的门廊、墙壁上仍然装饰着古朴庄严的塑像和印章，高大的彩色玻璃窗像一幅幅瑰丽的画面，展示着剑桥大学的美。走进剑桥大学，你会感到一股浓郁的学术文化气息。

必玩 01 国王学院

剑桥大学内最有名的学院之一

国王学院是剑桥大学内最有名的学院之一，学院成立于1441年，由当时的英国国王亨利六世设立创建，因而得名"国王"学院。学院建立之初就以宏伟壮观的建筑吸引了许多人的目光，其中最著名的当属学院的礼拜堂，它耸入云霄的尖塔和恢弘的哥特式建筑风格已经成为整个剑桥镇的标志。国王学院涌现出包括政论家奈翁纳德·伍尔夫、哲学家和评论家路威士·狄更生、画家邓肯·格兰特以及作家E.M.福斯特等大师级人物。

必玩 02 圣约翰学院

剑桥第二大学院

圣约翰学院建于1511年，为剑桥第二大学院。走进学院，跨过正门，经过前庭、礼拜堂、中庭后来到康河河畔，这里有两座很有纪念意义的桥，很受游人关注，一座是建于1712年的厨房桥，另一座就是建于1831年的"叹息桥"，其中叹息桥是仿照意大利威尼斯的叹息桥建成。据闻常有学院里的学生经过这桥时，因担心考试成绩而发出感叹之声，该桥因此得名。从临近的厨房桥看叹息桥非常亮丽。

欧洲攻略 | 英国剑桥&牛津

必玩 03 三一学院
剑桥大学中规模最大、实力最为雄厚的学院

三一学院是英王亨利八世在1546年所建，是剑桥大学中规模最大、实力最为雄厚的学院。与此同时，这里的建筑也是整个剑桥大学中最漂亮的。三一学院桃李无数，在名人堂里可以看到很多响当当的名字，培根、牛顿、拜伦、罗素……无一不在历史上留下了光辉足迹。三一学院正因拥有众多著名的毕业生而在世界范围内声名显赫。

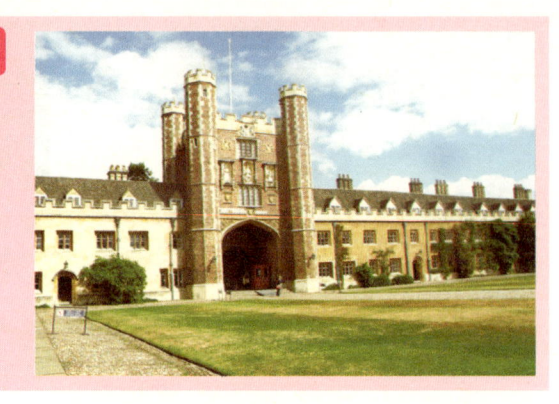

03 牛津大学 90分
英语国家中最古老的大学 ★★★★★

提到牛津，很多人首先想到的便是牛津大学，的确，牛津这座原本很普通的城市，因为牛津大学而闻名全球。牛津大学建立于1167年，是英语国家中最古老的大学，在历史上牛津大学培养出数十位英国首相、诺贝尔奖获得者及数百位各领域的大师级人物。因此，牛津大学在世界范围内享有盛誉。牛津大学和其他大学有很大不同，城市与大学融为一体，街道就从校园穿过。大学不仅没有校门和围墙，而且连正式招牌也没有。楼房的尖塔在烟雨蒙蒙中若隐若现，高高的石墙上爬满老藤，稀疏的绿叶中绽放着红红的花朵，这一切都让人感觉到牛津大学散发着独特的魅力。

Tips
🏠 Merton Street 🚆 乘火车在Oxford站出站 💰 6英镑

必玩 01 牛津默顿学院
伦敦最古老的学院

牛津默顿学院是牛津大学最古老的学院，它和当时欧洲许多大学不同，其他大学一般只招贵族学生，而默顿学院则面向平民学生。早在中世纪该学院就以物理学、工程学专业而闻名。默顿学院也是牛津大学最美的学院之一，到处都是历史悠久的古老建筑，这里有着英国最古老的图书馆，收藏有不少古老典籍，十分珍贵。

必玩 02 基督教堂学院
牛津大学中规模最大

基督教堂学院的规模在牛津大学中最大，它的门票也比较贵。不过，学院里提供了专门的旅游线路，可以在不影响学生学习的情况下欣赏大部分景点。这里有古色古香的回廊和精美的教堂，尤其是这里的基督教堂，虽然不算大，但是装饰非常精美，在整个英国都首屈一指。

好买 BUY

01 爱丽丝的店
著名小说的场景 ★★★★

爱丽丝的店位于基督教堂学院对面，这家店的建筑本身就已经有500多年历史，也是著名的童话故事《爱丽丝梦游仙境》中的一个场景。这里原本是一家糖果店，如今已经成了爱丽丝主题游的起点，从这里还能到小说中的爱丽丝之家和卡尔之家中游览，是小说迷们绝对不能错过的地方。

> **Tips**
> 🏠 83 Street, Aldates　🚆 乘火车在Oxford站出站　☎ 018-65723793

02 剑桥书店
拥有详尽分类的书店 ★★★★★

剑桥是一座富有文化氛围的城市，是世界闻名的大学城。因此在这里大大小小的书店随处可见，为大学生们提供学习和研究的资料。剑桥书店就位于三一学院对面，这里最让人印象深刻的就是其图书的分类，分类之细甚至比大学图书馆有过之而无不及，而且学术书籍数量之多也让人惊讶，感叹于这里学术气息之浓厚。

> **Tips**
> 🏠 1 Trinity Street　🚆 在火车站和长途汽车站坐直接到剑桥的快车和汽车　☎ 012-23333333

03 牛津商业中心
繁华的商业区 ★★★★★

在牛津大学附近，有一个专门的商业步行区，在这个区域内有不少家销售各类商品的商店，是牛津大学各个学院的学生经常光顾的地方。同时为了满足来自世界各地的学生，这个商业区里还有不少各个国家风味的饭店，可以满足任何一个学生对口味的要求。此外沿街还有不少街头艺人表演歌舞，让这里增添了不少娱乐气息。

> **Tips**
> 🏠 106 The High Street　🚆 乘火车在Oxford站出站　☎ 018-65247414

04 剑桥市集广场
剑桥最古老的集市 ★★★★★

> **Tips**
> 🏠 Market Square　🚆 在火车站和长途汽车站坐直接到剑桥的快车和汽车

剑桥市集广场是剑桥最古老的集市之一，至今已经有几百年的历史。广场处于很多名胜的包围之中，不仅平日里摆满了最新鲜的果蔬、二手货和日用品，到了周末，这里更会有各色摊位，从手工艺品、古玩到各种小玩意儿不一而足，是淘宝的好地方。

欧洲
攻略HOW

Part.3 英国苏格兰&威尔士

　　苏格兰拥有众多历史悠久的古老城堡，在悠扬的风笛声中，苏格兰高地上广阔无边的山峰与湖泊吸引了为数众多的游人，深不见底的内斯湖（尼斯湖）孕育了传说中的神秘水怪，高地的斯凯岛则令人体会到天涯海角的迷人风光。

　　威尔士全称为威尔士公国，其自然景致、风土民情及语言文化显得淳朴与乡村化，境内处处是田园乡村的恬静之美。

英国苏格兰&威尔士 特别看点!

欧洲攻略 | 英国苏格兰&威尔士

第1名！爱丁堡城堡！
100分！ 
★ 苏格兰的象征，展示苏格兰的传统文化！

第2名！格拉斯哥大教堂！
90分！
★ 建于1136年，历经300年完工！

第3名！哈勒赫城堡！
75分！
★ 始建于1283年，北威尔士古堡群中最壮观的一处古城堡！

好玩 PLAY

01 爱丁堡城堡 100分！
●●● 苏格兰皇家城堡 ★★★★★

Tips
🏠 Castle Hill, Edinburgh, Midlothian EH12NG, United Kingdom ☎ 013-12259846
¥ 10英镑 🚇 从Waverley车站步行约15分钟

　　爱丁堡城堡是苏格兰皇家城堡，也是苏格兰的精神象征，历史非常悠久，比英格兰的利兹城堡还早200多年。城堡位于135米高的死火山上，地势险要，易守难攻，是天然的防御堡垒。早在公元6世纪这里就成为皇室城堡，同时也是苏格兰的政治中心，见证了漫长的岁月中苏格兰和英格兰人民的斗争史。每年这里都会举行很多苏格兰传统的活动，向人们展示苏格兰的传统文化。另外，每年一度的军操表演也在爱丁堡城堡前举行。

048

02 圣十字架宫
● ● ● 苏格兰王室的宫殿　　★★★★

圣十字架宫建于1498年，由詹姆斯五世所建，起初是修道院，后来改建为苏格兰王室的宫殿，目前仍是英国女王来苏格兰时的住所。圣十字架宫是由原有的圣十字修道院改建，也是詹姆斯四世之后历代苏格兰王的王宫所在，现在则成为英国女王在苏格兰的行宫。圣十字架宫外表并不张扬，但内部装饰非常华丽，室内的绘画、雕塑、家具、餐具无一不是艺术珍品。

Tips
🏠 Canongate,The Royal Mile,EH8 8DX
☎ 013-15565100　¥ 10英镑　🚋 乘有轨电车T50在York Place站下

03 格拉斯哥大教堂　90分!
● ● ● 保存完好的教堂　　★★★★

格拉斯哥大教堂是为了纪念格拉斯哥的建立者圣芒戈而建的，该教堂建于1136年，历经300年完工，其间躲过了宗教革命的摧残才保存至今。大教堂中间有一条石制围屏，十分引人注意，左右各有7组石像装饰，据说象征着"七宗罪"。另外，在教堂前方还有一座博物馆，收藏着世界各地的宗教艺术品，非常值得一看。

Tips
🏠 Castle Street/High Street, Cathedral Square, Glasgow G4 0QZ　🚌 乘City sightseeing Tour的红色双层敞篷巴士可达

04 苏格兰博物馆
● ● ● 20世纪苏格兰最优秀的建筑之一　★★★★

苏格兰博物馆建于20世纪末，被认为是20世纪苏格兰最优秀的建筑之一。博物馆的建筑设计与苏格兰独特的历史和自然环境紧密融合，为爱丁堡这座老城增添了活泼的现代气息。博物馆收藏有大量文物、资料、照片等，系统展示了苏格兰的历史、文化、科技等的发展历程。博物馆中的主题展区包括早期人类、苏格兰王国、工业时代、变革的苏格兰、苏格兰运动等。值得一提的是博物馆的六楼有一个露台，是观赏爱丁堡全貌的最佳位置。站在露台上眺望，爱丁堡风光尽收眼底。

Tips
🏠 Chambers Street, Edinburgh, Midlothian EH1 1JF　☎ 013-1225-7534　🚶 从皇家一英里大道步行约5分钟，从Waverley火车站步行约10分钟

05 华莱士纪念塔
● ● ● 英雄纪念丰碑　　★★★★

华莱士纪念塔建于1830年，是为了纪念苏格兰历史上伟大的民族英雄——威廉·华莱士而建的。华莱士纪念塔位于克莱格修道院的旧址上，这里曾经是华莱士指挥作战的司令部。华莱士纪念塔高67米，共有246级台阶。这座纪念塔虽然是哥特式风格，但并不注重细节表现，从远处看，既恢弘壮观，又不失古朴平实，这也许更符合威廉·华莱士的平民身份。

Tips
🏠 Abbey Craig,Hillfoots Road Causewayhead, FK9 5LF　🚶 从斯特灵火车站步行可达

欧洲攻略　英国苏格兰&威尔士

049

06 斯诺登尼亚国家公园
威尔士首座国家公园 ★★★★

Tips
🏠 Royal Oak Stables, Betws-y-Coed, Conwy, LL24 0AH（旅游服务中心） ☎ 017-6677-0274 🚆 乘火车在Betws-y-Coed站出站

斯诺登尼亚国家公园是威尔士首座国家公园，来到这里无论是度假、还是观光，又或者是登山，都会给你留下深刻的印象。公园景点很多，有原生态的沼泽地，有壮观的大瀑布，还有蔚蓝色的湖泊，勾勒出一幅优美的自然风光画卷。公园还设有多种惊险刺激的娱乐项目，比如高空绳索、极限攀岩、游河下降、陆上快艇、野外探险等，十分受游人喜爱。最有意思的是搭乘蒸汽火车到斯诺登尼亚山高达1085米的山顶去一览威尔士的全景。

07 波特梅里恩
意大利风格的乡村 ★★★★

波特梅里恩是一个很特别的地方，它背靠斯诺多尼亚丘陵，面朝大海和Traeth Bach海滩。这里的一砖一瓦都出自于威廉·埃利斯·克拉夫爵士之手。波特梅里恩建于20世纪二三十年代，建筑师在荒蛮而富有异域情调的园林当中，设计兴建了一座意大利风格的乡村。乡村里的建筑取材于废弃的纪念碑和雕塑。这个"意大利村"坐落在江河入海口，你可以穿过地道，来到这个坐落在绝壁上的花园乡村，来找寻利用现成材料拼凑而成的教堂和灯塔，还可以远眺辽阔的Black Rock海滩。

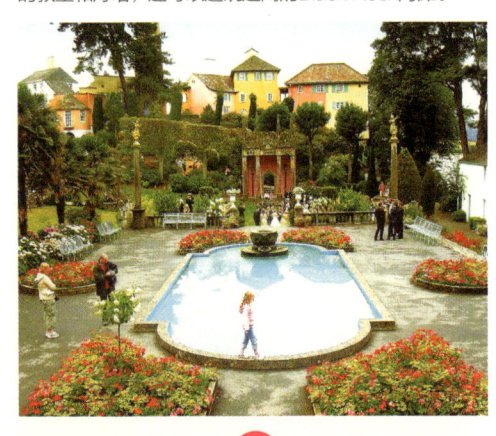

Tips
☎ 017-6651-2981

08 哈勒赫城堡 75分！
壮观的古城堡 ★★★★

哈勒赫城堡是北威尔士古堡群中最壮观的一处古城堡，该城堡始建于1283年，高耸于一座距离海面60余米、裸露出岩石的礁崖之上，俯瞰着湛蓝的海湾。哈勒赫城堡作为一处历史悠久的名胜古迹，从远处望去，城堡、碧海、青山等融为一体，相互映衬，美不胜收。另外，在城堡里还可以一边喝茶，一边欣赏美妙的风景，还可以逛工艺品商店，真是一种享受。

Tips
🏠 Harlech, Gwynedd, Wales ☎ 017-6678-0552 ¥ 3.5英镑

欧洲攻略 — 英国苏格兰&威尔士

050

好买 BUY

01 苏格兰威士忌遗产中心
美妙的威尔士之旅 ★★★★

Tips

📍 354 Castlehill, The Royal Mile, Edinburgh, EH1 2NE 苏格兰威士忌遗产中心位于爱丁堡城堡入口坡道下的左手边 ☎ 013-1220-0441 💴 8.95英镑（包括免费品酒）🕘 开放时间：10:00~18:00；12月25日不开放

这个中心由19家酒厂在1987年建立，致力于苏格兰威士忌的历史展示、发展以及推广。遗产中心的目标是"以传授知识和娱乐的方式促进威士忌的销售"。游客坐在形似威士忌酒桶的电动车里环游，有导游随时解说，一次游览大约持续一小时。当然还可以免费品尝纯正苏格兰威士忌，并可在酒吧见识到多达270种的威士忌品种。

进入博物馆后，工作人员会为客人送上一杯盛在漂亮的酒杯中的威士忌，这个酒杯可以带走作为纪念。在威士忌遗产中心后面的小店铺里，也可以购买到遗产中心所介绍的各色威士忌酒。目前，全苏格兰有100多家酒厂，90%供出口，生产的威士忌在国际市场上十分畅销，其销售额每年达到50亿欧元。

02 威尔士城堡工艺品百货
各种特色纪念品 ★★★★

Tips

📍 1-3 Castle Street, Cardiff, CF10 1BS ☎ 029-20343038 🚌 乘30路公交车在Cardiff, Castle KA站下

各色古城堡是威尔士最著名的特色景观，因此在这里购物也主要是买那些和城堡有关的纪念品。而威尔士城堡工艺品百货专门供应这些纪念品，可以说是威尔士最大的纪念品销售商店。各种纪念品中最受人欢迎的当属凯尔特图案和石板桶的饰物以及威尔士龙的毛绒玩具。此外这里特产的威尔士爱汤匙也是最主要的货品，这种汤匙是当地青年男子赠送给爱人的最好礼物，代表着浪漫与温馨。

欧洲攻略 — 英国苏格兰&威尔士

欧洲
攻略HOW

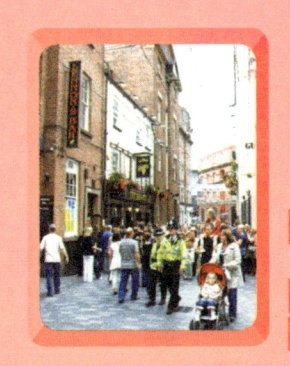

Part.4 英国其他

英国位于欧洲大陆西部，由大不列颠岛（包括英格兰、苏格兰、威尔士）以及爱尔兰岛东北部的北爱尔兰和周围5500个小岛（海外领地）组成，总面积24.41万平方公里，全境分为英格兰东南部平原、中西部山区、苏格兰山区、北爱尔兰高原和山区四部分。

欧洲攻略 | 英国其他

英国其他 特别看点！

第1名！
温莎城堡！
100分！ 
★ 女王的最爱，世界上最古老的有人居住城堡！

第2名！
史前巨石阵！ 
90分！
★ 英国最具神秘色彩的自然景点，不可思议的世界之谜！

第3名！
约克大教堂！ 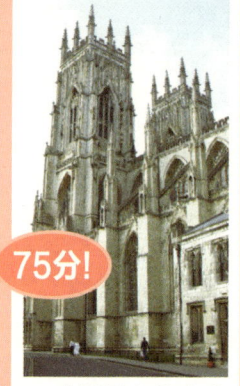
75分！
★ 欧洲最大的中世纪教堂，精美的玻璃彩绘！

📷 好玩 PLAY

01 利物浦马修街
●●● 甲壳虫乐队的演出场所　★★★★★

Tips
🚇 St.James Mount, L1 7AZ　🚉 在Lime Street 火车站出站步行可达

利物浦马修街原本是英国利物浦的一条普通街道，因为街上的Cavern俱乐部而为世人所熟知。马修街Cavern俱乐部是旧日甲壳虫乐队的演出场所，可以说是甲壳虫乐队高飞的起点。如今这条街还保持着原有的风貌，很有音乐文化韵味。每年夏天，这条街还是盛大的马修街音乐节的中心地。

054

02 斯特拉夫德镇

莎士比亚的故乡 ★★★★

Tips
📍 Stratford Manchester

斯特拉夫德镇是一个古老的小镇，因为是莎士比亚的故乡而闻名世界。走进小镇，仿佛走进一个古老的童话。这座小镇方圆不足两公里，穿镇而过的布仑河两岸林木染翠，年代久远的古建筑由岸边次第排列开去，维多利亚式建筑的陡峻与厚重，哥特式建筑的俏丽和奇幻，历史悠久的普通民居的粗犷和古朴，书写着斯特拉夫德这座古镇沧桑的历史。

03 曼彻斯特艾伯特广场

曼彻斯特休闲、娱乐的场所 ★★★★★

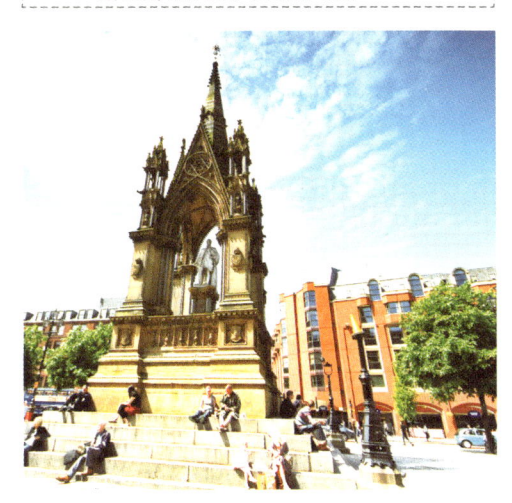

曼彻斯特艾伯特广场是为了纪念维多利亚女王的丈夫艾伯特而命名的，这座广场位于曼彻斯特最主要的丁斯盖特和莫斯利大街之间，是曼彻斯特城的中心位置。在它的四周分布着很多曼彻斯特著名的景点和设施，如人民历史博物馆、布里奇沃特音乐大厅等。艾伯特广场上最引人注目的是一座建于维多利亚时代的歌德式建筑，它是广场的标志，也是众多曼彻斯特人约定等候的主要地点。

Tips
📍 Deansgate St.和Mosley St.之间 🚇 乘地铁在St. Peter's Square站出站

04 温莎城堡

英国王室的行宫之一 ★★★★ (100分!)

温莎城堡是世界上有人居住的城堡中最大的一个，与伦敦的白金汉宫、爱丁堡的荷里路德宫一样，温莎城堡也是英国君主主要的行政官邸。现任的英国女王伊丽莎白二世每年有相当多的时间在温莎城堡度过。温莎城堡分东西两大部分，东边称作"上区"，是英国王室的私宅，包括女王觐见厅、餐厅、画室、舞厅等部分。而西边则称"下区"，这里有两座重要的教堂。这座城堡自面世以来便留下了很多美丽的传说，包括温莎公爵爱美人不爱江山等，一直为人们津津乐道。

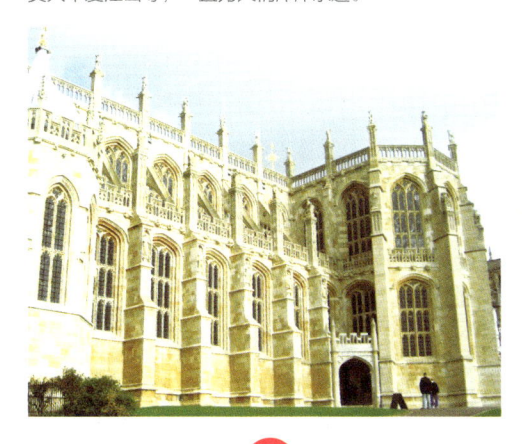

Tips
📍 Windsor, Berkshire SL4 1NJ, UK 🚌 从伦敦乘火车或National Express以及Green Line大巴 ☎ 017-53743900 💰 15.5英镑

欧洲攻略 / 英国其他

欧洲攻略 | 英国其他

05 史前巨石阵
史前留下的文明遗迹 90分！ ★★★★★

在英国的索尔兹伯里平原上，一些巍峨巨石呈环形屹立在绿色的旷野间，这就是著名的史前巨石阵，巨石阵是史前留下的文明遗迹，它建立的时间在公元前4000年至公元前2000年之间。巨石阵的外层呈圆形，一块块高大的蓝砂岩石块排列在一起，部分石柱还通过位于上方的弧形石柱连接在一起。这里还有巨大的石拱门和石塔。这些巨石是怎么搬来的、用途是什么等一系列的谜团都没有解开，也许正是这些未知之谜才是巨石阵的魅力所在，每年吸引世界各地的游客、学者以及考古学家前来参观、考察。

> **Tips**
> 🏠 A344, Salisbury, Wiltshire, SP4 7DE
> ☎ 019-80624715 ¥ 6.9英镑 🚌 从伦敦滑铁卢车站乘火车到索尔兹伯里后换乘3路公共汽车可达

06 哈德良城墙
千年古城墙 ★★★★

> **Tips**
> 🏠 Wentworth Place, Hexham, NE46 1QE, NE46 ☎ 14-34220616

哈德良城墙建于罗马帝国时期，至今有近两千年的历史了，它一直都是罗马最西边的疆界，并以罗马帝国传说中的五贤帝之一，即哈德良的名字命名。尽管哈德良城墙经过无数次风雨的侵蚀，早已残破不堪，但是历史文化韵味犹在，很多历史爱好者常常来到这里寻幽访古。

07 巨人之路
英国第四大自然奇观 ★★★★

巨人之路是英国第四大自然奇观，它位于北爱尔兰最北端的安特里姆平原边缘的岬角处，一条天然形成的道路从峭壁顶部延伸到海底，气势磅礴，令人惊叹不已。这条道路最独特的地方在于它的路面上耸立着的石柱，这些石柱形状各异，四边形、五边形乃至八边形，应有尽有，它们虽然参差不齐，却也有着纵横交错的美感，渲染出了神秘的色彩。现在巨人之路还被列为世界自然遗产，成为英国热门旅游胜地。

> **Tips**
> 🏠 北爱尔兰最北端的安特里姆平原边缘的岬角处
> 🚌 从贝尔法斯特乘火车到Coleraine后在火车站旁巴士站换乘172路Ulster Bus，在The Giant's Causeway站下

08 林肯大教堂
英国最大的教堂之一 ★★★★

林肯大教堂是英国最大的教堂之一，这座教堂有近千年的历史。教堂坐落于林肯市一块石灰岩高地上，是一座宏伟巨大的诺曼式建筑，两侧高大的尖塔是教堂的标志。林肯大教堂自建成以后，屡遭天灾，尤其是一场飓风毁掉了这里引以为豪的中央大尖塔，留下了几分缺陷美。

> **Tips**
> 🏠 Lincoln Cathedral, Minster Yard LN2 1PZ
> ☎ 015-22561600 ¥ 4英镑 🚌 从林肯火车站出站可达

09 约克大教堂
欧洲最大的中世纪教堂

75分!
★★★★

约克大教堂全部由石材建造，工艺精湛，气势恢弘，顶部的尖塔好似一把把利剑直刺天空。约克大教堂是欧洲现存最大的中世纪教堂。走进教堂，最引人注目的是教堂内的玻璃彩绘，在教堂东侧有一片大小超过一座网球场的彩绘玻璃，也是欧洲最大的玻璃彩绘图案，由100多个场景构成，非常精美，令游客赞叹不已。

Tips
🏠 Deangate, York YO1 7HH, UK ☎ 019-04557216 💰 5英镑 🚌 乘19路公交车在York (York), Lord Mayor's Walk (opp 20) 站下

10 皇家新月楼
英国王室的行宫

★★★★

皇家新月楼曾是英国王室的行宫，该建筑建于18世纪，采用意大利风格，气势宏伟，尽显高贵典雅的风范。皇家新月楼最引人入胜的是那114根高大的圆柱，高大而美观。皇家新月楼的道路与房屋都排列成新月弧形，优美的曲线令人陶醉。值得一提的是皇家新月楼1号现在已辟为博物馆，那里有很多珍贵的文物，非常值得参观。

Tips
🏠 1 Royal Crescent, Bath,BA1 2LR ☎ 012-25428126 💰 6英镑 🚌 乘700路公交车在Lansdown (NE Somerset), Northampton Street (W-bound)

11 温德米尔湖
英格兰最大的湖泊

★★★★

温德米尔湖是英格兰最大的湖泊，湖形状狭长，最深处在湖的北端。这里山清水秀，环境优美，气候宜人，夏季平均温度不超过20℃，是英国人避暑消夏的最佳去处。湖畔还有大大小小的村庄，在那里能领略到原生态的田园风光，很多久居城市的人来这里亲近大自然，返璞归真。

Tips
🏠 Bowness Pier, Bowness-on-Windermere, Cumbria, LA23 3HE

12 卡里克空中索桥
北爱尔兰最为惊险的景观之一

★★★★

卡里克空中索桥是北爱尔兰最为惊险的景观之一。索桥连接着小岛，桥下就是一条峡谷，站在索桥上眺望，莱斯林岛和苏格兰的风光尽收眼底。如今，索桥本身不但成为一道亮丽的景观，而且从桥上踏过，也成了游人旅途的一项挑战。甚至有些冒险人士还会在这里表演空中绝技。

Tips
🏠 119a Whitepark Road, Ballintoy,Co. Antrim,BT54 6LS 💰 成人4英镑，儿童2英镑 🚌 从贝尔法斯特搭乘Ulsterbus 252、256路可达

欧洲攻略 / 英国其他

057

欧洲
攻略HOW

Part.5 法国巴黎

　　巴黎是世界知名的文化之都、艺术之都，也是一个令人向往的旅游之都。这座古城既有巴黎圣母院、巴士底狱、协和广场、凯旋门这种极具历史价值的古迹，也有埃菲尔铁塔这样象征现代工业文明的雄伟建筑。巴黎这座时尚的城市汇集了世界各国的时尚品牌，成为购物狂们的天堂。

法国巴黎 特别看点！

欧洲攻略 / 法国巴黎

第1名！ 卢浮宫！
100分！
★ 举世闻名的艺术宝库，欣赏世界各国的艺术珍品！

第2名！ 埃菲尔铁塔！
90分！
★ 闻名世界的巴黎标志铁塔，法国的标志！

第3名！ 凯旋门！
75分！
★ 纪念拿破仑的巴黎标志建筑，巴黎街道的起点！

好玩 PLAY

01 凯旋门
● ● ● 巴黎四大代表建筑之一　　75分！　★★★★★

Tips
📍 Place de l'Etoile, 75008 Paris, France；戴高乐广场中央　☎ 01-55377377　¥ 9欧元　🚇 乘地铁1、2、6号线或RER A线在Charles-de Gaulle-Etoile站出站即可到达

凯旋门，也叫雄狮凯旋门，建于古罗马时期，是当时法国皇帝拿破仑为纪念奥斯特利茨战争的胜利而建立，它位于法国巴黎的戴高乐广场中央，高50米，宽45米，高大、壮观，令人赞叹。在凯旋门两面门墩的墙面上，有4组以战争为题材的大型浮雕：《出征》、《胜利》、《和平》和《抵抗》，美轮美奂，十分形象。此外，在凯旋门内还辟有一个以拿破仑生平事迹展出为主的小型历史博物馆，在那里不仅可以了解拿破仑的生平事迹，还能了解凯旋门的建设过程及历史变迁。今天，凯旋门作为巴黎的标志性建筑之一，受到世界各地游人的关注，每个来巴黎的游客都会专门来此参观这一世界奇观。

02 埃菲尔铁塔 90分!
西方三大著名建筑 ★★★★★

埃菲尔铁塔建于1889年，设计新颖独特，是世界建筑史上的技术杰作，在世界范围内享有盛誉，它被看成是法国和巴黎的一个重要景点和突出标志。埃菲尔铁塔总高324米，分为三层，分别在离地面57.6米、115.7米和276.1米处，其中一、二楼设有餐厅，第三楼建有观景台，站在观景台，巴黎风貌尽收眼底。

Tips
Quai Branly, 75007 Paris, France　01-44112323　一层票价4.2欧元、2层7.7欧元、登顶价格11欧元　乘地铁在Trocadero站出站即可到达

04 爱丽舍宫
法国总统的官邸 ★★★★

爱丽舍宫建于1718年，是法国总统的官邸，它是法国最高权力的象征，与美国的白宫、英国的白金汉宫及俄罗斯的克里姆林宫同样闻名遐迩。爱丽舍宫的前身是戴弗罗伯爵的住宅，后来虽然几易其主，但都是达官贵人的住所。1873年任总统的麦克马洪于1879年1月22日颁布法令，正式确定爱丽舍宫为总统府并延续至今。爱丽舍宫分为两层，主楼左右对称，两翼是两座平台，中间环抱着庭园，外形看上去朴素、庄重，但是宫内金碧辉煌，装饰华丽。

Tips
55 Rue du Faubourg Saint-Honor, 75008 Paris　01-42928100　乘地铁至Saint-Philippe-du-Roule站，下车即达

03 战神广场
举行大型庆典活动的场地 ★★★★

战神广场正因为中央耸立的埃菲尔铁塔而闻名，起初战神广场是法国军队的训练场，现在则成了巴黎举行大型庆典活动的场地。每天都有来自世界各地的游人聚集于此，欣赏气势雄伟的埃菲尔铁塔。

Tips
Parc du Champ de Mars, 75007 Paris, France　乘地铁在Trocadero站出站即可到达

05 协和广场
法国最著名的广场 ★★★★

协和广场位于巴黎市中心，是法国最著名的广场，也是世界上最美丽的广场之一，该广场建于1757年，是当时的法国国王路易十五下令营建的，所以起初也叫"路易十五广场"。协和广场一直是个上演真实历史剧目的大舞台。过去，人们曾来这里观看大革命的恐怖屠杀，现在，人们来这里则是为了感受历史发展，体味都市变迁。来到协和广场，一定不要错过广场四面八方矗立的8个代表19世纪法国最大的8个城市的雕像。此外，还有河神喷泉和海神喷泉，这些标志性景观都有丰富的内涵和意义。

Tips
The center of Paris　地铁1、8、12线Concorde站下

欧洲攻略 | 法国巴黎

061

06 罗丹美术馆
艺术的殿堂 ★★★★

罗丹被喻为"现代雕塑之父",为了纪念这位无师自通的艺术大师,在他曾经的住所建立了罗丹美术馆。美术馆类似于一座小城堡,主建筑为两层楼房,楼上楼下都是小型雕作,大型的都露天展出,比如令法国人最骄傲的传世名作——《思想者》就置在前花园中。前、后花园约有100多个经典雕塑,让游人大开眼界。

Tips
77 Rue de Varenne, 75007 Paris, France
01-44186110 博物馆6欧元、花园1欧元
乘地铁13号线在Varenne站出站即可到达

07 荣军院
伤残军人的休养所 ★★★★

荣军院,也叫"巴黎残老军人院",1670年,路易十四下令兴建了这座建筑,主要用来安置伤残军人,今天荣军院还发挥着此项功能,还成了几所博物馆、陈列馆的所在地。走进荣军院,最吸引游人目光的,还要属荣军院中的法兰西帝国第一位皇帝拿破仑·波拿巴的陵墓了。拿破仑墓安置在墓堂地穴中央,四周有12根石柱,分别饰以浮雕,代表一次次光辉战役。遗骸放在六层棺椁之中,每一层都很精致,墓室上层建有环形楼台,游人可以站在上面向下瞻仰他的棺椁。

Tips
Rond-Point du Bleuet de France, 75007 Paris, France 8欧元 乘地铁8号线在La TourMaubourg站出站即可到达

08 丽都
休闲、娱乐的好去处 ★★★★

在巴黎,如果你想找一个有趣的地方休闲、娱乐,那么就去丽都吧,那里有丰富多彩的表演,会给你带来极大的视觉冲击和震撼。丽都建于1946年,现在每天都会上演由75个艺术表演者、600余套服装、40多场道具以及幕后3000人所变换出来的精致华丽的歌舞秀,壮观的场面、精彩的表演,会让你度过一个美好的夜晚,并留下深刻的回忆。

Tips
116 Bis Avenue des Champs-Elyses, 75008 Paris, France 01-40765610 表演21:30场次100欧元、23:30场次80欧元 乘地铁1号线在George V站出站即可到达

09 巴黎唐人街
华人聚居的地方 ★★★★

目前，巴黎市内有3个华人聚居的地方，分别是巴黎13区的唐人街、巴黎19区的"美丽城"，以及巴黎3区和4区的"温州街"。其中以13区的唐人街最为有名，法国人甚至很幽默地说："要想了解中国，买张地铁票到13区就行了"。的确，走在13区的唐人街，犹如置身国内，打着方块字标志的中国餐馆、商店等店铺，遍布街道两旁，街上遍布中文招贴广告。听到熟悉的乡音，看到熟悉的容貌，走在街上总有一种说不出的亲切感。

Tips
- 位于第13区的街区
- 乘地铁至Porte-de-Choisy站，下车即达

10 卢浮宫 (100分!)
历史文化的宝库 ★★★★★

卢浮宫建于1204年，历经800多年扩建、重修达到今天的规模，起初它是法国王室的城堡，还是国库及档案馆。18世纪末期，被辟为博物馆。它是世界上最古老、最大、最著名的博物馆之一。该博物馆占地（含草坪）约45公顷，建筑物占地4.8公顷，全长680米。它的整体建筑呈"U"形，分为新、老两部分，既有历史文化底蕴，又充满现代气息。卢浮宫珍藏的瑰宝不计其数，被誉为世界三宝的《维纳斯》雕像、《蒙娜丽莎》油画和《胜利女神》石雕全珍藏于此。此外，还有大量希腊、罗马、埃及东方的古董、文物等，卢浮宫堪称是世界上最有价值的宝库之一。

Tips
- Mo Palais-Royal/muse du Louvre, 75001 Paris, France ☎ 01-40205050 ¥ 9欧元 乘地铁1、7号线在Palais Royal Muse du Louvre站出站

11 艺术桥
最浪漫的巴黎之桥 ★★★★

艺术桥建于1804年，由拿破仑下令修建，这座桥连接法兰西学院与卢浮宫。它是塞纳河上第一座金属铁铸步道桥，被誉为"最浪漫的巴黎之桥"。漫步在艺术桥上，可以欣赏塞纳河两岸的风光，美丽的塞纳河与两岸优雅的建筑相映生辉，为这座浪漫的铁桥增色不少。

Tips
- Pont des Arts, 75001 Paris, France ☎ 08-92683000 乘地铁4号线至St Germain des Pres站，出站即达

欧洲攻略 / 法国巴黎

欧洲攻略

法国巴黎

12 塞纳河
●●● 被誉为"巴黎的母亲河" ★★★★★

Tips
🏛 在巴黎市区河段长度约20公里，横贯巴黎 🚇 乘地铁4号线在St. Germain des Près站出站

塞纳河是一条美丽的河流，它从巴黎市区缓缓流过，被誉为"巴黎的母亲河"。游人可以乘坐专门为游客准备的游艇，沿塞纳河顺流而下，欣赏巴黎城市的风光，感受巴黎独特的魅力。现在巴黎市沿塞纳河10多公里都是石砌码头和宽阔的堤岸，有30多座精美的桥梁横跨河上，高楼大厦排列于两岸，倒影入水，景色十分美丽壮观。

13 西岱岛
●●● 巴黎城区的发源地 ★★★★

西岱岛，也叫城岛，是位于法国巴黎市中心塞纳河中的两座岛屿之一。这里是巴黎城区的发源地，尽管这座小岛面积不到两公顷，但是最初巴黎的城区，就是从这里开始建起来的。岛上古老的建筑很多，如著名的巴黎圣母院和圣礼拜堂都位于该岛。在西岱岛上漫步，不仅可以感受到巴黎悠久的文化历史，还可以体验到巴黎特有的风情。

Tips
🏛 塞纳河 🚇 乘地铁4号线在La Cité站出站

14 巴黎圣母院大教堂
●●● 古老巴黎的象征 ★★★★★

巴黎圣母院大教堂是西堤岛上最著名的建筑，该建筑建于1163年至1250年间，属哥特式建筑形式，祭坛、回廊、门窗等处的雕刻和绘画艺术，非常精美，里面所珍藏的大量艺术珍品，更让人大开眼界。巴黎圣母院大教堂无论是在历史上的地位，还是蕴含的历史价值，都是其他建筑所无法相比的。尽管它只是一幢宗教建筑，但闪烁着法国人民的智慧。如今，虽然经过近千年岁月的洗礼，但是它几乎保持了最初的原始风貌，以独特的魅力吸引了世界各地旅游者的目光。

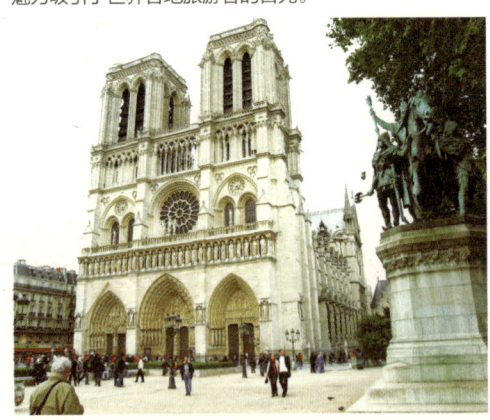

Tips
🏛 6 Place du Parvis Notre Dame, 75004 Paris, France ☎ 01-42345610 ¥ 5.5欧元
🚇 乘地铁4号线在La Cité站出站

064

15 加尼埃歌剧院

法国上流社会欣赏歌剧的场所 ★★★★

Tips
120 Rue de Lyon, 75012 Paris, France
01-40011789　¥6欧元　乘地铁3、7、8号线在Opéra站出站即可到达

加尼埃歌剧院始建于1667年，开始叫皇家歌剧院。18世纪中期，歌剧院毁于大火，后来经过沙尔勒·加尼埃设计，重新修建了这座举世公认的法兰西第二帝国最负盛名的建筑。加尼埃歌剧院外观豪华壮观，内部装饰金碧辉煌，走进去，就会立刻感受到一股浓郁的文化艺术气息。

16 先贤祠

文化名人安葬地 ★★★★

先贤祠位于法国巴黎塞纳河南岸的拉丁广场，最初是法王路易十五兴建的圣日内维耶大教堂，历经数次变迁以后成为法国最著名的文化名人安葬地。我们熟知的伏尔泰、卢梭、雨果、居里夫人、大仲马等世界名人都安葬在这里。先贤祠是古典主义建筑的早期典范，恢弘壮观，又不失庄严典雅。内部装饰也充满了艺术与文化元素，尤其是各种精美的壁画，十分引人入胜。

Tips
13 Rue de la Sorbonne, 75005 Paris, France　01-40510378　¥7欧元　乘地铁10号线在Cadinal Lemoine站出站

17 红磨坊

法国著名的歌舞厅 ★★★★

到过法国巴黎的旅游者，一般都知道巴黎有两个著名的歌舞表演厅，一个是丽都，另一个就是红磨坊。印象派大师奥古斯特·雷诺阿的名作《红磨坊》使这个歌舞厅蜚声世界。如今，红磨坊作为一家大型的歌舞表演厅，是游人来巴黎娱乐、消遣的好地方。舞蹈表演每晚都有，可谓日日歌舞升平，那里特有的"康康舞"，一定让你大开眼界。

Tips
82 Boulevard de Clichy, 75018 Paris, France　01-53098282　¥表演21:00场次97欧元，23:00场次87欧元　乘地铁2号线在Blanche站出站即可到达

欧洲攻略　法国巴黎

065

18 蓬皮杜文化艺术中心
● ● ● 文化艺术的大熔炉　★★★★★

Tips
🏠 Place Georges Pompidou, 75004 Paris, France　☎ 01-44781233　🚇 乘地铁4、11号线，RER A、B、D线Chatelet站出站

蓬皮杜文化艺术中心是一座相当年轻的建筑，建于1969年，以独特的后现代主义风格受到人们的欢迎，它一直被看成现代巴黎的标志性景观。目前，蓬皮杜文化艺术中心由工业创造中心、公共参考图书馆、国家现代艺术博物馆、音乐声学协调研究所四大部分组成，供人们参观、学习，或者从事研究。另外，这里还专门设置了两个儿童乐园。一个是藏有2万册儿童书画的儿童图书馆，里面的书桌、书架等一切设施都是根据儿童的兴趣和需要设置的；另一个是儿童工作室，4~12岁的孩子都可以到这里来学习绘画、舞蹈、演戏、做手工等。

19 巴士底广场
● ● ● 法国大革命的发源地　★★★★

巴士底广场位于巴黎市区东部的塞纳河畔，曾经是巴士底狱所在地，这里曾经上演了一段血腥的法国历史。当时这里建有一座城堡，也就是法文中的巴士底狱，本来用以抵抗英国入侵，后来改作国家监狱，主要关押政治犯，因此被看成法国封建专制统治的象征。1789年7月3日，巴黎人民奋然起义，14日攻占了巴士底狱，揭开了法国大革命的序幕。后来巴士底狱所有的建筑设施全部拆除，这才有了巴士底广场。巴士底广场是法国历史的见证之一，也是法国大革命的发源地，如今常常聚集着很多历史爱好者，谈古论今。

Tips
🏠 巴黎市中心塞纳河北岸　🚇 乘地铁在巴士底站出站

20 圣日耳曼德佩教堂
● ● ● 具有罗马建筑风格的教堂　★★★★

圣日耳曼德佩教堂是巴黎市区内极为少见的罗马风格建筑物，建造于公元6世纪，整个教堂建筑古朴典雅，充满着罗马式的宏伟色彩，高大的塔楼是这里最引人注目的地方。圣日耳曼德佩教堂是墨洛温王朝国王的安葬地，著名的数学家笛卡儿也埋葬在这里。每年都有很多游客专门来此参观教堂，凭吊先贤。

Tips
🏠 Saint-Germain-ds-Prs, 75006 Paris　☎ 01-43254171　🚇 乘地铁4号线在St. Germain des Près站出站

21 布卢瓦城
建筑艺术的博物馆 ★★★★

布卢瓦城位于法国卢瓦尔河谷，是法国著名的皇家城堡之一，从城堡建成开始，法国历史上有7位国王和10位王后在这里居住过。布卢瓦城位于高山之上，居高临下，除了在战时占据有利地形外，平时还能遍览卢瓦尔河上的美景。如今呈现在人们眼前的布卢瓦城汇集了文艺复兴、哥特、古典主义等多种建筑风格，可以说是一处建筑艺术的博物馆。

Tips
- 6 place du chteau, 41000 Blois, France
- 02-54903333
- 乘地铁8、9号线在Bonne Nouvelle站出站后参加卢瓦尔河旅游团

22 尚博堡
白色的古城堡 ★★★★★

尚博堡位于卢瓦尔河谷中，是这里诸多城堡中最宏伟的一座。该城堡在设计、布局、建筑等方面十分新颖巧妙，在某些地方甚至超越了凡尔赛宫。尚博堡共有440多个房间，通体呈白色，无数尖顶和烟囱矗立在顶部，远远看上去，非常壮观。

Tips
- 卢瓦尔—谢尔省布卢瓦城卢瓦尔河畔
- ¥7欧元
- 乘地铁8、9号线在Bonne Nouvelle站出站后参加卢瓦尔河旅游团

23 巴黎迪斯尼乐园
充满欢乐的天地 ★★★★

巴黎迪斯尼乐园20世纪90年代对外开放，由五大部分组成，即美国城镇街道、边疆乐园、探险乐园、幻想乐园和发现乐园。每一部分都令人惊奇，走进去，就走进了一个神奇的世界。乐园内的加勒比海盗屋、炮火连天的战争场面、海盗的豪夺强抢，造型栩栩如生，令人赞叹；还有那太空过山车、潜水艇等新颖有趣的娱乐项目，更是让人乐而忘归。

Tips
- 位于巴黎以东32公里处
- 08-25300222
- ¥44欧元
- 乘RER A线Marne-la-Vallée站下车

欧洲攻略 ▶ 法国巴黎

067

24 凡尔赛宫
●●● 法国的王宫　★★★★★

Tips
📍 Place Raymond poincar 78000 Versailles, France ☎ 01-30210101 💰 7.5欧元 🚇 乘RER C线在Versailles Ruie Gauche站出站

　　凡尔赛宫位于法国巴黎西南郊，起初凡尔赛宫规模并不大，仅有数十个房间，作为王室贵族狩猎的行宫。1664年路易十四完婚后决定扩建凡尔赛宫，此后几十年间，凡尔赛宫兼收并蓄了很多法国艺术家与建筑师的设计精髓，成为欧洲最宏大、最华丽的宫殿。

　　后来，路易十五和路易十六相继为宫殿增添了新的内容，并融会所有的建筑风格，法国古典主义、洛可可式直至新古典主义的建筑风格，应有尽有，因此凡尔赛宫可以说是一座建筑博物馆。1937年，凡尔赛宫被辟为历史博物馆，里面珍藏有许多瑰宝，简直是"历史的宝库"，每年这里都迎来大批世界各地的游客。

25 枫丹白露宫
●●● 富丽堂皇的宫殿　★★★★

　　枫丹白露是巴黎的一个卫星城，它比巴黎市还大，这个市镇里有一座著名的宫殿，即枫丹白露宫。该宫殿建于1137年，由当时的国王路易六世建造，后经历代整建和装修，最终成为一座富丽堂皇的宫殿式建筑群落。枫丹白露宫内部集中了宫殿、城堡、教堂、回廊、剧院等，外围集中了广场、石桥、木桥、喷泉、雕塑、人工湖、人工渠、英国式花园、法国式花园等。走进枫丹白露宫，会有一种穿越历史的感觉，让人流连忘返。

Tips
📍 位于巴黎东南65公里处　💰 大殿线路5.5欧元，小殿线路3欧元　🚇 乘地铁14号线或RER线在里昂车站出站后换乘开往枫丹白露的火车

26 布隆尼森林
●●● 法国王室的御用庭园　★★★★★

　　布隆尼森林位于巴黎市西郊，原来是法国王室的御用庭园，路易十四时期向大众开放，成为巴黎市民度假、休闲的好地方。布隆尼森林并不是单一的森林景观，在浓密的森林之中有很多休闲、娱乐场所，如广大花园、工业革命的博物馆、高尔夫球场、保龄球馆，以及可划船的Inferieur湖和Superieur湖等。此外，还有餐厅、咖啡馆等服务配套设施。布隆尼森林犹如一座风光优美的园林，每逢周末节假日，有很多巴黎市区的居民来这里度假，享受闲适、恬静的时光。

Tips
📍 Bois de Boulogne Entre par le Jardin d'acclimatation, 75016 Paris ☎ 01-53928282 🚇 乘地铁2号线至Porte Dauphine站；或乘地铁10号线至Porte d'Auteuiletk站出站即达

好买BUY

01 香榭丽舍大街
法国著名的大街 ★★★★★

> **Tips**
> 🏠 巴黎市中心西部　🚇 乘地铁1、8、12号线在La Concorde站出站即可到达

在法国巴黎，有一条著名的街，那便是香榭丽舍大街，法国人常形容它是"世界上最美丽的大街"。香榭丽舍大街建于1616年，全长约1800米，宽100米，其中东段是条约700米长的林荫大道，以自然风光为主。道路两旁平坦的英式草坪，绿树成行，鸟语花香，是闹市中一块不可多得的清幽之地。西段是长约1200米的高级商业区，街道两旁布满了法国和世界各地的大公司、大银行、航空公司、电影院、奢侈品商店和高档饭店等。走在香榭丽舍大街你能深切地感觉到法国的浪漫和繁华，因此，只要来巴黎的游人，都会专门来香榭丽舍大街上逛一逛。

02 蒙田大道
繁华的商业大道 ★★★★★

蒙田大道距离香榭丽舍大街不远，是一条十分繁华的商业街，在这里购物是不错的选择。蒙田大道两侧汇集了CHANEL、CD、Nina Ricci、PRADA、FENDI、LV、Celine等国际知名品牌的旗舰店，吸引了众多追求时尚的人。

> **Tips**
> 🏠 Av.Montaigne　🚇 乘地铁在George V 站出站后步行15分钟即可到达

欧洲攻略　法国巴黎

069

03 瑞士村跳蚤市场
专卖高级古董的市场 ★★★

Tips
📍 78 Avenue de Suffren/Avenue de la Motte-Picquet　🚇 乘坐地铁6、8、10号线在La Motte Picquet Grenelle站出站

毗邻战神广场的瑞士村跳蚤市场沿街有150余家商铺，与一般概念的跳蚤市场不同的是，这里的商家专门经营各种高价古董，其中不乏17世纪生产的路易十四式和18世纪拿破仑时代的家具，是喜爱古董的收藏者不可错过的一处市场。

04 巴黎春天百货
巴黎最大的百货公司 ★★★★

与老佛爷百货齐名的巴黎春天百货创立于1865年，位于奥斯曼大道的巴黎春天百货是全巴黎第一家采用电力照明的百货公司，由3185块玻璃组合而成的圆顶则被誉为20世纪20年代"新艺术"的代表作之一。巴黎春天百货拥有超过200种的化妆品，并设有全巴黎最大的香水销售专柜。

Tips
📍 9 ème Arrondissement Paris, 75009 Paris　🚇 乘坐地铁7、9号线在La Chaussée d'Antin-La Fayette站出站即可到达　📞 01-45262047

05 老佛爷百货
巴黎流行时尚的发源地 ★★★★★

开业于1896年的老佛爷百货是巴黎最负盛名的百货商场，经过百余年的发展，现今的老佛爷百货早已成为巴黎时尚文化的发源地和标志。在老佛爷百货，除了以女士商品为主的本馆外，还有以男士商品为主的男士馆，以及配件与家具生活艺术商场。此外，老佛爷百货辐射的美食区更是颇为知名，吸引了许多食客老饕慕名而来。

Tips
📍 40 Boulevard Haussmann, 75009 Paris　📞 01-42827085　🚇 乘坐地铁7、9号线在La Chaussée d'Antin-La Fayette站出站即可到达

06 米其林专卖店
米其林吉祥物商店 ★★★★

米其林专卖店毗邻加尼埃歌剧院，在上下两层楼的营业空间内几乎随处可以看到米其林轮胎人的身影，各种有米其林形象的特色商品和世界著名的米其林餐饮指南都是这里最受欢迎的商品。

Tips
📍 32 Avenue de l'Opéra　📞 01-426805　🚇 乘地铁14号线在Pyramides站出站后步行即可到达

好吃 EAT

01 JEAN-PAUL HEVIN
创意无限的巧克力甜点 ★★★★

Tips
- 23 Bis Avenue de la Motte-Piquet
- 01-45517748
- 乘坐地铁M8号线在École Militaire站出站

巴黎拥有众多美味的知名甜品店，其中JEAN-PAUL HEVIN则是一家多次在国际巧克力竞赛中获奖的巧克力糕点店，同时也是法国新派巧克力的代表之一。在JEAN-PAUL HEVIN店内最受欢迎的是姜糖口味巧克力，而纯度100%的雪茄巧克力也有大量Fans，店内的技师还喜欢研究各种全新口味，除了巧克力外还有多款造型精美的蛋糕。

02 和平咖啡馆
历经沧桑的咖啡馆 ★★★★

Tips
- 12 Boulevard des Capucines, 75009 Paris
- 01-40073636
- 乘坐地铁3、7、8号线在L'Opéra站出站即可到达

巴黎最著名的老咖啡馆大多聚集在塞纳河左岸，而开业于1862年的和平咖啡馆则是塞纳河右岸最知名的一家咖啡馆。这间经历过巴黎繁华与战火洗礼的咖啡馆拥有全巴黎最大的露天咖啡座，历史上众多文人、哲学家、艺术家以及戴高乐将军等历代法国总统都喜欢在这里小憩片刻。除了咖啡外，在和平咖啡馆还可品尝正宗的法国菜肴。

欧洲攻略

法国巴黎

071

欧洲攻略 — 法国巴黎

03 双叟咖啡馆
名人荟萃的咖啡馆 ★★★★

双叟咖啡馆是巴黎历史最悠久的咖啡馆之一，这里自开始营业以来就是文化艺术界人士聚会、探讨学术问题的地方，尤其是超现实主义学派的提欧雷、吉拉杜、普维等人，更将这里作为固定的聚集地。这个咖啡馆内的陈设古朴典雅，顾客们则安静品尝着香浓的咖啡，屋内充满着平和的气息，这种悠然的氛围正是巴黎咖啡馆的特色之一。来到双叟咖啡馆，还能追忆那些文人和艺术家在此创作的各种经典作品。

Tips
172 Boulevard Saint-Germain, 75006 Paris　01-45485525　乘地铁4号线在圣日耳曼德佩站出站

04 力普啤酒馆
特立独行的啤酒馆 ★★★★

力普啤酒馆开始营业于著名的普法战争之后，由于邻近德国的阿尔萨斯地区被割让出去，背井离乡的店老板就在咖啡馆云集的巴黎塞纳河南岸地区开设了这家啤酒馆。这家酒馆是巴黎各界名流的会聚之地，受到政客和演艺圈名人的特别钟爱，来客中以前法国总统密特朗最为出名，因此来到这里品尝啤酒的游客们，说不定会碰到一些似曾相识的面孔。力普啤酒馆同时出售具有德国风味特色的阿尔萨斯菜肴，这种别具风格的美味，颇受来客的欢迎。

Tips
151 Boulevard Saint-Germain, 75006 Paris　01-4548591　乘地铁4号线在圣日耳曼德佩站出站

05 波克普咖啡馆
世界上最古老的咖啡馆之一 ★★★★

开业于17世纪的波克普咖啡馆是巴黎塞纳河南岸地区最著名的咖啡馆，因其为法国各界名人经常出没的地方，不仅有文学家、哲学家，还有许多政治家和艺术家的身影，巴尔扎克和维克多·雨果都是其中的佼佼者。这家咖啡馆因为历史悠久而见证了很多名人的故事，因此吸引了许多外地游客来此寻找大师所遗留的痕迹。波克普咖啡馆的陈设古色古香，咖啡浓郁可口，是一个适合休闲、聊天的好地方。

Tips
13 Rue de l'Ancienne Comédie, 75006 Paris　01-40467900　乘地铁4号线在圣日耳曼德佩站出站

06 花神咖啡馆
巴黎的三大咖啡馆之一 ★★★★

开始营业于19世纪晚期的花神咖啡馆是巴黎最著名的咖啡馆之一，它不但因其华美的装饰吸引着人们的目光，更是一处历史文化景点。这家咖啡馆内布满了鲜花，有着独特宁静的氛围，那些看似普通的座位上，说不定就有名人先贤遗留下的痕迹。花神咖啡馆内最著名的东方客人当属周恩来总理，也有诗人徐志摩的身影出现；大画家毕加索曾在这里作画，哲学家萨特和加缪就是在这里酝酿出"存在主义"这一新思维的。值得一提的是，这里还是《花神咖啡馆的情人们》这部电影的外景地。

Tips
172 Boulevard Saint-Germain, 75006 Paris　01-45485526　乘地铁4号线在圣日耳曼德佩站出站

07 皮耶赫梅
巴黎最知名的甜点店 ★★★★

皮耶赫梅是位于巴黎的知名甜点店，这家店的创办者皮耶赫梅爵士从14岁开始就致力于甜点的制作，被人称作"甜点界的毕加索"。店里装饰高雅，黝黑的漆木和柔和的灯光使得这里更像是一家珠宝店。这里的甜点充满了皮耶赫梅本人的奇思妙想，最出名的当属一种叫"马卡龙"的甜点，这种甜点经常一摆上柜台就被人抢购一空。

Tips
72 Rue Bonaparte ☎ 01-43544777 🚇 乘地铁4号线在Vavin站出站

08 狡兔之家
巴黎最古老的酒馆之一 ★★★★

位于蒙马特尔区的狡兔之家(Le Lapin Agile)是一间外观毫不起眼的小酒馆，历史悠久的狡兔之家不仅是巴黎最古老的酒馆之一，同时还曾经是毕加索、布拉克、郁特里罗、阿波利索尔等艺术大师在成名之前经常光顾的地方，据说这些艺术家还曾经用自己的作品来付酒账，因而经常有来自世界各地的观光客慕名来到这里拍照留念。

Tips
22 Rue des Saules, 75018 Paris, France
☎ 01-46068587 🚇 乘坐地铁12号线在Lamarck-Caulaincourt站出站即可到达

09 双风车咖啡馆
《天使爱美丽》的拍摄现场 ★★★★

双风车咖啡馆因电影《天使爱美丽》而闻名，这间略带几分杂乱的咖啡馆不同于众多巴黎咖啡馆那般温馨浪漫，但墙上挂着的电影海报却提醒人们这里曾经拍出过一部充满梦幻美的电影。与电影场景完全一致的咖啡馆内最常见的客人就是电影迷，甚至影片中老板娘和客人发生一段激情的卫生间也不会被忠实的影迷错过。

Tips
15 Rue Lepic, 75018 Paris, France ☎ 01-42549050 🚇 乘坐地铁2号线在Blanche站出站即可到达

10 雨果咖啡馆
感受古老巴黎风情的咖啡馆 ★★★★

位于孚日广场上的这家咖啡馆因靠近著名的雨果纪念馆而得名，它是附近居民和游人们用于放松、休闲的地方。来到这家咖啡馆可以喝到香浓醇正的咖啡，也能品尝各种美味的餐点，它们虽然都是普通的食物，但是经过厨师的精心制作而变得格外可口。游客们在休憩的同时，还能在这里纵览孚日广场的优美景色，将巴黎这个最为古老的广场的点点滴滴记录下来，成为永恒的回忆。

Tips
22 Place des Vosges, 75004 Paris, France
☎ 01-42726404 🚇 地铁Chemin Vert站出站

欧洲攻略 | 法国巴黎

欧洲
攻略HOW

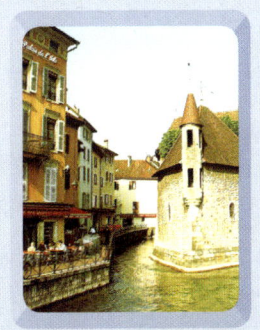

Part.6 法国其他

　　法国幅员辽阔，南临地中海，东接阿尔卑斯山，还有塞纳河等河流从国土中穿过，拥有十分漂亮的自然风光。法国南部尼斯的天使湾，是欧洲著名的蔚蓝海湾的精华部分，那海天一色的美景让人难以抗拒。在法国东部欣赏壮观的阿尔卑斯山的冰河风光，眺望远处群山连绵的美丽景色，让人如痴如醉。

法国其他 特别看点！

欧洲攻略 / 法国其他

第1名！
隆尚宫！ 
100分！
★马赛著名的建筑景点，华美典雅的宫殿式建筑！

第2名！
安纳西！ 
90分！
★邻近瑞士国界的城镇，也是阿尔卑斯山区最美丽的小城！

第3名！
里昂老城！ 
75分！
★依然保持着文艺复兴时期的建筑风格！

📷 好玩 PLAY

01 马赛旧港
●●● 千年古港口　★★★★★

Tips
🏠 34 Quai du Port, 13002 Marseille, France
☎ 04-91905343
🚇 乘地铁1号线在Vieux-Port站出站

　　马赛旧港始建于古希腊时期，已经有两千多年的历史了，几经毁坏重建，保存至今。马赛旧港事实上并不旧，大部分建筑设施都是在第二次世界大战后才重建的，但当地人还是习惯以"旧港"称呼它，以突显它悠久的历史。目前，这个港口还能停靠数百条休闲船只，游客可以乘船感受浓郁的地中海风情。

02 马赛市政厅
典雅的建筑风格 ★★★★

马赛市政厅建于1656年，以产自La Couronne地区的粉红色石头建造而成，其典雅的建筑风格在马赛颇为醒目，很多游客经过这里，总会驻足观赏，纷纷用手中的相机拍下这座美丽的建筑。马赛市政厅中央上方曾经有一尊法王路易十四的半身塑像，在大革命时期被摧毁后，现今装饰着一尊由马赛雕刻家Nicolas Galinier雕刻的路易十四半身塑像，在迎风招展的法国国旗旁注视着往来的游人。

Tips
🏠 4 Place Daviel, 13002 Marseille ☎ 04-91911153 🚇 乘地铁1号线至Vieux-Port站，出站后步行约5分钟即达

03 隆尚宫
马赛最著名的宫殿式建筑 (100分!) ★★★★

沿着马赛著名的卡奴比埃尔大街前行，便能见到华丽典雅的隆尚宫。隆尚宫是马赛最著名的宫殿式建筑，这栋建筑融合多种建筑风格，既恢弘壮观，又美观大方。隆尚宫内部的各种雕塑也十分引人注目，它们大都取材于宗教神话故事，既精美，又宝贵。

Tips
🏠 4me Arrondissement Marseille, 13004 Marseille ☎ 04-91641575 🚇 乘地铁1号线、81路公交车或2路电车至5 Avenues Longchamp站，出站步行5分钟即达

04 古罗马剧场
法国著名的古迹 ★★★★

古罗马剧场是法国保存较完好的名胜古迹，它与著名的圆形竞技场齐名。早在1世纪左右，这里便是一处可以容纳上万名观众的大型聚会场所，保存至今的有近百米宽的外台、背景装饰、舞台遗迹。尽管今天它失去了昔日的胜景，但依然受到很多人的关注，经常有表演团体在这里举办民族服饰节庆、大型展会、歌舞表演等。

Tips
🏠 2 Place de l'Antiquaille 69005 Lyon, France ☎ 04-90969330 💰 3欧元 🚶 从阿尔勒旅游咨询中心步行5分钟可到

05 罗马竞技场
古罗马时期留下的遗迹 ★★★★★

罗马竞技场是一座可以容纳约2万名观众的巨型竞技场，始建于1世纪末的罗马帝国统治时期，整体结构呈椭圆形，长直径约136米，短直径约107米，高约21米，共3层，四周环绕着60余扇拱门。尽管现在它看上去很古朴，但是仍不失恢弘壮观。值得一提的是竞技场入口处有一座高塔，登塔眺望，整个竞技场尽收眼底，竞技场周边的风光也一览无余。

Tips
🏠 Rond-pont des Arenes ☎ 04-90960370 💰 5.6欧元 🚶 从阿尔勒旅游咨询中心徒步北行10分钟可到

欧洲攻略 — 法国其他

077

06 塞尚故居
后期印象派大师的住所 ★★★★

出生于艾克斯的塞尚是后期印象派的重要成员，被誉为"20世纪绘画理论的现代启蒙导师"。塞尚故居位于米哈波林荫大道。参观完塞尚故居，游人还可以顺道前往一旁的双叟咖啡馆，感受塞尚经常造访的这家知名咖啡馆的艺术气息。

> **Tips**
> 55, Cours Mirabeau　从艾克斯火车站步行5分钟

07 米哈波林荫大道
富有美感的街道 ★★★★

提起艾克斯，人们一定会马上想起米哈波林荫大道。米哈波林荫大道1650年开始修建，东起荷内王喷泉，中间穿过两个玲珑可爱的小喷泉，西至布满雕塑的大喷泉。500米虽然不算长，但按达·芬奇的美学理论，街宽与两边建筑的高度正好相等。大道将艾克斯一分为二，南部的街道整齐划一，直线直角；而北部的街道则七扭八拐，错综复杂，形成鲜明的对比，让人感到十分惊奇。

> **Tips**
> 位于艾克斯市中心位置

08 里昂老城
体验里昂风情的好去处 ★★★★★ 75分！

里昂分为老城和新城，古香古色的里昂老城区位于索恩河的右岸，以前这里曾是个小渔村，15世纪时便成为世界上最大的丝织品产地之一，17世纪又为法国政治、经济和文化的枢纽。经过沧桑的岁月，这座拥有着悠久历史的老城，依然保持着文艺复兴时期的建筑风格。漫步在弯曲起伏的狭窄街道，可以感受到里昂浓厚的文化底蕴。红瓦屋顶的居民住宅，哥特式及文艺复兴式的建筑，无不弥漫着历史的余味。

> **Tips**
> 44 Rue Saint-Jean, 69005 Lyon　04-78424889　乘地铁1号线在Esplanade de la Défense站出站

09 里昂圣母教堂

里昂城内的标志性景点　★★★★

圣母教堂被视为里昂的标志性景点。它高耸在富维尔山丘上，建于1168～1170年期间，刚建成时并没有太大的影响。1870年，里昂总主教向天主教徒许愿，如果圣母能显灵使里昂免于普鲁士军队的蹂躏，将扩建圣母教堂以感谢圣母。里昂人民的祷告最终如愿了。该教堂从此成为里昂市守护神圣母马利亚的象征，名声鹊起。这座教堂融合了拜占庭和中古世纪风格，有各式雕刻，十分精美。

Tips
🏛 8 Place de Fourvire, 69005 Lyon　☎ 04-78251301　🚇 乘地铁D线在Vieux Lyon站出站

10 贝勒库尔广场

欧洲最大的广场之一　★★★★★

Tips
🏛 33 Place Bellecour, 69002 Lyon　☎ 04-72402907　🚇 乘地铁A、D线在Bellecour站下

贝勒库尔广场位于里昂的市中心，是欧洲最大的广场之一，建于1713，当时曾为军事上所用的阅兵场，后来才转变成人们活动的公共场所。广场中央最醒目的是19世纪初的路易十四骑马雕像，这座雕像不仅是广场的象征，也是广场东边与西边的界线。此外，广场四周还有很多名胜古迹，非常值得一观。

11 夏慕尼

滑雪胜地　★★★★

Tips
🏛 法国东部　☎ 04-50535890　🚉 从巴黎里昂车站乘TGV火车至安锡，再换乘往St-Gervais的特快车，然后换乘火车即达

位于欧洲最高山脉——勃朗峰山脚下的夏慕尼是个古老而又繁华的小城镇，也是欧洲知名的滑雪胜地。这里有全长约20公里的LaVallee Blanche雪道，其中部分雪道还穿越了冰川地带，很多人慕名前来挑战极限。1924年，这里举办了第一届冬季奥林匹克运动会，从那时起夏慕尼就声名远扬了。今天这里是雪上运动的乐园，游人可以选择登山、攀岩、攀冰等活动项目。夏慕尼作为法国著名的旅游城市，每年吸引了很多人来这里度假。

欧洲攻略　法国其他

12 冰海
阿尔卑斯山的第二大冰河 ★★★★

由三条冰川汇合组成的冰海是阿尔卑斯山的第二大冰河，长约14公里，宽近2000米，仅次于莱奇冰川。冰海作为一处壮美的自然景观，想欣赏它，并不是一件容易的事情，因为这里地势险要，只有具备了专业的设备及有经验的向导才能身临其境地感受它的独特魅力。由于受到全球气候变暖的影响，冰海慢慢融化，可能导致以后都没有机会看到它，所以来到法国，一定别错过这处景观。

> **Tips**
> 📍 35 Place de la Mer de Glace, 74400 Chamonix ☎ 04-50532275 🚆 乘火车至Montenvers Mer de Glace74400 Chamonix-Mont-Blanc站下

14 南针峰
风光独好的山峰 ★★★★

由皮洞北峰和皮洞中峰组合而成的南针峰海拔3842米，这里风光独好，十分令人神往。要想观赏南针峰，最好是乘南针峰缆车。建成于1955年的南针峰缆车，现在仍然为世界上垂直距离最远的缆车，乘坐缆车除了欣赏南针峰的美景，还能感受到缆车带来的惊险和刺激。到达顶峰后那里有一个观景平台，伫立台上，脚下的万丈幽壑深邃莫测，让人心惊胆战，俯瞰南针峰壮丽的风景，又令人兴奋不已。

> **Tips**
> 📍 Telepherique de l'Aiguille du Midi ☎ 04-50533080

13 依云镇
法国的一个著名小镇 ★★★★

> **Tips**
> 📍 位于法国Haute-Savoie地区

依云镇因矿泉水而闻名于世，它是法国的一个著名小镇，这个小镇呈半圆形，沿湖而建，在小镇的背后，阿尔卑斯山高耸入云。雄伟的青山、碧绿的湖水、葱茏的花木，精致的住宅，这一切把这个法国南方小镇点缀得美丽而又温情。依云镇最大的魅力在于它那神奇的矿泉水，这里的矿泉水，没有任何添加剂，直接灌装入瓶，即可饮用，绝对健康安全，来这里的游客总会带上几瓶，既省钱，又甘甜解渴。

15 安纳西

阿尔卑斯山区最美丽的小城

90分！

★★★★

安纳西是邻近瑞士国界的城镇，也是阿尔卑斯山区最美丽的小城，有一条运河穿城而过，游人可以租船，沿河浏览安纳西美丽的风光。安纳西湖是安纳西风景的精华所在，它被认为是全欧洲最干净的湖，湖畔绿树成荫，花草遍地，倒映水中，勾勒成一幅自然的风光图画。另外，湖上还有很多娱乐设施及项目，堪称是"水上游乐园"。

Tips
- 法国东部，阿尔卑斯山区

16 戛纳影节宫

欧洲最知名的会议中心

★★★★

海滨小镇戛纳有着美丽的风光和迷人的海滩，戛纳的港口边有一座著名的建筑，这就是戛纳的影节宫。于1982年启用的影节宫是戛纳的城市中心，可以容纳3万人，里面拥有3间电影放映厅、2个展览厅以及会议室、娱乐场、夜总会、餐厅等设施。每年的戛纳电影节庆典就是在这里举行，届时这里灯光闪耀，十分热闹。

Tips
- Blvd.de la Croisette
- 04-93390101
- 从戛纳火车站步行即可到达

17 尼斯昂日湾

滨海度假胜地

★★★★

尼斯濒临地中海，拥有着漫长的海岸线，而昂日湾就是这里最美丽的海滩。昂日湾是一处石头海滩，没有沙子，赤脚踩上去的感觉和沙滩完全不同。蔚蓝的海水是这里的主角，除了靠近海滩的几十米处是浅蓝色外，其余地方都是一片深蓝，这奇妙的蓝色从人们的眼前一直延伸到远处的地平线上，最后和天空连为一体，海天一色，美不胜收。人们或躺在海滩上，或在海中嬉戏，享受着美好的度假时光。

Tips
- 4 Rue de l'Opéra, 06200 Nice, France
- 04-93856540

欧洲攻略　法国其他

081

好买 BUY

01 马赛肥皂店
选购传统的马赛肥皂　　★★★★★

方方正正的马赛肥皂外观非常普通，甚至切割的边缘都不甚平整，传统的马赛肥皂由橄榄油和棕榈油制成，是无数游人来马赛必买的纪念品。位于马赛旧港的Savon de Marseille是马赛最有名的肥皂店，所有肥皂均为手工制作10天才完工。

> **Tips**
> 🏠 106，Quai du Port　🚇 乘地铁1号线在Vieux-Port站出站

02 亚维农时钟广场
亚维农最主要的城市广场　　★★★★

位于亚维农市中心的时钟广场是亚维农市内最主要的城市广场，从广场中心向四周延伸的道路两侧林立着众多商家，形成了亚维农热闹繁华的购物商圈。时钟广场四周大多是建于19世纪的建筑，如亚维农市政厅、歌剧院等建筑，而建于14世纪的钟塔是一座哥特式建筑，古朴典雅的广场风貌吸引了众多游人驻足拍照，或是在广场四周的咖啡厅小憩片刻，周围还有众多街头艺人的身影，为这座古老的城市广场增添了几分休闲娱乐的氛围。每到亚维农艺术节期间，时钟广场更是亚维农市内最热闹的地方，周围传来的欢乐与喧嚣声令人沉醉。

> **Tips**
> 🏠 13960 Sausset-les-Pins Avignon

03 Alziari橄榄油专卖店

传承百年的橄榄油芬芳　★★★★★

Tips
🏠 14 Rue Saint-Franois de Paule, 06300 Nice　☎ 04-9362-9403　⏰ 8:30~12:30、14:15-19:00

　　Alziari家族自从1868年就开始在尼斯经营橄榄磨坊的生意，并于1920年开设了第一家Alziari橄榄油专卖店。现今这家店面则开业于1936年，已有近80年的历史。由于尼斯橄榄的品质举世闻名，因而每天都有来自世界各地的游人慕名而来，而Alziari家族延续近百年每天从磨坊带来新鲜橄榄油擦亮店中铁桶的传统也如同一道古老的仪式般得到很好的延续。在Alziari橄榄油专卖店内可以买到各种等级的橄榄油，还可以在橄榄油磨坊参观，了解Alziari家族经营橄榄油生意并传承五代的历史。

04 圣凯瑟琳街

全欧洲最大的步行街　★★★★

Tips
🏠 Rue Sainte-Catherine, 45000 Orléans

　　圣凯瑟琳街位于波尔多的市中心，号称是全欧洲最大的步行街。有人说除了巴黎地铁站，这里便是法国最挤的地方。店铺的形式和中国的步行街差不多，只不过多了很多非连锁的个性化小商铺。当然波尔多是法国CHANNEL等众多大名鼎鼎品牌的原产地，在这条著名的步行街上也可以看到这些品牌。

欧洲攻略　法国其他

欧洲
攻略HOW

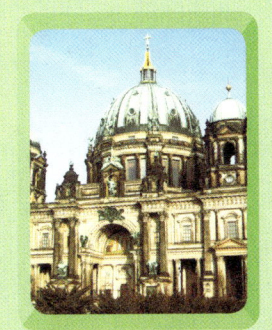

Part.7 德国柏林

从19世纪普鲁士王国开始就一直是日耳曼帝国首都的柏林城市建筑多姿多彩，漫步街头随处可以看到历史悠久的古老教堂、各式各样的博物馆和巍然挺立的摩天大厦。著名的菩提树街是欧洲最著名的林荫大道，巴洛克风格灿烂绚丽的弗里德里希广场、新古典主义风格的申克尔剧院、富丽堂皇的宫殿和蜚声世界的现代建筑流派作品，使每一个来到柏林的游客都强烈感受到这座城市的古典与现代、浪漫与严谨的氛围。

德国柏林 特别看点！

欧洲攻略

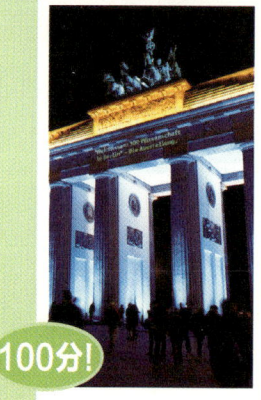

德国柏林

第1名！
勃兰登堡门！
100分！
★ 德国的象征，气势宏伟的新古典主义风格建筑！

第2名！
柏林墙遗址！
90分！
★ 柏林的标志之一，全世界最大的露天画廊！

第3名！
无忧宫！
75分！
★ 普鲁士国王腓特烈二世模仿法国凡尔赛宫所建！

好玩 PLAY

01 勃兰登堡门
德国凯旋门
100分！
★★★★★

Tips
📍 Pariser Platz 11017 Berlin（Mitte） 🚆 乘轻轨S1、S2、S25在菩提树下大街站下

勃兰登堡门位于柏林市中心，它始建于1788年，素有"德国凯旋门"和"德意志第一门"之称，见证了德意志民族的兴衰史。"二战"期间勃兰登堡门遭到了极大的破坏，战后重建。重建后的勃兰登堡门高26米，宽65.5米，深11米，是一座新古典主义风格的砂岩建筑。现在它不但是柏林城内的一道亮丽的人文风景，还是柏林的城市标志，每天都有很多游客来这里拍照留念。

02 菩提树下大街
●●● 柏林著名的街道　★★★★

菩提树下大街在德国历史上就很有名气，17世纪就成了柏林最繁华的一条大街。这条大街东起马克思—恩格斯广场，西至勃兰登堡门，由于街道两侧栽植着挺拔的菩提树而得名。菩提树下大街始建于1647年，建成后不但是柏林城的交通要道，还是欧洲著名的林荫路，游客都喜欢到这条街上逛一逛。

Tips
🏠 Unter den Linden　🚆 乘轻轨S3、S5、S6、S7、S9线在Warschauer Str.下车，或乘地铁U1、U12、U15在arschauer Str.站出站

03 犹太人牺牲者纪念馆
●●● 血腥历史的见证　★★★★

犹太人牺牲者纪念馆是在"二战"时希特勒总理府遗址上建立的，由美国建筑师Peter Eisenman设计，为了祭奠"二战"中在纳粹大屠杀中遇难的600万无辜犹太人。该纪念馆分为地上和地下两部分，其中地面部分共竖有2711块高低不一的水泥石碑，仿佛一座深邃的丛林，记载着"二战"时发生的一幕幕惨剧。地下部分主要展示了众多历史照片和珍贵文物，在那里游人可以了解到当年犹太人的苦难命运和纳粹惨无人道的行为。

Tips
🏠 Pariser Platz 11017 Berlin（Mitte）
☎ 030-26394336　🚆 乘轻轨S1、S2、S25 在菩提树下大街站下

04 蒂尔加藤公园
●●● 德国著名的城市公园　★★★★

蒂尔加藤公园是德国著名的城市公园，也是欧洲规模最大的城市公园。这里最初是普鲁士统治者的猎场，后来才成为对外开放的公共场所。漫步在公园之中，茂密的森林，遍地的花草，整洁的小径，还有那一座座普鲁士将军的雕像等，都会给人留下深刻印象。此外，园内还有大量德国政府机构，德国联邦议院和总理府、总统府官邸等重要机构都在这里。

Tips
🏠 柏林市中心蒂尔加藤区　🚌 乘100、106路公交车在Großer Stern（Berlin）站下

087

05 柏林墙遗址

德国分裂与统一的标志

90分！

提到柏林墙，很多人都不陌生。第二次世界大战结束后，柏林被分裂成为东西两部分，1961年，一道高高的城墙将这座城市的人们相互隔离开，这便是柏林墙。柏林墙最早只是一道铁丝网，后来才改造成混凝土墙。柏林墙全长169.5公里，由混凝土墙、铁丝网组成，沿墙修建了大量的瞭望塔、碉堡和壕沟。1989年冷战结束柏林墙被推倒，只有几段作为历史遗迹保留下来。柏林墙遗址见证了德国的分裂与统一，它就像一道无法消除的伤疤，永远提醒着柏林人不要忘记当年的血泪和创伤。

Tips
🏠 Mühlenstraße 10243 Berlin柏林东火车站至奥伯鲍姆桥之间 🚇 乘轻轨S1、S2、S25线在菩提树下大街站下

06 波茨坦广场

德国著名的城市广场

柏林墙倒塌后，波茨坦广场曾是欧洲最大的建筑工地，20世纪90年代，这里建起了一大批现代化的建筑，有办公楼、商店、电影院、饭店、居民楼等，柏林的高楼似乎都集中在这里。大家比较熟悉的Sony中心和奔驰中心也在这里。波茨坦广场不仅吸引着外来观光的游客，柏林当地人也经常到此休闲、娱乐。

Tips
🏠 Potsdamer Platz 🚇 乘地铁U2线或轻轨S1、S2线在Potsdamer Platz站出站

07 柏林故事博物馆

了解发生在柏林的重要历史故事

柏林故事博物馆是一所全面展示柏林历史，特别是冷战历史的博物馆。它拥有20多个不同主题的房间，并运用各种多媒体技术来展示德国首都柏林800多年以来的重要历史故事，从施普雷河东西两岸的村庄的出现，到统一合并成"柏林"，从中世纪作为商贸交易的中心，到柏林墙的倒下。走进博物馆，就像是穿越时光隧道，可以了解处于不同历史时期的柏林。

Tips
🏠 Kurfürstendamm 207-208, 10719 Berlin
☎ 030-88720100 ¥ 21欧元 🚇 乘地铁U1在Uhland Straße站下

欧洲攻略 德国柏林

08 柏林大教堂
华美的文艺复兴式大教堂 ★★★★★

柏林大教堂建于1894年，由德国皇帝威廉二世下令修建，是一座华美的文艺复兴式大教堂，教堂设计和造型很新颖别致，尤其是圆顶设计使原本很高的教堂从视觉上带给人一种圆润丰盈的感觉。在建筑外形上，它虽然仿照罗马的圣彼得大教堂，但却有自己的鲜明特色。教堂内部格外宽敞明亮。教堂最令人难忘之处是高达74米的穹顶，穹顶上刻绘有壁画，十分精美。此外，游客可以登上270级台阶，一直上到拱顶部分进行参观。

Tips
- Am Lustgarten 10178 Berlin（Mitte）
- 030-202690　￥5欧元　乘轻轨S3、S5、S7、S9、S75在Hackescher Markt站下

09 无忧宫（75分！）
沙丘上的宫殿 ★★★★★

无忧宫为普鲁士国王腓特烈二世模仿法国凡尔赛宫所建，是当时的德意志王宫和园林，整个王宫及园林占地90公顷，因建于一个沙丘上，故又称"沙丘上的宫殿"。无忧宫最大的看点是葡萄山梯形露台和中国楼，其中中国楼是一座圆亭，周围站立着各种亚洲人形态的人物雕像。据说当时普鲁士国王对东方中国十分好奇和向往，他搜集了各种来自东方的丝绸和瓷器，装饰"中国楼"，使"中国楼"成为无忧宫的最大亮点。

Tips
- Park Sanssouci 14469 Potsdam　0331-9694190　￥8欧元　从柏林乘S1线约30分钟在无忧公园车站下

10 橘园
充满了南欧风情的宫殿 ★★★★

Tips
- An der Orangerie 3-5,14469 Potsdam
- 0331-9694280　￥4欧元　乘X15、695号公共汽车在Schloss Sanssouci站下

橘园是一座充满了南欧风情的文艺复兴式的宫殿。它的蓝图是由普鲁士国王腓特烈四世亲自规划的。这座宫殿外观仿自佛罗伦萨的乌菲齐宫，正面有两幢高耸的塔楼。塔楼的东侧有一座规模很大的植物园，西侧则是宫殿的大厅。令人惊奇的是大厅里还特别设有暖气系统，至今依然可以运作。

欧洲攻略　德国柏林

089

11 塞西里恩霍夫宫
《波茨坦宣言》诞生地 ★★★★

塞西里恩霍夫宫建于1917年，是统治普鲁士的霍亨索伦家族最后的王宫。这座宫殿从外观来看，完全不像一座王宫，更像一座英国的乡间别墅，不过宫内的装饰还是很豪华的。值得一提的是，"二战"后期，美、英、苏三国首脑就是在这座宫殿里签署了赫赫有名的《波茨坦宣言》，从那时起，塞西里恩霍夫宫名声远播，如今在这里还留有当时三国首脑所居住的房间。

Tips
波茨坦市区东北方　￥4欧元　乘692路巴士到Schloss Cecilienhof站下

12 新宫
普鲁士国王的行宫 ★★★★

新宫是普鲁士国王腓特烈大帝的行宫。和无忧宫的造型不同，这里更偏重于庄严规整，四四方方的宫殿外部装饰着很多人像雕塑，红白色的外墙显得富有生机。宫殿内部的装饰也十分豪华，特别是大大小小300多个房间将普鲁士王国的盛极一时展示了出来。如今，每逢柏林有重大庆典仪式，新宫都是最好的观景地点，尤其是在夜晚，美丽的烟花使新宫充满了魅力。

Tips
Am Neuen Palais,14469 Potsdam
0331-9694202　￥6欧元　乘X15、605、695号公共汽车在Park Sanssouci站下

13 达勒姆区
文化艺术中心 ★★★★

达勒姆区位于柏林的西南郊，是柏林最著名的文化区。来到达勒姆区随处可以看到旧式的乡村别墅，林荫大道中掩映着各种博物馆。这里有东亚艺术博物馆、民族学博物馆等柏林知名的博物馆，还有柏林自由大学等高等学府。而柏林爱乐乐团的杰梅德音乐厅等艺术场所也集中在这里。可以说这里荟萃了柏林的艺术、学习、研究等多个方面的文化中心。

Tips
Lansstraße　乘地铁U1线在Dahlem-Dorf村出站

好买 BUY

01 选帝侯大街
柏林最主要的购物大街　★★★★★

作为柏林最主要的购物大街之一，选帝侯大街沿街两侧建有大量餐厅、咖啡馆、剧院、电影院、百货商场、精品店和豪华饭店，而选帝侯大街起点所在的欧洲中心购物广场则是冷战时西柏林的繁华标志之一。每到夏天，宽阔的人行道上还会设有多家露天咖啡座，其中历史悠久的"克朗兹勒咖啡馆"是人们最喜爱的咖啡馆之一。

Tips
🏠 Kurfürstendamm　🚇 从动物园火车站步行大约5分钟即可到达

02 Mauer Park跳蚤市场
规模庞大的周日跳蚤市场　★★★

在柏林Mitte区与Prenzlauer Berg区交界处的Mauer Park跳蚤市场是一处规模庞大的周日跳蚤市场，这座毗邻柏林墙的市场除了各类旧货商贩外，也有大量批发商和年轻的艺术工作者在这里摆摊，是逛街淘宝的一个好去处。

Tips
🏠 Flohmarkt im Mauerpark Bernauer Straβe63-64 13355 Berlin　🚇 乘地铁U8在Bernauer Straβe站下

03 亚历山大广场
购物和休闲的好地方　★★★★

Tips
🏠 卡尔·马克思大道与卡尔·李卜克内西街交会处
🚇 乘地铁U2在S+U Alexanderplatz (Berlin)站下

亚历山大广场是柏林重要的交通枢纽之一，同时也是游客们购物和休闲的好地方。这个广场历史悠久，最早是柏林的羊毛交易中心，后来为纪念俄皇亚历山大一世的访问，而改为此名，据说当时这里举行了盛大的阅兵式。现在的亚历山大广场四周遍布各种商店，可以尽情地挑选馈赠亲友的礼物。

欧洲攻略　德国柏林

091

欧洲
攻略HOW

Part.8 德国慕尼黑&纽伦堡

拜恩州（巴伐利亚州）首府慕尼黑是一座梦幻一般的城市，慕尼黑保留着原巴伐利亚王国都城的古朴风情，一年一度的慕尼黑啤酒节仿佛将整座城市点燃一般，让整座城市都沉浸在欢乐的气氛中。

纽伦堡是中世纪多位德意志皇帝诞生和居住的城市，有浓厚的历史气息。

德国慕尼黑&纽伦堡 特别看点！

第1名！
圣洛伦茨教堂！
100分！ 

★ 气势恢弘，是纽伦堡市内的标志性景观！

第2名！
纽伦堡大审法庭！
90分！

★ 进行世纪大审判的法庭！

第3名！
巴伐利亚歌剧院！
75分！

★ 建于1818年，是德国一座非常著名的歌剧院！

好玩 PLAY

01 德意志博物馆
世界上最早的科技博物馆 ★★★★

Tips
- Museumsinsel 1, 80538 München
- 089-21791　￥7.5欧元　乘城铁S1-8到Isartort站下车

德意志博物馆建于1925年，是世界上最早的科技博物馆，其规模在欧洲也首屈一指。博物馆坐落在伊萨尔河上的一座小岛上，周围自然风光优美。博物馆是一座四层建筑，收藏了5万件各种工业展品，其中还有复原的伽利略实验室，以及在"一战"和"二战"中研发的潜艇和火箭等。

094

02 雕刻博物馆
艺术的世界　★★★★★

慕尼黑堪称一座博物馆之城，在这里有数十座各色博物馆，其中，雕刻博物馆是比较知名的一个。从博物馆的外观就能感受到这里浓浓的古希腊风味，这座白色的希腊神殿式建筑显得优雅而高贵，外面的科林斯圆柱和各色浮雕让人神往。博物馆里收藏了大量的古希腊和古罗马时期的雕塑作品，汇集了多种雕塑风格，其中有不少是世所罕见的精品。走进雕刻博物馆，仿佛进入了一个艺术的世界，让人流连忘返。

Tips
- Konigs Platz3
- 089-286100
- 乘地铁U2、U8在Konigs Platz站下

03 巴伐利亚歌剧院 75分!
德国最著名的歌剧院　★★★★

巴伐利亚歌剧院也叫"拜仁国立歌剧院"，建于1818年，是德国一座非常著名的歌剧院。早在19世纪，伟大的德国剧作家瓦格纳就应德皇路德维希一世的邀请来到这里，排练并演出了他的《特利斯坦与伊索尔德》、《尼伯龙根的指环》等多部旷世名作。从此这里就成了演出瓦格纳歌剧的重要据点。现在这里经常有演出，夏天还会有音乐节活动，颇具吸引力。

Tips
- Max Joseph Platz3
- 089-21851920
- 乘S1、S2、S4、U3、U6在Marien Platz站下车后步行大约15分钟

04 奥林匹克公园
德国举办奥运会的地方　★★★★

Tips
- Spiridon-Louis-Ring 21.D-80809
- 089-30670
- 2欧元
- 乘地铁U3在Olympiazentrum站下车

慕尼黑奥林匹克公园是1972年德国举办奥运会的地方。该公园其实是一个大型体育建筑区，公园的中心是慕尼黑奥林匹克体育场。这座体育场可以容纳8万名观众，设施一流，是当年奥运会的主会场。体育场两侧分别是主体育馆和游泳馆。整个公园中最引人注目的当属奥林匹克电视塔，这座高290米的建筑物是慕尼黑的最高建筑，人们可以乘电梯直达塔上的旋转餐厅和瞭望台，在那里欣赏慕尼黑的全貌。

欧洲攻略　德国慕尼黑&纽伦堡

05 宁芬堡宫

●●● 蕴含中国文化元素的宫殿　★★★★

> **Tips**
> 🏠 Schloss-und Gartenverwaltung Nymphenburg Eingang 19,80638　☎ 089-179180　￥ 10欧元　🚌 乘17路电车在Schlosss Nymphenburg站下

　　宁芬堡宫位于慕尼黑的西北郊，是当地王侯的宫殿，宫殿由一座座方形楼房连接而成，长达600多米，红瓦白墙显得高贵而优雅。而宫殿前则是一大片绿色的草地，人工河掩映在绿荫之中，赏心悦目。值得一提的是，这里还充满了中国文化元素，如宫内的陈设和装饰，都和中国古代宫殿内的布置很相似。另外，宁芬堡宫有一座中国阁，里面收藏了很多来自中国的艺术珍品。

06 宝马博物馆

●●● 了解宝马车的场所　★★★★

　　提到宝马车，德国人非常骄傲，因为那是德国的一个知名品牌。如果你想了解宝马车的历史文化，那就去宝马博物馆。慕尼黑是世界知名的汽车品牌宝马的总部所在地，而宝马博物馆也在那里。博物馆设置成一个环绕式的展示空间，屋顶上描绘着蓝白相间的巨大宝马徽标。博物馆里展出了历年来宝马所推出的各种型号的汽车、摩托和一些车辆用品，运用很多高科技手段展示了不少历史图片和资料，将宝马公司的成长史完整展示了出来。

> **Tips**
> 🏠 Petuelring130　☎ 089-38223307　￥ 2欧元　🚇 乘地铁U3在Olympia Zentrum站下

07 英式花园

●●● 慕尼黑最大的公园　★★★★

　　英式花园是慕尼黑最大的公园，也是欧洲最早的景观花园之一。这座公园位于慕尼黑市内的伊萨尔河畔，完全采用了英国式风格，如开辟大片的开阔草地，其中交错着蜿蜒的小径，并且所有景物都按照它们最天然的特色放置。在公园里最引人注目的是那座"中国塔"，但是它的造型和我们所常见的宝塔有所不同，据说是欧洲人通过想象而建成的宝塔。

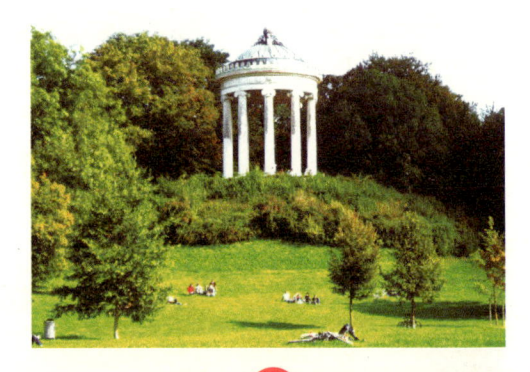

> **Tips**
> 🏠 慕尼黑市区东北方　🚇 乘U-Bahn到Universitat、Giselastraβe或Münchener Freiheit站下车步行即可到达

08 皇帝城堡
●●● 纽伦堡最亮丽的人文景观　★★★★★

> **Tips**
> 🏠 **Auf der Burg13,90403 Nürnberg**
> ☎ **091-12446590**　¥ **5欧元**　🚌 **乘36路公共汽车在Burgstraβe站下车或乘4路电车在Tiergartnertirplatz车站下**

纽伦堡老城的中间矗立着建于中世纪的雄伟壮观的皇帝城堡。皇帝城堡是神圣罗马帝国时期帝国皇帝所居住的地方，因而有着极高的历史价值，而且它那古朴典雅的造型魅力非凡。这座城堡布局严谨，十分注重防御功能，来到这里的游客可以看到历史悠久的罗马式教堂和高耸的尖塔。有趣的是这里看不到任何家具，据说过去帝王在此居住时都是临时从附近征集家具的。

09 圣洛伦茨教堂　100分!
●●● 纽伦堡最负盛名的宗教建筑　★★★★

历史悠久的圣洛伦茨教堂是一栋哥特式建筑，气势恢弘，是纽伦堡市内的标志性景观。这座教堂最醒目的特征是那高耸的塔楼，墙壁上的彩绘玻璃窗也十分引人入胜。此外，圣洛伦茨教堂还收藏了许多珍贵的文物，非常值得参观。

10 纽伦堡大审法庭　90分!
●●● 审判"二战"罪犯的地方　★★★★

纽伦堡大审法庭是一个具有世界历史意义的法庭，对"二战"战犯的审判就是在这里进行的。纳粹德国的主要罪人赫尔曼·威廉·戈林、海因里希·希姆莱、威廉·凯特尔等人在这里接受了审判。走进纽伦堡大审法庭参观，让人感觉到一股庄严、肃穆的气氛。游客们在法庭内还能看到法官们的座位，其中就有英、美、苏、法等国的席位。

> **Tips**
> 🏠 **Lorenzer Platz,90402 Nürnberg**　☎ **091-124469914**　🚇 **乘地铁U1到Lorenzkirche站下**

> **Tips**
> 🏠 **Further Straβe 110,90429 Nürnberg**
> ☎ **091-12315666**　¥ **2.5欧元**　🚇 **乘地铁U1在Barenschanze站出站**

欧洲攻略　德国慕尼黑&纽伦堡

097

好买 BUY

01 慕尼黑谷物市场
购物的好地方

Tips
- Am Viktualien Marktet ☎ 089-23323473
- 乘S1、S2、S3、S4、S5、S6、S7、S8在Marienplatz站出站

慕尼黑谷物市场位于马林广场边，原本是一个销售食品和谷物等产品的农民市集，如今已经发展成为一处占地2万多平方米的综合性集市。在这里有几百家商铺，分别销售鲜花、蔬菜、水果、野味、家禽、调味品、奶酪、鱼、果汁等各种商品。慕尼黑市民经常来这里购物，连很多外来游客也会来此逛一逛，购买一些特产，或者旅游纪念品。慕尼黑谷物市场之所以很吸引人，还在于这里的装饰都保持了100多年前的样子，身临其境，好像有一种穿越世纪购物的感觉。

好吃 EAT

01 皇家啤酒屋
名人汇集的啤酒屋 ★★★★

啤酒是德国人的生命之源，德国的啤酒也享誉全世界。位于慕尼黑市内的这家皇家啤酒屋可以称得上是德国最大的啤酒屋之一。这家啤酒屋始建于1589年，当时是皇家啤酒厂，整座建筑可以容纳5000多名食客，每天在这里消耗的啤酒就过万升。啤酒屋的宴会厅也会应客人的要求演奏各种音乐以助兴。数百年来这里一直都是各路历史名人的聚会地点，歌德、列宁、茜茜公主等都在这里留下过身影。而臭名昭著的纳粹"啤酒馆暴动"也是在这里发生的。

Tips
Platzl9,80331 München　089-2901360
乘地铁到Marienplatzt站下车

02 Bayerischer Donisl
品尝传统的巴伐利亚美味 ★★★★

Bayerischer Donisl餐厅就位于马林广场旁，以制作味道最正宗的巴伐利亚风味菜肴而闻名。每天这里都是门庭若市，想要找到空位可不是太容易的事情。这里的就餐环境很具老德国风情，木质的墙面和水磨石的地板颇具情调。这里的招牌菜当属白香肠和巴伐利亚烤猪肘，白香肠色白味香，口感独特；烤猪肘则个头极大，皮脆肉嫩，而作为配菜的土豆泥球味道糯糯的，也非常好吃。如果有机会一定要品尝一番。

Tips
Wein Straβe1,80333 München　089-220184　乘轻轨S1在Marienplatz站下

03 Alois Dallmayr美食馆
品种丰富的食物市场 ★★★★

慕尼黑一向是站在德国生活水平的最前沿，而慕尼黑人对吃的挑剔也是相当知名的。位于慕尼黑的这座Alois Dallmayr美食馆便是可以满足当地人一张张挑剔的嘴的地方。这里提供咖啡、红茶、雪茄、火腿、巧克力、啤酒等，是德国最具代表性的选购食物的地方。这里的食品不但味道好，而且包装也很鲜亮时髦，拿来馈赠亲友不会失面子。到这里除了能选购礼品外，更可以和德国人的平常生活进行亲密接触。

Tips
Dienerstraβe14-15 D-80331 München
089-21350　乘地铁到Marienplatzt站下

欧洲攻略　德国慕尼黑&纽伦堡

099

欧洲
攻略HOW

Part.9 德国法兰克福&科隆&波恩

　　法兰克福是德国重要的工商业、金融和交通中心，传统和现代、商业和文化、动感和宁静在这座城市中完美交融，法兰克福摩天大楼鳞次栉比，被誉为"美因河畔的曼哈顿"。

　　科隆是莱茵河沿岸最大的城市，古朴美丽的旧城区诠释着德国人自古奉行的城市美学，而高耸的科隆大教堂则被誉为"全世界最接近天堂的教堂"，观光之余，游人可以在这里畅饮科隆啤酒。

　　波恩位于科隆以南约30公里，是一座拥有2000多年历史的文化古城，作曲家贝多芬就出生在这里。

德国法兰克福&科隆&波恩 特别看点！

第1名！
科隆大教堂！
100分！
★ 世界最高的大教堂，科隆的标志！ 

第2名！
莱茵河！
90分！ 
★ 风光明媚的西欧第一大河，沿岸欣赏中世纪风情！

第3名！
皇帝大教堂！
75分！ 
★ 担负着为日耳曼帝国皇帝加冕的重任，在这里诞生过数十位帝国皇帝！

好玩 PLAY

01 欧洲大厦
欧元的发行及管控中心 ★★★★

Tips
- Kaiserstraβe 29,60311 Frankfurt am Main
- 069-13440
- 乘地铁U1、U2、U3、U4、U5在Willy-Brandt-Platz站下车

欧洲大厦是欧洲中央银行总部，是欧洲统一货币欧元的发行及管控中心，在欧洲的经济运行中占据了举足轻重的位置。大厦高185米，呈双塔结构，外观是不规则的多边形，在讲究规则严整的德国摩天大楼中独树一帜。同时大厦门口巨大的欧元标志也是每个游人留影的首选。这座大厦周围也是高楼林立，百米以上的摩天大楼鳞次栉比，难怪法兰克福也被人誉为"德国的曼哈顿"。

02 皇帝大教堂　　75分!
皇帝加冕的重地　★★★★

皇帝大教堂离罗马人之丘广场不远，建成之初就成为日耳曼帝国皇帝加冕的重地，在这里共诞生过数十位帝国皇帝。皇帝大教堂的主建筑是一座高95米的高塔，人们可以通过300多级楼梯直上塔顶，在那里远眺法兰克福市城区的风貌。现在教堂里还陈列着历代为皇帝加冕的大主教穿用的华丽法袍，非常精美，十分珍贵。

Tips
- Domplatz 14,60311 Frankfurt am Main
- 069-2970320
- 乘地铁U4、U5在Dom/Romer站出站

04 老萨克森豪森
休闲、娱乐的好去处　★★★★★

如果你想了解法兰克福往昔风情和面貌，那就去老萨克森豪森吧。老萨克森豪森是法兰克福历史最悠久的街区，这里至今依然保留了18世纪法兰克福的古典气息，沿街分布着100多家大小酒吧，去那里休闲、娱乐是不错的选择，不仅能品尝一些小吃，还能体验到纯正的法兰克福风俗民情。

Tips
- 法兰克福市老萨克森豪森
- 乘地铁U1、U2、U3在Schweizer Platz站出站

03 美因河
莱茵河的一条支流　★★★★

Tips
- 069-1338370（美因河游船），069-436093
- 8.95欧元（美因河游船），4.5欧元（历史蒸汽火车）
- 从美因河北岸的铁桥旁可乘坐美因河游船与历史蒸汽火车

美因河可以说是莱茵河的姊妹河，其实它是莱茵河的一条支流，该河流经法兰克福、维尔茨堡、美因茨等著名城市，通过运河与多瑙河和莱茵河相接。早在罗马帝国时期，这里就是帝国的北部边界，罗马人特地在美因河和莱茵河之间修筑长城用以防御。美因河从法兰克福城中穿过，见证了这座城市发展的每一步。来到法兰克福，游人可以乘坐游船沿着美因河欣赏法兰克福独特的风光。

05 歌德故居
大文豪的住所　★★★★

歌德是世界著名的大文豪，他在法兰克福度过了美好的童年时代，今天法兰克福还保存着他的故居。不过这所故居并不是原来的旧址，而是新修建的。"二战"中歌德故居受到极大破坏，后来为了纪念这位世界文豪，人们重修了歌德故居。故居是一座红色砂岩砌成的四层建筑，其中顶层设有歌德的纪念馆，那里摆放有歌德的画像、作品及用过的生活器具。

Tips
- GroBer Hirschgraben 23-25,60311 Frankfurt an Main
- 069-138800
- 3.58欧
- 乘地铁U1-3、U6、U7或轻轨S1-6、S8、S9在Hauptwache站下车

欧洲攻略　德国法兰克福&科隆&波恩

103

06 莱茵河
欧洲著名的国际河流 90分！ ★★★★★

莱茵河是西欧第一大河，也是欧洲著名的国际河流，它源自阿尔卑斯山北麓，沿途流经多个国家，最后在鹿特丹附近注入北海。莱茵河是德国最长的河流，是德国文明的摇篮，游客可以在德国境内乘着小舟游览莱茵河，欣赏沿途不同特色的风光，尤其是散落分布在莱茵河两岸的名胜古迹，仿佛在历史场景中漂流一样。

Tips
🏠 从美因茨到科隆的沿途城镇均有莱茵河游船售票处
☎ 0221-2088318 💰 单程票价2.7欧元至52.5欧元不等，往返票价3.4欧元至58.5欧元不等

07 科隆大教堂
德国最大的教堂 100分！ ★★★★★

科隆大教堂在世界上享有极高的盛誉，它不仅是德国最大的教堂，同时也是世界上最高的教堂。该教堂始建于1248年，最初名为圣彼得大教堂。整座教堂是用16万吨石头筑成的，其157米高的两个尖顶不仅是教堂的标志，还是科隆的城市标志之一。值得一提的是科隆大教堂四壁上方的彩绘玻璃窗，十分引人入胜，在阳光照射下，闪闪发光，充满了梦幻色彩。

Tips
🏠 Margarethenkloster 5,50667 Köln
☎ 0221-17940100 💰 4欧元 🚉 从科隆火车总站出站即可到达

08 德意志角
两条河流形成的三角洲 ★★★★

Tips
🏠 摩泽尔河与莱茵河交汇处 🚶 从科布伦茨观光码头沿莱茵河岸向北步行

德意志角其实就是莱茵河和摩泽尔河交汇的三角区，这里空间十分开阔，常有大型的庆典文艺活动在此举行。德意志角最引人注目的是那座高高耸立的著名雕像，雕像描绘了德皇威廉一世的骑马身姿，他身着将军制服和大衣，威风凛凛。旁边的侍从帮他拿着代表王权的皇冠。在威廉一世的前方有一只代表着德意志的老鹰，它正在扑击一条蛇。整座雕像内涵丰富，游人纷纷在这里拍照留念。

09 波恩大教堂
建筑艺术的杰作 ★★★★

波恩大教堂建成于1140～1250年间，将罗马建筑风格与哥特建筑风格完美地融合在一起，堪称是中世纪教堂建筑艺术的杰出代表。波恩大教堂拥有5座高耸的尖塔，被誉为中世纪时期北莱茵地区从罗马式建筑过渡为哥特式建筑的典范，其雄伟壮观的风姿吸引了大量游客慕名而来。

Tips
🏠 Munster Platz 🚇 从波恩火车总站出站后步行大约10分钟即可到达

10 波恩旧市政厅
波恩最有代表性的人文景观 ★★★★

波恩建城的历史十分悠久，1288年科隆大主教因科隆市民起义而迁到波恩后，这座城市就迎来了黄金时代。第二次世界大战结束后，波恩还曾经作为联邦德国的首都。因此这座城市留下了很多的吸引人的名胜古迹，其中建于1738年的旧市政厅就是比较著名的一处。旧市政厅外观典雅美观，虽然历经数百年，但丝毫掩盖不住它曾经的豪华与壮观。现在，市政厅广场四周散落着众多露天咖啡馆，游人可以坐在咖啡座，一边休闲，一边欣赏古老的市政厅和毗邻的科布伦茨门等名胜古迹。

Tips
🏠 Markt Pl. ☎ 0228-775000 🚇 从波恩火车总站出站后步行大约15分钟即可到达

11 贝多芬故居
大音乐家的住所 ★★★★

Tips
🏠 Bonngasse 20,D-53111 Bonn ☎ 0228-9817525 ¥ 4欧元 🚇 从波恩火车总站出站后步行大约15分钟即可到达

贝多芬从1770年出生直到1792年搬往维也纳之前，一直住在波恩老城区，现在这里还保留着他的居所。他的故居并没有人们想象的那么宏伟壮观，仅仅是几间狭小的房屋，幼年的贝多芬要靠弹奏钢琴卖艺赚钱补贴家用。现在贝多芬故居已被辟为贝多芬博物馆，里面珍藏着贝多芬曾经弹奏过的钢琴，晚年使用的喇叭形助听器以及大量贝多芬的乐谱手稿，很多音乐迷来到波恩，都不会错过这个景点。

欧洲攻略 | 德国法兰克福&科隆&波恩

105

好买 BUY

01 采尔大街
步行者的天堂 ★★★★

Tips
📍 Zeil 🚇 乘地铁U1、U2或轻轨U3、S2、S5、S6在Hauptwache站下

对于法兰克福的市民来说，采尔大街是最好的购物场所，的确这样，据说它是德国销售额最高的购物街，被誉为"步行者的天堂"。这里云集了来自世界各地的知名品牌商店，大型购物中心林立，人们能在这里找到自己所需的所有商品。这里最大的特色是在各个购物店铺中间还夹杂有咖啡厅和餐馆，人们在购物之余还能悠闲地享受生活。

02 歌德大街
历史悠久的奢侈品专卖街 ★★★★★

歌德大街是法兰克福历史悠久的一条购物街，这里汇集了全球数十家著名品牌的奢侈品。在400米长的大街上，可以看到范思哲与阿玛尼的服饰、蒂芙尼与卡地亚的珠宝、索尼的家用电器，还有各种光学器材和工艺美术品等。每到周末，这里还会有特设的周末市场，有大约50个摊位，出售各种物美价廉的货品，很受人们的追捧。

Tips
📍 Goethostraβe 🚇 乘地铁U1、U2、U3、U6、U7或轻轨S1、S2、S3、S4、S5、S6、S8、S9在Hauptwache站下

03 杜塞尔多夫国王大道
繁华的街区 ★★★★

杜塞尔多夫国王大道被当地居民简称为Ko，沿街林立着众多世界知名品牌的专卖店，当季最火的设计名品都可以在这里找到，堪称流行时尚的魅力窗口。此外，在国王大道道路两边还有整排的栗树和古老典雅的建筑，充满高贵典雅的气氛，靠近莱茵河的街道更是餐馆和酒吧的聚集地，可以在逛街之余小憩片刻，品尝美味菜肴。

Tips
📍 Konigsallee 🚇 杜塞尔多夫火车总站乘地铁在Konigsallee站下

好吃 EAT

01 Café Hauptwache
华丽而沧桑的老建筑

Tips
🏠 An der Hauptwache 15,60313 Frankfurt am Main　🚇 乘地铁U1、U2、U3、U6、U7或轻轨S1、S2、S3、S4、S5、S6、S8、S9在Hauptwache站下　☎ 069-21998627

　　Café Hauptwache的前身是建于1730年的法兰克福军营，1866年普鲁士大军占领法兰克福后将其作为警察局，直到1904年警察局撤销，才变成一家咖啡馆。在这幢巴洛克风格建筑内开办的Café Hauptwache装饰华丽，同时流露出沧桑的历史感，是游人在法兰克福逛街之余喝茶小憩的好去处。

02 Fressgass美食街
销售法兰克福各种美味的美食街

Tips
🏠 位于歌剧院与证券交易所之间　🚇 乘地铁U1、U2、U3或轻轨S1、S2、S3、S4、S5、S6、S8、S9在Hauptwache站下

　　Fressgass美食街也称为大博肯汉姆街，这里是法兰克福最著名的美食街，老远就能闻到从这里飘出的食物的香味。这里并排着很多咖啡厅、餐厅等，销售法兰克福当地的各种美味食品。各方游人或是坐在咖啡厅里品味着香浓的咖啡，或是穿梭于大街小巷之中寻找自己未曾体验过的美妙滋味。如果运气好碰到6月的美食节和8月的葡萄酒节，那涌动的人潮更是能让人感受到这里的热闹氛围。

03 Apfelweinwirtschaft Adolf Wagner
醇厚浓香的苹果酒

Tips
🏠 Schweizer Str.71,60594 Frankfurt am Main　☎ 069-612565　🚇 乘地铁U1、U2、U3在Schweizer Platz站下

　　Apfelweinwirtschaft Adolf Wagner即阿道夫·瓦格纳苹果酒馆，这家店创办于1931年，以出售法兰克福的特产苹果酒而闻名。这里的苹果酒都是自己酿造的，而且酒味醇厚浓香，是当地好酒的德国人仅次于啤酒的喜好之一。每晚这座小酒馆里都能看到无数的人在聚餐狂欢，桌上摆着很多泛着金色光泽的苹果酒，浓浓的酒香让人难以忘怀。

欧洲
攻略HOW

Part.10 德国其他

　　德国西北部海洋性气候较明显，东、南部逐渐向大陆性气候过渡，一年四季明显，夏季平均气温25摄氏度，冬季平均气温为零下5摄氏度。德国南部阿尔卑斯山区的冬季会持续到次年5月，夏季平均气温也比北部低5摄氏度左右。

德国其他 特别看点！

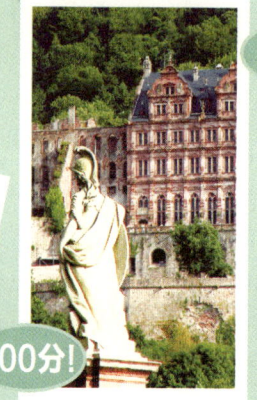

欧洲攻略 德国其他

第1名！
海德堡古堡！
100分！
★ 歌特式、巴洛克式及文艺复兴三种风格的混合体！

第2名！
海德堡大学！
90分！
★ 德国最古老的大学，古朴典雅的大学！

第3名！
黑森林博物馆！
75分！
★ 展示黑森林普通人的生活！

📷 好玩 PLAY

01 汉堡港
欧洲最重要的中转海港 ★★★★★

汉堡港是一座历史极为悠久的港口，始建于1189年，距今有800多年的历史。这座港口目前是德国最大的港口，每天都有无数船只行驶于港口所在海域，这种繁华的景象是现代工业美感的表现之一。这座港口的最大看点是无穷无尽的集装箱及运载船只，因为这里是欧洲第二大集装箱港，一辆辆巨大的起重机正在不停地工作。汉堡港内还有用于介绍本港历史的标识牌和壁画。每年5月来到这里的游客还能看到各种精彩的演出，尤其是船只检阅，非常壮观。

Tips
🏠 位于德国北部易北河下游的右岸　🚊 乘轻轨S1、S3或地铁U3在Landungsbruecken站出站

02 路德维希堡宫
施瓦本的凡尔赛 ★★★★

路德维希堡宫建于1704年，是德国最大的巴洛克式建筑，仿造法国的凡尔赛宫而建，因此素有"施瓦本的凡尔赛"之称。整个王宫包括18座楼、452间房间，内部以巴洛克式、洛可可式等不同风格加以装饰，极尽豪华。这里有几个地方不容错过，如宝镜阁、王室戏院、王室教堂等。从王宫出来，映入眼帘的是四周美丽的园林和童话花园，犹如世外桃源一般，令人流连忘返。

Tips
- WSchlossstraβe 30, 71634 Ludwigsburg
- 071-1182004 ¥ 6欧元 从斯图加特火车总站乘轻轨S4、S5线在Ludwigsburg站下

03 吕贝克圣佩特里教堂
著名的哥特式建筑 ★★★★★

吕贝克也被人们称作"七尖顶城"，因为在城中的传统建筑中一共有7座高大的尖顶。吕贝克圣佩特里教堂就是其中最亮丽的一座。这座教堂是传统的哥特式建筑，它的尖顶高达108米，而且在50米处还设有观景台，人们可以乘电梯来到这里，俯瞰吕贝克城的美景。如今这座教堂除了用于礼拜外，还用于举办音乐会和艺术展览。

Tips
- Petrikirchhof 0451-397730 乘地铁U3线在Rathaus站出站

04 黑森林博物馆
露天博物馆 ★★★★ 75分!

Tips
- Wallfahrt straβe 4,78098 Triberg 077-224434 ¥ 4.5欧元 乘7270路公交车在Wallfahrt straβe, Triberg im Schwarzwald站下

黑森林博物馆和一般的博物馆不同，它是一座露天博物馆，在大片绿色的草地上分布着很多当地传统的房屋，博物馆的各种藏品就陈列在这些房屋之中。藏品主要是以当地出产的精美工艺品为主，还有一些数百年前黑森林居民们使用过的生活用品。另外，黑森林博物馆还出售黑森林的两大特产——咕咕钟和黑森林蛋糕，是最佳的旅游纪念品。

05 特里堡瀑布
德国落差最大的瀑布 ★★★★

如果你看到特里堡瀑布，一定会惊叹不已，它是德国落差最大的瀑布，虽然其163米的高度差没法与尼亚加拉大瀑布等世界知名的瀑布相提并论，但壮观的气势令人震撼。只见一条白练顺着山势直泻而下，跌入潭池中，溅起珍珠般的浪花，和着哗啦啦的声响，仿佛一段动人的神曲，令人陶醉。

Tips
- 黑森林中心毗邻特里堡游客中心 ¥ 3欧元 从特里堡游客中心沿Wallfahrt straβe向南步行

欧洲攻略 | 德国其他

111

06 茨温格尔宫
德累斯顿的象征 ★★★★

茨温格尔宫位于易北河畔，建于1709至1732年间，是德国巴洛克风格建筑中最伟大的杰作，也是德累斯顿的象征。这座巴洛克式宫殿重曲线、重装饰，金碧辉煌，华丽炫目，令人惊叹。宫殿的中间有一块广阔的场地，所有的建筑都是围着这个广场而建，设计、布局不拘一格，新颖别致。宫内处处有精致的石雕，最美的是大喷水池周围的出浴仙女塑像，从不同的角度欣赏，姿态神情各不相同，另外还有宫殿的正门，因顶似王冠，所以也叫王冠门，它高大、华丽，十分引人入胜。值得一提的是茨温格尔宫还开辟有几间美术馆和博物馆，珍藏着不少瑰宝，值得一观。

Tips
🏛 Zwinger/Theaterplatz, 01067 Dresden ☎ 0351-49149601 ¥ 7欧元 🚋 乘Tram4、8、9在Theaterplatz站下

07 迈森大教堂
和城市融为一体的教堂 ★★★★

迈森大教堂建于13世纪，远远望去，这座高大的教堂和小城迈森好像融合在了一起。教堂的两座塔楼很有特色，虽然同时开工兴建，但是一座完成于15世纪，另一座直到20世纪初才完工，因此两者的建筑风格各有不同。在教堂里还有一座特制的瓷器编钟，可以演奏出36个音阶，而且声音清脆动听，是迈森陶瓷工艺的活广告。

Tips
🏛 Domplatz7,01662 Meisen ☎ 0352-1452490 ¥ 2欧元 🚋 乘车在市集广场站下车

08 德累斯顿王宫
德累斯顿最古老的建筑之一 ★★★★

德累斯顿王宫是德累斯顿最古老的建筑之一，该宫殿的历史可追溯至12世纪，它一直是萨克森王室的住所，在漫长的历史中，由于经过多次的重建，混合了哥特、文艺复兴式、巴洛克式等建筑的特色。这座王宫有着典雅大方的风格，既有华美的宫殿，也有高耸的塔楼，但最值得人们欣赏的还是宫内珍藏的各种文物宝藏，如光彩夺目的珠宝、记录时代变迁的绘画，还有一些传统武器及生活用品。

Tips
🏛 Taschenberg2,01067 Dresden ☎ 0351-49142000 ¥ 2.5欧元 🚋 乘Tram4、8、9 在Theaterplatz站下

09 海德堡大学 90分！
德国最古老的大学 ★★★★

海德堡大学具有600多年的历史了，是德国最古老的大学，16世纪时就成为欧洲科学文化的中心，综合排名多次居德国第一。海德堡大学自建校以来，名人辈出，从这里走出了数十位诺贝尔奖得主和数百位在政治、经济、文化等领域享誉全球的知名人士，堪称是培养人才的摇篮。漫步在校园内，古朴典雅的建筑随处可见，花草树木更是布满每一个角落，空气中弥漫着一股浓郁的学术气息，令人敬仰。

Tips
🏛 Grabengasse 1,D-69117 Heidelberg ☎ 062-21540 🚋 从法兰克福搭乘火车到海德堡后换乘12、41、42号公共汽车在海德堡大学广场站下

10 海德堡古堡
德国文艺复兴时期的建筑杰作 100分! ★★★★

　　海德堡古堡建筑在山崖上，地理位置十分险要，当时不仅是一座王室宫邸，还是一座军事堡垒。这座建于13世纪的古城主要用红褐色的内卡河砂岩筑成，历史上经过几次扩建，形成哥特式、巴洛克式及文艺复兴三种风格的混合体，堪称德国文艺复兴时期的建筑杰作。今天，海德堡古堡留下不少的古迹，其中最引人注目的是能储存22万升葡萄酒的"大酒桶"，以及至今仍在使用的音乐厅、玻璃厅等建筑。由于海德堡古堡建在山崖上，居高临下，站在城郭上远望，无限风光尽收眼底。

Tips
- Schlosshof 1,69117 Heidelberg 062-2190080
- 从海德堡中央车站搭乘公交33路到Bergbahn站，然后搭乘齿轮火车（Bergbahn）到城堡

11 鲁尔工业区
花园工业区 ★★★★★

　　鲁尔工业区不仅是德国，也是世界上最重要的工业区。它不像其他工业区一样污染严重，而是绿草如茵，风景如画，被人们誉为"花园工业区"。各种工厂、居民住宅等建筑都掩映在绿色植物当中，身临其境，会让你经常眼前一亮，看似一片浓密的森林，走进去，却发现是个大工厂。尽管这里林木繁茂，但并不妨碍交通，蛛网般的道路把鲁尔工业区的各种建筑连接在一起，形成便利的交通网络。无论你是来这里打工，还是做生意，或者旅游，鲁尔工业区都会给你留下美好的回忆。

Tips
- Ruhr 乘火车至Ruhr

12 楚格峰
德国第一高峰 ★★★★

Tips
- 德国南部阿尔卑斯山脉 47欧元 从加米施-帕滕基兴小镇火车站对面的楚格峰齿轮轨道火车站可以搭乘齿轮轨道火车，约30分钟即可到达楚格峰山下的艾比湖，之后换乘缆车即可到达山顶

　　楚格峰海拔2963米，是德国境内第一高峰，同时它还是德国唯一有冰川的地方，一年四季都能看到冰雪。由于山峰险峻，云雾缭绕，地形复杂，很长一段时间都没有人敢攀登楚格峰。不过现在不同了，人们把攀登楚格峰当成一种挑战或者享受。目前，要上到楚格峰的峰顶有两种途径，一种是乘车，一种是徒步攀登。登山的路有两条，一条路线较缓，一条较陡。登上峰顶并不是一件容易的事情。不过到了峰顶，整个阿尔卑斯山的美景尽收眼底，令人赏心悦目，心旷神怡。

好买 BUY

01 汉堡鱼市场
● ● ● 综合性大市场　　★★★★

乍一看汉堡鱼市场，很多人都以为这是一个专门买卖海鲜的市场，其实不然，它是一个大型的综合市场。这个市场的规模很大，被誉为欧洲最大的周日市场。来到这里的人们，除了可以买到新鲜的海鲜、蔬菜、水果等，也可以挑选各种平价的服装、饰品、电子产品等。富有当地特色的手工艺品是外来游客购物的最好选择，可以作为旅游纪念品或者特产带回家。此外，市场内还有精彩的表演，给购物的游客带来不少乐趣。

> **Tips**
> 📍 Grose Elbstraße 9, 22767 Altona-Alstadt HamBurg　☎ 040-32310420　🚇 乘轻轨S1、S2、S3在Reeperbahn站下

02 仓库城
● ● ● 世界上最大的仓储式综合市场　　★★★★

如果你来汉堡旅游，仓库城是不可错过的好地方，它是世界上最大的仓储式综合市场，储藏来自世界各地的各种"珍宝"，人们不仅可找到咖啡、茶、可可和烟草，还能发现地毯和高档的电子产品。这里的许多库房都是19世纪中后期开始建造的，如今不仅保持着原貌，而且功能也没变。现在，仓库城还开辟了不少的专题博物馆，如海关博物馆、香料博物馆等，无一不向人们展示着仓库城的传统历史和现代魅力。

> **Tips**
> 📍 汉堡市南端布洛克岛　🚇 乘地铁U3在Baumwall站出站，或乘U1在Mesberg站下

欧洲攻略　德国其他

好吃 EAT

01 尼德艾格杏仁巧克力专卖店
德国最知名的巧克力 ★★★★

尼德艾格（Niedenegger）自从创始人乔治·尼德艾格开厂创业以来，百年间这里一直都在从事这项事业。尼德艾格的杏仁巧克力在德国首屈一指，它用料讲究，做工独特，味道醇正，无愧于德国"糖果之王"的称号。这里除了出售各种尼德艾格品牌的巧克力和咖啡外，还有一间展示馆，里面用杏仁巧克力制成吕贝克各个名胜的模样，让人好像身处一个糖果的童话世界之中。

Tips
🏠 Breite Straβe 89,23552 Lübeck ☎ 0451-5301126
🚌 乘8710、8720路公交车至Königstraβe站下

02 脚镣塔餐厅
由监狱改造成的餐厅 ★★★★

脚镣塔餐厅的前身是一座16世纪的酒窖，后来被改造成了监狱，时常有很多身着脚镣的犯人出没，故而得名。这里的食物之美味在当地十分知名，脚镣塔餐厅提供巴登-符腾堡州当地盛产的美味葡萄酒和特色菜肴，这里的菜谱原料都是在当地购买的最新鲜的，做出的饭菜自然也更为香甜。

Tips
🏠 Weberstraβe 72, 70182 Stuttgart
☎ 0711-2364888 🚇 乘地铁U2、U9在Rathaus站下

03 船员工会之家
回忆大航海时代的辉煌 ★★★★

早在大航海时代，吕贝克作为汉萨同盟都市中最重要的城市，一直都是北欧地区最重要的港口。这座阶梯状的哥特式房屋就是以前的船员工会所在。这座建筑完全由红砖砌成，建于1535年，是吕贝克现存最完好的中世纪房屋之一。门口的红色帆船标记显示了这里和大海的关系。如今这里虽然已经被改造成为一家餐馆，但是里面依然保留了原来的装饰，进入这座餐馆仿佛还能看到一个个船长在这里吃饭吹牛的场景。

Tips
🏠 Breite Straβe 2,23552 Lübeck ☎ 0451-76776 🚌 乘8710、8720路公交车至Königstraβe站下

欧洲攻略 — 德国其他

欧洲
攻略HOW

Part.11 意大利罗马

　　被誉为世界之都、永恒之城的罗马是所有道路最后的终点，500多年以来一直令游客魂牵梦绕。作为古罗马的中心，这座古老的城市古典文化与巴洛克艺术兼收并蓄。这座城市拥有无数的教堂与纪念碑，鳞次栉比的博物馆与历史悠久的古迹令人沉醉其间，在一个"罗马假日"中，悠闲地逛逛街，吃个冰淇淋，停下来喝杯咖啡……在这样一个城市，一切的意乱情迷都是如此理所当然。

欧洲攻略

意大利罗马

意大利罗马 特别看点！

第1名！
古罗马斗兽场！
100分！ 
★古罗马的荣耀象征，意大利的国家标志！

第2名！
巴贝里尼广场！ 
90分！
★巴洛克大师向教皇致敬的广场，罗马最美的城市广场之一！

第3名！
万神殿！ 
75分！
★罗马建筑艺术的巅峰，唯一保存完好的古罗马帝国时代建筑！

📷 好玩 PLAY

01 古罗马斗兽场 (100分！)
古罗马文明的象征 ★★★★★

Tips
- 🏛 Piazza del Colosseo ☎ 06-39967700
- 💴 13.5欧元 🚇 乘地铁B线至Colosseo站出站

专为角斗而建造的古罗马斗兽场，也叫"罗马大角斗场"，建于公元72至82年间，是古罗马文明的象征。斗兽场呈圆形，占地面积约2万平方米，可以容纳9万人之多。从功能、规模、技术和艺术风格各方面来看，古罗马斗兽场都堪称典范和奇迹，可以用3个词来形容——庞大、雄伟、壮观。现在，古罗马斗兽场可以说是罗马乃至整个意大利的象征，终年游人如织，全世界的游客纷至沓来。

02 君士坦丁凯旋门
意大利的标志性建筑 ★★★★★

君士坦丁凯旋门建于公元312年，是为了庆祝当时的罗马皇帝君士坦丁大帝击败强大的敌人、统一帝国而建的。古罗马时期曾遗留下来3座凯旋门，君士坦丁凯旋门是最晚建造的一座。君士坦丁凯旋门是一座有三个拱门的凯旋门，高21米，面阔25.7米，进深7.4米。由于它调整了高与阔的比例，横跨在道路中央，显得高大、雄伟。凯旋门的里里外外充满了各种浮雕，堪称是一部生动的罗马雕刻史。每位游客来到这里，都会被君士坦丁凯旋门那恢弘的气势所震撼，留下深刻的回忆。

Tips
📍 Piazza del Colosseo 🚇 乘地铁B线在Colosseo站出站

03 罗马议事广场
世界上最古老的议事广场 ★★★★

罗马议事广场是世界上最古老的议事广场，这里曾是整个罗马城的政治、文化和宗教中心。今天，它好像一座露天的古罗马博物馆，遍布古罗马时期的建筑和遗迹。漫步在广场上，仿佛有一种穿越时代的感觉，十分奇妙。尽管这里的古迹已经失去了昔日的恢弘，甚至有些破败不堪，但是依然能从中感受到当时古罗马帝国的繁荣和昌盛。

Tips
📍 Via del Fori Imperiali ☎ 06-6990110 💰 13.5欧元 🚇 乘地铁B线至Colosseo站出站

04 圣玛利亚大教堂
古罗马时期四大教堂之一 ★★★★

圣玛利亚大教堂是罗马的四大教堂之一，它的历史可以追溯到古罗马帝国时期，迄今仍在当地的天主教徒中占有很高的地位。这座教堂结合多种建筑艺术风格。它的中殿建于5世纪，是典型的古罗马式建筑；而教堂的钟楼则是哥特式建筑的代表作；此外，位于左侧的保利纳小教堂体现了巴洛克艺术风格。

Tips
📍 Piazza di Santa Maria Maggiore 42 ☎ 06-483195 🚇 乘地铁A、B线在Termini站出站

05 阿皮亚古道
史上第一条罗马大道 ★★★★

俗话说"条条大路通罗马"，本意是说罗马拥有庞大的道路系统，从罗马向四面八方延伸出去，几乎从哪里出发都能到达罗马。史上第一条罗马大道是阿皮亚古道，是公元前312年由罗马执政官阿皮乌斯克劳狄下令修建的。这条道路堪称罗马筑路技术的典范，大道使用石头和灰浆铺成，工艺极为精巧，石头和石头之间严丝合缝，简直是鬼斧神工的杰作。

Tips
📍 Via Appia Antica 58 ☎ 06-51301580 💰 6欧元 🚇 从威尼斯广场乘车在Via Appia Antica站下

欧洲攻略　意大利罗马

119

06 特里堡瀑布
德国落差最大的瀑布 ★★★★

Tips
🏠 黑森林中心毗邻特里堡游客中心　¥ 3欧元　🚌 从特里堡游客中心沿Wallfahrt straβe向南步行

如果你看到特里堡瀑布，一定会惊叹不已，它是德国落差最大的瀑布，虽然其163米的高度差没法与尼亚加拉大瀑布等世界知名的瀑布相提并论，但壮观气势，令人震撼。只见一条白练顺着山势直泻而下，跌入潭池中，溅起珍珠般的浪花，和着哗啦啦的声响，仿佛编织成一段动人的神曲，令人陶醉。

07 巴贝里尼广场　90分!
历史悠久的广场 ★★★★

巴贝里尼广场是一座历史悠久的广场，建于16世纪，是为了纪念巴贝里尼教皇而得名的。广场上最著名的是海神喷泉。广场周围拥有很多华美的建筑，其中包括大名鼎鼎的巴贝里尼宫，还有意大利的国立古代艺术画廊。现在巴贝里尼广场已成了罗马市民休闲、散步的好地方。

Tips
🏠 Piazza Barberini　🚇 乘地铁A线在Barberini站出站

08 许愿池
罗马城的象征之一 ★★★★

许愿池其实是一处喷泉，建于17世纪30年代，是当时罗马城的象征之一。看过电影《罗马假日》的人，对它就不会陌生了。许愿池中央处有一座高大的海神雕像，十分引人注目，它气势雄伟，姿态优美，四周还环绕着其他海中神灵，每座雕像都具有很高的观赏价值和艺术价值。许愿池还有很多动人的传说，据传，只要在此抛掷硬币，许下的愿望就能实现。

Tips
🏠 Piazza di Trevi　🚇 乘地铁A线在Barberini站出站

09 万神殿

罗马建筑艺术的巅峰之作 75分!
★★★★

Tips
- Piazza della Rotonda
- 06-68300230
- 乘地铁A线在Spagna站出站

万神殿是罗马建筑艺术的巅峰之作，连伟大的艺术家米开朗基罗见到这一建筑以后都不禁赞为"天使的设计"。万神殿始建于公元前27年，是至今唯一一座保存完好的罗马帝国时代的建筑，也是第一座注重内部装饰胜于外部造型的罗马建筑。走进殿内，会发现殿内没有一根柱子，圆形屋顶上开有直径为9米的天窗，从这里透进来的光线照射在马赛克地板上，有一种庄严肃穆的气氛，同时又有计时的实用功能。

另外，神殿入口处的两扇青铜大门也很显眼，它是那时留下来的原物，高7米，宽且厚，是当时世界上最大的青铜门。目前，殿内供奉着古罗马时期的历史名人，如我们熟知的拉斐尔就在其中。

10 台伯河

意大利第三长的河流
★★★★

台伯河是意大利第三长的河流，纵贯亚平宁半岛中部，经罗马市后注入第勒尼安海，全长405公里，罗马正好位于台伯河河口，城里所有的水源都倚仗这条大河，堪称罗马的生命之源。台伯河灌溉了大片的农场和庄园，这为古罗马的强盛奠定了基础。今天它在罗马城的建设发展当中仍然发挥着巨大的作用。

Tips
- 罗马市区

11 哈德良别墅

古罗马时期的大型花园
★★★★

哈德良别墅是一处古罗马时期的大型花园，也是罗马皇帝哈德良在位时为自己修建的一座休闲别墅，集合了古罗马能工巧匠们的智慧和汗水。这座别墅最大的特色就是完善的水流设施，水流从南边引入花园，经过复杂的水道系统后流经整个别墅，因此漫步在别墅之中到处都能看到各种用水、取水设施，让人颇感新奇。不过这里如今已是满目疮痍，游人也只能漫步在残垣断壁之间去追寻它昔日的辉煌。

Tips
- 0774-530203
- ¥6.5欧元
- 乘地铁B线在Ponte Mammolo站换乘巴士在哈德良别墅站下

欧洲攻略 意大利罗马

12 圣保罗大教堂
罗马四大教堂之首 ★★★★

Tips
📍 Via Ostiense, 186, 00146 Roma ☎ 06-5410341 🚌 乘23路公交车在Via Ostiense- San Paolo站下

圣保罗大教堂在罗马四大教堂中首屈一指。这座大教堂位于罗马南城外，是君士坦丁大帝下令修建的。可惜的是1823年的一场大火将这座教堂几乎毁于一旦。1857年，人们又将这座教堂重建了起来，形成了如今我们能见到的教堂建筑。教堂前矗立着高大的圣保罗塑像，十分威严，令人肃然起敬。

13 纳沃纳广场
罗马最漂亮的广场 ★★★★

纳沃纳广场虽然算不上历史悠久和规模宏大，但是十分漂亮，在罗马城难找。这座椭圆形的广场从外观上看就好像一座椭圆形的竞技场一般，周围到处都是充满古罗马风情的老式建筑，吸引着来自世界各地的游客。广场上的几座喷泉是这里最大的亮点，无论是南端的莫罗喷泉，还是位于中心的四河喷泉都出自罗马最著名的设计师贝尔尼尼的手笔。此外，在广场旁边还有一座圣阿涅塞教堂和潘菲利宫，游客来此不容错过。

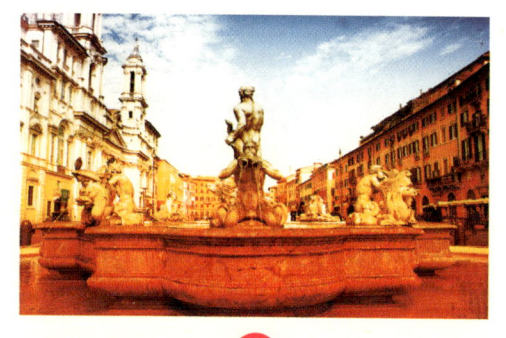

Tips
📍 Piazza Navona 🚌 乘70、81、90、492路公共汽车在Corso di Rinascimento站下

14 卡拉卡拉浴场
探古访幽的好去处 ★★★★

卡拉卡拉浴场建于公元212年，是当时的罗马皇帝卡拉卡拉下令兴建的，是当时最受欢迎的休闲娱乐场所，如今则成为人们参观访古的好地方。走进这座浴场，会被这里完备的设施和建筑震撼，其中仅大浴场就占地3万多平方米，旁边还有图书馆、竞技场、散步道、健身房等各种配套设施，其中浴场还分为冷水、温水、热水浴室和蒸汽室及更衣室等，由此不难看出当时罗马王室生活的奢华。

Tips
📍 Via delle Terme di Caracalla 52 ☎ 06-5758626 ¥ 6欧元 🚇 乘地铁B线到Circo Massimo站下

15 人民广场
罗马最著名的广场之一 ★★★★

人民广场是罗马最著名的广场之一，广场呈椭圆形，在广场的正中矗立着一座高高的方尖碑，十分引人入胜。这座方尖碑建于公元前1300年，高23.2米，是公元前10年罗马皇帝远征埃及时从埃及抢来的文物。另外，广场北边的波波洛门，也是广场的一大亮点，它是人们进出罗马的重要通道，很多历史名人都曾经来过这里，如歌德、拜伦等，现在吸引了很多游客来到这里拍照留念。

Tips
- Piazza del Popolo
- 乘地铁A线在Flaminio站下

16 共和广场
建筑博物馆 ★★★★

共和广场是每个来罗马的游客不可错过的好去处。该广场历史悠久，可以追溯到古罗马帝国时期，那时就是人们集会的公共场所。现在广场比那时小了许多。广场四周有众多不同风格而又古老的建筑，其中最著名的当数米开朗基罗设计建造的天使圣母马利亚教堂。

Tips
- Piazza della Repubblica
- 乘地铁A线在Repubblica站下

17 卡诺波
人造的自然景观 ★★★★

卡诺波是一处复制自埃及卡诺波运河的景观，长长的人工运河流经此处，沿岸随处可见各种古色古香的埃及雕像，让人仿佛身处埃及尼罗河畔，体验到埃及风情。

Tips
- 0774-530203
- 6欧元
- 乘地铁B线在Ponte Mammolo站换乘巴士在哈德良别墅下

欧洲攻略 意大利罗马

好买 BUY

01 威尼托街
● ● ● 罗马最著名的购物街　★★★★★

威尼托街是罗马著名的旅游街，那里店铺林立，是一个集购物、观光、休闲等多功能于一体的好地方。沿着这条道路前行可以看到不同时代的建筑，在位于缤乔门的起点处，可以看到中世纪所建的雄伟城墙，而附近的那些现代化的高楼大厦与其形成了鲜明的对比。

Tips
🏠 Via Veneto　🚇 乘地铁MEA在Barberini站出站

02 百花广场
● ● ● 活泼热闹的广场　★★★★

百花广场就位于纳沃纳广场旁，早在15世纪时这里就是罗马的中心地带。在广场周围的各个街区被划分成不同生意的经营区，同时这里也是古代处决犯人用的刑场。著名的科学家、哲学家布鲁诺就是因为被教会定为异端而在这里被处以火刑的。如今在广场正中还竖立着他的铜像。如今的百花广场早已被各种香气和人们热闹的声音所包围，随处都能见到出售蔬菜、肉类和鲜花的商店，能感受到最普通的罗马人的日常生活。

Tips
🏠 Campo dei Fior　🚌 乘116路公交车至Cancelleria站下

好吃 EAT

01 Andrea海鲜老店
罗马知名的海鲜料理老店 ★★★★★

位于威尼托街上的Andrea海鲜老店创立于1928年，迄今已经传承三代，拥有近百年的历史，是罗马一家颇为知名的海鲜料理老店。可在这里享用海鲜意大利面等美味，每天在店内用餐的食客中不乏专程前来品尝的游客。

Tips
📍 Via Sardegna 28 ☎ 06-4821891 🚇 乘地铁A线在Barberini站下

02 Antico Caffe Greco
颇具文艺复兴风格的咖啡店 ★★★★

Antico Caffe Greco开业于1760年，这家有250年历史的老牌咖啡店曾经见证过不少著名的艺术家和文学家在这里冥思苦想。店内的布置具有古典艺术感，随处可见大理石雕塑和精美的油画，就好像直接从文艺复兴时代走来。墙上还挂着不少历史名人和各个时期的剪报，从中还能见到很多历史事件的报道，让人觉得自己仿佛身处于历史场景之中。

Tips
📍 Via Condotti 86 ☎ 06-67917 🚇 乘地铁A线在Spagna站下

03 Antica Enoteca di Via della Croce
罗马最老的酒吧 ★★★★

Antica Enoteca di Via della Croce可以说是罗马历史最悠久的老牌酒吧了，这家酒吧开业于1842年，至今已经营了170多年，在漫长的历史时光中，这里迎来送往了不知道多少顾客，而这座酒吧本身却保持了最古老的状态。在这里有很多老顾客，他们都是数十年如一日在这家酒吧喝酒聊天，让人感受到普通罗马人爽朗好客的一面。此外，这里的美酒佳肴都很合人口味，尤其是这里的烤牛肉，肥而不腻，又鲜又嫩，让人入口难忘。

Tips
📍 Via della Croce 76 🚇 乘地铁A线在Spagna站下 ☎ 06-6790896

欧洲攻略 意大利罗马

04 希腊咖啡馆

迎来过无数著名人物的咖啡馆 ★★★★★

希腊咖啡馆就位于西班牙广场对面，这家咖啡馆开业于1750年，是当时一位居住在罗马的希腊人开办的，曾经是罗马城内最大的咖啡馆。走进咖啡馆一落座，这里的服务生就会递给你一张写着曾经来过这里的名人的名单，上面有尼采、叔本华、雪莱、拜伦、济慈、歌德、狄更斯等，让人一下有了和这些赫赫有名的人物身处一室的感觉。

Tips
- Via Condotti 86　　06-67917　　乘地铁A线在Spagna站下

05 Giolitti

连教皇都喜爱的老字号雪糕店 ★★★★

Giolitti是一家已经经营了100多年的老字号雪糕店，在整个意大利都声名远播，甚至连教皇都非常偏爱这里的雪糕口味。店内的雪糕品种多样，既有延续了一百多年的古老口味，也有适合当下年轻人喜好的新潮味道，男女老少，到这里都能买到自己心仪的雪糕。其中Coppa Giolitti是一种自1920年就已经开始销售的雪糕品种，而Coppa Olimpica更是为了迎接1960年罗马奥运会而推出的产品。至今这里依然门庭若市，无论是来自世界各地的游客还是当地的居民，都会来排队选购，有时还能看到附近的神职人员和议员的身影。

Tips
- Via Uffici del Vicario 40　　06-6991243　　乘地铁A线在Barberini站下

06 Da Baffetto

罗马最好吃的比萨店 ★★★★★

Da Baffetto毗邻纳沃纳广场，号称罗马最好吃的比萨店。和意大利大多数比萨店一样，由于制作比萨的工序问题，所以这些店家大多都在晚上营业。不过一到下午，走过这家店的人都会被店前排起的长长人龙吓一跳。这家店一向以物美价廉而为人们所称道，这里的比萨饼都是传统的罗马薄皮型，是用古老的烧柴的火炉烤制而成，因此在香气四溢的饼中还有一丝淡淡的木炭香味，咬上一口，立马会觉得排多长的队都是值得的。

Tips
- Via del Governo Vecchio 114　　06-6861617　　乘64、70、81号公车在Vittorio Emanuelle II站下

07 Papa Giovanni

吃美味松露做成的经典意大利菜 ★★★★

意大利菜素有"西餐之母"的美誉，而位于罗马的Papa Giovanni则是意大利最著名的餐厅之一，曾经多次入选意大利十大餐厅之列。这里经营的都是地道的意大利菜，每一位主厨都深谙意大利菜的精髓。这家店最擅长的就是利用被称作欧洲美食"三大天王"之一的松露来做菜，做出的菜色香味俱佳，让人尝上一口就想大快朵颐。同时，这家店还拥有自家的酒窖，其中珍藏着很多出色的红酒，只有好酒配上好菜，才能品出意大利料理的精华来。

Tips
- Via dei Sediari 4　　06-6865308　　乘86、117号公共汽车在Corso di Rinascimento下

08 Ivo
正宗的意大利传统美食 ★★★★

Ivo是位于越台伯河区的一家著名的意大利菜馆，开业半个多世纪以来，这里都是凭借自己最著名的一种叫Bruschetta的面包而受到人们的青睐。这种面包是一种添加了蒜末、橄榄油、盐等调味料的意大利传统烤面包，在意大利人当中极有人气。而烤制这种面包的烤炉就被店家直接放在大街旁，从店前走过就能闻到诱人的香味。除了烤面包外，这里还提供各种意大利传统美食，人们可以选择坐在店外的露天座位上，一面品尝美味的食物，一面观赏这里的街景。

Tips
🏠 Via San Francesco a Ripa 158　☎ 06-5817082　🚌 乘44、75、280、H号公共汽车或8号电车在Via S Francesco站下

09 卢卡提诺
越台伯河区最古老的小酒馆 ★★★★

卢卡提诺号称"越台伯河区最古老的小酒馆"，这里虽然地处城区的中心部分，但是四周的环境却相当的好，这里邻接着著名的Via della Lungaretta石板路，那满满的怀旧氛围正是越台伯河区的灵魂所在。而店里也看不到半点像是著名酒馆的样子，到处都是锅碗瓢盆，好像一个普通人家一样，这里提供的各种菜式也都是意大利人经常吃到的家常菜，因此特别受外来游客的欢迎，同样也有很多当地居民经常光顾。

Tips
🏠 Piazza Sonnino 6/via DellaLungaretta　☎ 5406-5882101

10 Sebatini
名扬世界的罗马本地名店 ★★★★

Sebatini是20世纪50年代时一对名叫Sebatini的兄弟所创办的，这家店除了在罗马的总店以外，甚至还远隔重洋在日本、韩国都开有分店，可以说已经是名扬全世界了。这里出售味道十分正宗的意大利海鲜面、意大利奶酪饼、意大利烩饭，而且这里的厨师还会利用时令蔬果和海鲜搭配橄榄油、辣椒、香草、蒜头、牛油等配料来烹调出各色应季菜肴，让人总能获得新鲜感，因此颇受顾客们的追捧。

Tips
🏠 Piazza S.Maria in Trastevere 13　☎ 06-5812026　🚌 乘44、75、280和H号公共汽车或8号电车在Via S Francesco a Ripa站下

11 Checchino Dal 1887
令人百吃不腻的罗马乡村烹调美食 ★★★★

开业于17世纪的Checchino Dal 1887曾经只不过是一家位于屠宰市场旁的小小酒店，那些屠夫们下班以后通常都会到这里来喝上一杯。不过自1887年开始，这里进行了一次大规模的改造，并且开始供应各种菜肴，名气也慢慢响亮起来，逐渐发展到今天。这里各种典型的罗马乡村烹调美食让人百吃不腻，如小牛肠贝壳粉、甜面包、内脏和洋蓟牛杂等都是这里的招牌菜式。同时，因为是以酒店起家，这儿珍藏的各种美酒佳酿更是别处所比不了的。

Tips
🏠 Via di Monte Testaccio 30　☎ 06-5743816　🚇 乘地铁B线在Piramide站下

欧洲攻略　意大利罗马

127

欧洲
攻略HOW

Part.12
意大利威尼斯&佛罗伦萨&比萨

　　美丽的水城威尼斯由117座大小不一的岛屿和150条河道组成，在中世纪，威尼斯就曾是海上霸主和贸易强国，众多文人墨客都赞美过其美丽迷人的风光。

　　历史悠久的佛罗伦萨在文艺复兴时期声名显赫，至今仍是公认的欧洲最美丽的城市之一。

　　比萨在古罗马帝国时代曾经是一处重要的海港城市，在中世纪时还曾经是地中海西岸一个强大的国家，直到13世纪这里都是欧洲文化、艺术、科学、数学最繁盛的城市。

意大利威尼斯&佛罗伦萨&比萨 特别看点！

欧洲攻略

意大利威尼斯&佛罗伦萨&比萨

第1名！ 圣马可广场！ 100分！
★ 世界上最美的广场，威尼斯的标志景点之一！

第2名！ 威尼斯大运河！ 90分！
★ 威尼斯最重要的航运水道，威尼斯的景观精华！

第3名！ 比萨斜塔！ 75分！
★ 斜而不倒的百年谜题，比萨乃至意大利的标志！

好玩 PLAY

01 圣马可广场 100分！
被拿破仑称为"欧洲最美的客厅"

Tips
- Piazza San Marco
- 乘水上巴士在 S.Zaccaria Danieli站下

圣马可广场也叫"威尼斯中心广场"，初建于9世纪，自古以来就是威尼斯的政治、宗教中心及传统节日的公共活动场所。它曾被拿破仑称为"世界上最美的广场"和"欧洲最美的客厅"，可见这座广场的独特魅力和地位。圣马可广场呈长方形，长约170米，东边宽约80米，西侧宽约55米。广场四周的建筑建于文艺复兴时期，很有观赏价值。

130

02 圣马可大教堂
威尼斯建筑艺术的经典之作 ★★★★

圣马可大教堂正位于圣马可广场上，建于公元829年，曾是中世纪欧洲最大的教堂，也是威尼斯建筑艺术的经典之作，同时还是一座收藏丰富艺术品的宝库。该教堂的建筑融拜占庭式、哥特式、伊斯兰式、文艺复兴式各种流派于一体，完美协调，无与伦比。大教堂内外不仅有400根大理石柱子，还有4000平米的马赛克镶嵌画，十分宝贵。每年来这里参观的世界各地游客络绎不绝。

Tips
🏛 Piazza San Marco　🚤 乘水上巴士在S.Zaccaria Danieli站下

03 威尼斯大运河
水上香榭丽舍大道　90分！★★★★★

威尼斯大运河被誉为威尼斯的"水上香榭丽舍大道"，它是威尼斯最重要的航运水道，市内的交通运输大部分通过此运河完成。该运河呈倒S形从威尼斯城中穿过，威尼斯城内几乎所有的建筑都是围绕着这条运河而建的。河道的两边，既有洛可可式的宫殿，也有摩尔式的住宅，当然也少不了众多富丽堂皇的巴洛克式和哥特式风格的教堂。平时可以看到很多贡多拉小船在河中来来往往，威尼斯水城的特色就完全浓缩在这条运河之中。另外，威尼斯大运河上有多座桥，给大运河及威尼斯增色不少，其中最著名的是丽都桥。

Tips
🏛 贯穿威尼斯　🚤 乘小汽船1线、82线可到

04 利多岛
威尼斯的天然防波堤和城墙 ★★★★

利多岛是一座横贯威尼斯东南的长约12公里的小岛，不仅是威尼斯的天然防波堤和城墙，还是闻名世界的疗养度假胜地，同时也是威尼斯电影节的举办地。岛上最繁华的是圣玛利亚·伊丽莎贝塔大街，沿街建有商场、超市、餐馆、夜总会、剧场等休闲、娱乐设施。尤其是岛上建有许多情调优雅的露天咖啡馆，吸引着众多的游人，成为当地的一大特色。此外，在利多岛的沙滩上，建有电影《威尼斯之死》中的小屋，可供游人休息，也是利多岛上的亮点。

Tips
🏛 Lido Island　🚤 从圣马可广场乘1、82、N线航船

05 圣乔凡尼与圣保罗教堂
威尼斯著名的基督教堂 ★★★★

圣乔凡尼与圣保罗教堂是威尼斯最为著名的教堂之一，它是哥特式建筑在威尼斯的代表作。这个教堂自13世纪建成至8世纪，有25位威尼斯总督安葬在这里。此外，教堂里还收藏了不少精美的艺术品供人参观。

Tips
🏛 Fondamenta del Mendicanti　☎ 041-5235913　💰 2.5欧元　🚤 乘41、42、51、52号水上巴士在OSPEDALE站下船

欧洲攻略　意大利威尼斯&佛罗伦萨&比萨

131

06 安康圣母教堂
威尼斯巴洛克建筑的杰作 ★★★★

安康圣母教堂建成于1687年，是威尼斯巴洛克建筑的杰作。平时参观该教堂只能从侧门进入，看到的灰白教堂内部并不像教堂的外表那样撼人心魄，可是要是从正门进入参观，视觉效果就不一样了，不过遗憾的是教堂的大门只在每年的健康节那一天打开。健康节为每年的11月21日，据说是为了躲避和消除瘟疫而设。教堂内部还收藏有不少的世界经典名画，例如提香的《圣马可加冕图》、丁托列托的《迦纳的婚礼》等。

Tips
Fondamenta della Dogana alla Salute, 30123 Venice, Italy　041－5225558　圣器室1.5欧元　乘1号水上巴士在SALUTE站下船

07 菜园圣母院
收藏丁托列托艺术品的教堂 ★★★★

菜园圣母院建于14世纪，因为附近的菜园里曾发现圣母子像而得名。这座教堂的建筑风格精美，但最吸引游客的是众多丁托列托的艺术作品，其中包括著名的《圣母马利亚的奉献》、《最后的审判》、《黄金小牛的牺牲》等佳作。

Tips
Cannareggio 3512, 30121 Venezia　2.5欧元　乘41、42、51、52号水上巴士在MADONNA DELL'ORTO站下船

08 圣乔治马乔雷教堂
威尼斯全盛时代遗留下来的建筑 ★★★★

圣乔治马乔雷教堂建成于1610年，是威尼斯全盛时代遗留下来的建筑物之一，这座教堂最具魅力的地方是外墙上那13根高大的科林斯式圆柱，远远望去壮丽无比。进入教堂内部还可以看到许多精美的艺术作品，《马纳的宝藏》、《最后的晚餐》等都收藏在这里。

Tips
30124 Venice, Italy　041-5227827　钟楼3欧元　乘82号水上巴士在S.GIORGIO站下船

09 穆拉诺岛
著名的玻璃制作中心 ★★★★

威尼斯曾是欧洲著名的玻璃制作中心，而那些玻璃作坊则云集在穆拉诺岛上，至今岛上仍留下不少有关玻璃作坊的古迹。岛上的玻璃艺术博物馆是吸引游客的最大看点，在那里不仅能够了解到威尼斯的玻璃制造业历史，还能看到许多精美的玻璃制品。

Tips
威尼斯的东北部　San Zaccaria船站搭乘41号船，或在Fondamenta Nuova船站搭乘12、13号船

欧洲攻略

意大利威尼斯&佛罗伦萨&比萨

10 圣母百花大教堂
佛罗伦萨最著名的哥特式教堂 ★★★★

圣母百花大教堂是佛罗伦萨城内最著名的哥特式教堂，这座教堂主要由大教堂、钟塔与洗礼堂等几个部分构成，其中大教堂外墙上使用红、白、绿三色大理石做装饰，显得颇具活力。屋顶的橘红色大圆顶十分醒目，从老远的地方就能看到，可以说是佛罗伦萨最著名的地标。20世纪80年代，圣母百花大教堂还被列为世界文化遗产，可见它的魅力所在。

Tips
- Via della Canonica 1　☎ 055-2302885
- 乘C2路公交车在Oriuolo站下

12 但丁故居
中世纪的最后一位诗人 ★★★★

但丁是意大利文艺复兴运动的先驱，曾被恩格斯誉为"中世纪的最后一位诗人"，这位历史名人的住所就在佛罗伦萨市内一条叫做但丁街的小巷里。但丁故居是一座砖石砌成的小楼，外观上很不起眼，和周围相比也显得古旧。里面收藏了不少有关但丁的图片和文字资料，其中还有《新生》、《宴会》、《神曲》等著作的羊皮纸手稿，十分珍贵。此外，画家豪里达所绘的《但丁与贝特丽丝邂逅》这幅杰作，也收藏在这里。

Tips
- Via Santa Margherita1，50122 Firenze, Italia　☎ 055-219416　乘C2路公交车在Orsanmichele - Nautica站下

11 巴杰罗宫国家博物馆
意大利最重要的国家博物馆之一 ★★★★

巴杰罗宫国家博物馆是意大利最重要的国家博物馆之一。这座博物馆原来是佛罗伦萨的法院和监狱，看上去像是一座阴森的堡垒，不过自从开辟为博物馆以后，则成了历史文化艺术的殿堂。走进博物馆，人们立刻会被这里的各种精美的艺术品所折服，馆内收藏有多纳泰罗、米开朗基罗等大师的作品，还有古代的陶器、纺织品、象牙制品、银器、盔甲和钱币等文物。

Tips
- Via del Proconsolo 4　☎ 055-294883　¥ 4欧元　乘C2路公交车在Ghibellina - Baiana Viaggi站下

13 米开朗基罗博物馆
绘画艺术的宝库 ★★★★

米开朗基罗与列奥纳多·达芬奇和拉斐尔并称"文艺复兴三杰"，为了纪念这位伟大的画家，在他的居所开辟了米开朗基罗博物馆。博物馆内还原了米开朗基罗曾经的生活原貌，保留着那些他用过的生活用品，如桌子、椅子、柜子及绘画用具。最珍贵的是，馆内有他的画作和手稿等文物。在这里参观一番，你会对米开朗基罗及他的作品有大致的了解。

Tips
- Via Ghibellina, 70-red, 50122 Firenze, Italia　☎ 055-241752　乘C3路公交车在Pepi站下

133

14 韦奇奥宫
佛罗伦萨市政厅 ★★★★

韦奇奥宫建于1294年，曾是佛罗伦萨共和国的国政厅，1861年，韦奇奥宫成为意大利王国的外交部，从1871年起，一直是佛罗伦萨的政府所在地，现在为佛罗伦萨市政厅。韦奇奥宫是一栋方形建筑，共分三层，齿堞状的顶部矗立有94米高的四方钟楼，钟表至今仍走时准确。与欧洲其他宫殿相比，韦奇奥宫建筑平实古朴，但内部装饰却很豪华，而且珍藏有不少价值不菲的器物。

> **Tips**
> 🏠 Piazzza della signoria ☎ 055-2768224
> ¥ 6欧元 🚌 乘C2路公交车在Condotta站下

15 圣十字教堂
哥特式教堂 ★★★★

圣十字教堂是一座哥特式教堂，13世纪开始动工，直到19世纪才彻底完工。这座教堂因外形呈十字形状而得名。教堂内有3大纵厅，10个礼拜堂。教堂内因安放着众多历史名人的纪念碑或陵墓，而吸引了不少游客，比如但丁、米开朗基罗、伽利略、马基雅维利、罗西尼等，因此走进教堂，让人感到庄严肃穆。

> **Tips**
> 🏠 Piazza di Santa Croce ☎ 055-244619
> ¥ 5欧元 🚌 乘C3路公交车在Magliabechi站下

16 领主广场
旧时王宫前的广场 ★★★★

领主广场是佛罗伦萨旧时王宫前的广场，早在佛罗伦萨共和国时期，就是整个城市的政治中心。在这处L形的广场周围汇集了佛罗伦萨最多的古代建筑，包括佣兵凉廊、乌菲兹美术馆、商人法庭和乌古其奥尼宫等。而沿街的各种精美雕塑更为这里增添了不少艺术感，对于历史爱好者来说，这里是不错的怀古之地。

> **Tips**
> 🏠 Piazza della Signoria 🚌 乘C2路公交车在Condotta站下

17 比萨斜塔
比萨大教堂的钟楼 75分！ ★★★★

如果听说过伽利略"两个铁球同时着地"的实验，那么就不会对比萨斜塔陌生。比萨斜塔本来并不是斜塔，它是比萨大教堂的钟楼，在完工后不久就因为土层的松软和地基的问题开始倾斜，因此而得名。比萨斜塔的特色除了有斜度外，还有一大亮点，那就是塔上的各种浮雕，十分精美，每一块都堪称艺术珍品。

> **Tips**
> 🏠 Piazza del Doumo ☎ 050-560464 ¥ 15欧元 🚌 乘火车在比萨车站下

好买 BUY

01 中央市场
佛罗伦萨购物的好地方 ★★★★★

如果你来佛罗伦萨旅游，想要去购物或者品尝特色小吃，那就去中央市场。中央市场是佛罗伦萨最著名的集市，出售各种意大利本土生产的商品。市场周围有很多小吃店铺，可以尽享意大利美食。

Tips
Via Rosina, 50123 Firenze, Italy　乘C1线公交车在Cappelle Medicee站下

02 布拉诺岛
色彩绚丽的岛屿 ★★★★★

Tips
位于威尼斯的东北部　San Zaccaria船站搭乘14号船，或在Fondamenta Nuova船站搭乘12号船

如果你来到威尼斯的布拉诺，岛上的房屋外墙被涂抹上各种色彩，令人眼花缭乱。布拉诺岛以蕾丝纺织闻名于世，是意大利蕾丝品交易中心。游客在这里参观，可以挑选物美价廉的蕾丝品，当成旅游纪念品带回家。

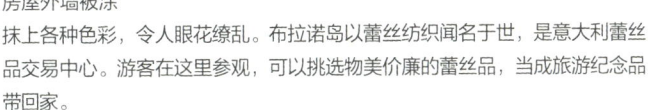

欧洲攻略　意大利威尼斯＆佛罗伦萨＆比萨

欧洲
攻略HOW

Part.13 意大利米兰&都灵

　　米兰位于意大利北部，是意大利第二大城市和经济之都，同时也是全世界最有影响力的时尚之都，是全世界知名设计师向往的时尚圣地。

　　都灵是意大利第三大城市，也是历史悠久的古城，保存着大量的古典式建筑和巴洛克式建筑。

意大利米兰&都灵 特别看点！

欧洲攻略

意大利米兰&都灵

第1名！
米兰大教堂！
100分！
★ 世界第二大教堂，拿破仑登基加冕的地方！

第2名！
斯卡拉歌剧院！
90分！
★ 气势恢弘，设施完备，在世界上享有较高声誉！

第3名！
米兰精品区！
75分！
★ 在这片街区里能看到各种世界闻名的时尚品牌！

好玩 PLAY

01 米兰大教堂 100分！
世界第二大教堂 ★★★★★

Tips
Piazza del Duomo 02-860358 乘地铁红线或黄线在Duomo站出站

米兰大教堂也叫"杜莫主教堂"，建筑规模很大，居世界第二，不仅是米兰的象征，也是米兰的中心。拿破仑曾于1805年在米兰大教堂举行加冕仪式。该教堂建于1386年，长158米，宽93米，总面积11700平方米，可同时容纳3万多人做礼拜。米兰大教堂在宗教界极其重要，著名的《米兰赦令》就从这里颁布，使得基督教合法化，成为罗马帝国国教。这座教堂可以说汇集了许多历史名人的智慧，达·芬奇、布拉曼特都曾为它画过无数设计草稿，教堂内的电梯就是达·芬奇发明的。此外，米兰大教堂也是世界上雕塑最多的建筑和尖塔最多的建筑，被誉为"大理石山"。今天这个世界建筑史和世界文明史上的奇迹，仍是世界各地旅游爱好者向往的圣地。

02 感恩圣母教堂
以收藏《最后的晚餐》而闻名

感恩圣母教堂就像是一件出色的艺术品。它是典型的伦巴第风格红砖建筑，屋顶上有高高的棕红色穹顶，具有浓厚的古典色彩。感恩圣母教堂的餐厅之中的《最后的晚餐》一直都是世界各地游客争相欣赏的亮点。

Tips
Piazza Santa Maria delle Grazie　02-4676111　观赏《最后的晚餐》预约电话02-89421146　6.5欧元+1.5欧元预约费　乘地铁红线在Conciliazione或Cadorna站出站

03 斯卡拉歌剧院
在世界上享有盛誉的歌剧院 90分!

斯卡拉歌剧院建于1778年，遗憾的是在"二战"期间毁于一旦。战后原址重建的这座歌剧院，气势恢弘，设施完备，在世界上享有较高声誉。每年12月到次年6月都是这里的音乐演出季，无数世界知名的音乐人以在这里登台演出为荣，这期间也是游客来斯卡拉歌剧院参观的最好时节。

Tips
Piazza della Scala　02-8053418　乘地铁红线或黄线在Duomo站出站

04 达·芬奇科技博物馆
纪念达·芬奇500周年诞辰而建的博物馆

在很多人心目中，达·芬奇是一位世界著名的绘画大师，其实他还是一位出色的科学家。纪念达·芬奇500周年诞辰而建的达·芬奇科技博物馆就是向人们介绍达·芬奇科学思想的。博物馆按照门类分25个展馆，囊括了达·芬奇科学设计的各个方面，其中最珍贵的是达·芬奇发明的各种机械模型。

Tips
Via S.Vittore 21　02-485551　8欧元　乘地铁M2线在Sant'Ambrogio站下

欧洲攻略　意大利米兰&都灵

139

05 斯福尔扎城堡
米兰城历史沧桑的象征 ★★★★★

斯福尔扎城堡是米兰最重要的名胜古迹，是米兰这座城市历史沧桑的象征。该城堡在14世纪时由斯福尔扎伯爵建造，据说达·芬奇也曾参与建筑设计。整个城堡是方形平面的，有一个大公园，四周围有高墙，外观看上去十分宏伟。现在该城堡被辟为博物馆，收藏了很多具有艺术和历史价值的作品。

Tips
🏠 Piazza Castello ☎ 02-62083940 🚇 乘地铁红线在Cailori或Cadorna站出站

06 布雷拉画廊
米兰最著名的艺术展馆 ★★★★

布雷拉画廊是由拿破仑一世于1809年创办的，它是米兰最著名的艺术展馆。目前，这座画廊里共有40个大小展室，里面的收藏多以文艺复兴时期的绘画为主，其中以贝利尼的《圣母子像》、曼泰尼亚的《哀悼基督》、皮耶罗·德拉弗兰切斯卡的《布雷拉祭坊画》、拉斐尔的《圣母的婚礼》、丁托列托的《圣马可的奇迹》等最为著名。今天，这里成为许多艺术爱好者向往的艺术殿堂。

Tips
🏠 Via Brera 28 💰 5欧元 🚇 乘地铁M3线在MonteNapoleone站下

07 安托内利尖塔
都灵的标志性建筑 ★★★★★

安托内利尖塔是都灵市的标志性建筑，也是都灵最重要的艺术文化中心，此塔高160米，在19世纪之前曾经是全世界最高的建筑。乘坐观光电梯登上安托内利尖塔的塔顶，不仅可以俯瞰都灵市的全貌，还可以远眺阿尔卑斯山的无限风光。

Tips
🏠 Via Montebello 20 ☎ 011-8125658 🚇 乘地铁M1线在Porta Nuova站下，换乘5V、58路公交车可达

好买 BUY

01 维托里奥·埃马努埃莱二世长廊
米兰的客厅　　★★★★★

维托里奥·埃马努埃莱二世长廊位于米兰大教堂右侧，是一座钢架构玻璃拱顶建筑，因为这里遍布各种商店、饭店和酒馆，也被人称作"米兰的客厅"。另外，它也开创了大型商业街使用玻璃拱顶的先河。有意思的是，这里有一块刻有小牛图案的地砖，据说踩踏者可以获得好运，以至于踩踏者众多，地上形成了一个深坑。

> **Tips**
> 🏠 Piazza del Scala，piazza del Duomo　🚇 乘地铁红线或黄线在Duomo站出站

02 米兰精品区
光鲜亮丽的黄金四角区　　75分！　★★★★★

米兰作为世界时尚与设计之都和时尚界最有影响力的城市，这里到处都能见到各种品牌的精品店。尤其是在拿破仑大街、史皮卡大街和圣安德烈街，这是米兰最中心的时尚精品区，也被称作黄金四角区。在这片街区里能看到世界闻名的各种时尚品牌，各色衣着光鲜的年轻男女在这里选购商品，在这里转上一圈，品位也会得到很大的提升。

> **Tips**
> 🏠 Via Montenapoleone与Via della Spiga之间　🚇 乘地铁红线在San Babila 或Montenapoleone站下

欧洲攻略　意大利米兰&都灵

141

欧洲
攻略HOW

Part.14 意大利其他

意大利地处欧洲南部，包括亚平宁半岛以及西西里岛、撒丁岛等岛屿，在地图上看去，仿佛一只长筒靴般的意大利形状狭长，北部阿尔卑斯山区的积雪终年不化，而南部地中海沿岸则是热情的阳光与蔚蓝的大海，它们都令人怦然心动。

意大利其他 特别看点！

第1名！
庞贝古城！
100分！
★ 火山摧毁的罗马古城，古罗马的城市遗迹！

第2名！
那不勒斯皇宫！
90分！
★ 那不勒斯最为重要的历史名胜之一，波旁王朝时期的皇宫！

第3名！
朱丽叶之家！
75分！
★ 世人膜拜的爱情圣地，全世界最著名的阳台！

好玩 PLAY

01 朱丽叶之家 75分！
被游客誉为"爱情圣地" ★★★★★

Tips
- Via Cappello 23
- 045-8034303
- 4欧元
- 从维罗纳火车站步行20分钟可到

罗密欧与朱丽叶的爱情故事在意大利妇幼皆知，在世界上也是家喻户晓。莎士比亚笔下的罗密欧与朱丽叶的爱情故事就发生在维罗纳，这座城市也因此获得了"爱之城"之称。莎士比亚剧作中的朱丽叶之家现实中并不存在，只是为了适应旅游业的发展，而由后人根据剧本中的情景建造的，尤其是"朱丽叶的阳台"每年吸引着数百万的游客。此阳台被游客称为"爱的圣地"。另外，朱丽叶之家墙上也留下了无数游客有关爱情誓言的涂鸦，成了一道独特的风景。

144

02 那不勒斯皇宫 90分!
●●● 波旁王朝时期的皇宫 ★★★★

那不勒斯皇宫位于那不勒斯市内的普雷比席特广场对面，该宫殿建于1600年，18世纪时成为波旁王朝的皇宫。在皇宫正面的巨大墙壁上安放着8尊皇帝的大理石像，十分醒目。这座皇宫在1925年时被意大利政府改为国家图书馆，同时也对外展出这里收藏的艺术品和绘画作品。

Tips
🏠 Piazza del Plebiscit ☎ 081-400547 ¥ 4欧元 🚌 在中央车站搭乘R2巴士在Pza.Trieste e Trento站下

03 博洛尼亚双塔
●●● 意大利第四高的砖塔 ★★★★

博洛尼亚双塔是中世纪加里森达和阿西内利两大家族为争夺博洛尼亚的控制权而修建的，其中加里森达家族的高塔现今因基座倒塌只余下50米的高度，而阿西内利家族修建的高塔则高97米，是意大利第四高的砖塔。但丁在其《神曲》中也曾描绘过这两座高塔。如今这两座古塔是古城博洛尼亚的标志性建筑。

Tips
🏠 Via Galleria del Leone, 140125 Bologna ☎ 051-224369 ¥ 3欧元 🚌 乘T1路公交车至Piazza Di Porta Ravegnana站下

04 热那亚君王宫
●●● 融汇各种建筑艺术的宫殿 ★★★★

热那亚君王宫是当时该地区统治者家族修建的宫殿，建于15世纪，既有华贵典雅的风范，又有雄伟壮观的气势。该宫殿融合多个建筑艺术流派的精髓，高大的哥特式尖塔、华丽的巴洛克式圆顶、简洁大方的希腊式圆柱，在这里都能看到。此外，热那亚君王宫还收集了许多珍贵的艺术品，也是不容错过的看点。

Tips
🏠 Piazza del Principe 4 ☎ 010-25550917 🚇 乘地铁MM线至Principe/metro站出站

05 巴勒莫诺曼底宫
●●● 混搭风格建筑的典范 ★★★★

巴勒莫诺曼底宫位于埃马努埃莱大街上，是阿拉伯人占领此地时所建。1000多年来，经过不断的修缮和扩建，此建筑先后融入了拜占庭、诺曼、阿拉伯等地的建筑风格，成了混搭风格的典范建筑，在世界建筑史上占有重要的地位。如今这里成为西西里大区议会办公开会的场所，依然是巴勒莫重要的政治中心之一。

Tips
🏠 Piazza Indipendenza 1 ☎ 091-591105 ¥ 8.5欧元 🚌 乘104、105、108路公交车至Indipendenza – Palazzo Reale站下

欧洲攻略 意大利其他

06 庞贝古城

火山下的小城　　100分!　★★★★★

庞贝古城是亚平宁半岛西南角坎佩尼亚地区一座历史悠久的古城，始建于公元前6世纪，公元79年毁于维苏威火山大爆发。由于被火山灰掩埋，古城的许多遗迹保存比较完好。古城略呈长方形，有城墙环绕，四面设置城门，城内大街纵横交错，街坊布局犹如棋盘。庞贝古城在古罗马时期商旅云集，从这里可以了解那个时代的历史文化及生活状况。

Tips
🏠 那不勒斯东侧　☎ 081-8575331　¥ 11欧元
🚆 从那不勒斯中央车站乘"环维苏威线"小火车到Pompei站下

07 索伦托

海滨小城　　★★★★

索伦托是意大利南部的一个海滨小城，这里景色宜人，风光无限，自古就是意大利乃至全欧洲著名的度假胜地。漫步在索伦托整洁的街道上，游人不仅可以欣赏蔚蓝大海和小镇上大量中世纪的建筑，还可以远眺壮美的维苏威火山和美丽迷人的卡普里岛。

Tips
🚆 从那不勒斯中央车站乘"环维苏威线"小火车到索伦托站下

08 卡普里岛

睡美人岛　　★★★★★

卡普里岛位于意大利那不勒斯湾南部，自从罗马共和国时代以来就以风景秀丽闻名，是著名的旅游胜地。现今卡普里岛更加吸引人了，很多社会知名人士在此修建别墅豪宅，因此卡普里岛还有"睡美人岛"之称。岛上自然景观丰富，风光独好，像白洞、暗洞、圣人洞、神甫洞、罗马皇帝行宫等，都是卡普里岛上的看点。

Tips
🏠 那不勒斯南部　☎ 081-8370634（旅游服务中心）
🚆 从那不勒斯码头乘渡轮即可到达

09 锡耶纳

意大利最完美的中世纪小镇　　★★★★

锡耶纳位于南托斯卡纳地区，是一座历史悠久的小城，该小城建在山丘之上，被誉为"意大利最完美中世纪小镇"。城中的街道沿着山势而建，两旁林立着红砖屋瓦的古老建筑，身处其中，好像时光穿越一样，充分感受到遥远的中世纪风情。

Tips
🏠 Siena　☎ 0577-280551（游客服务中心）
🚆 从佛罗伦萨的新圣母玛利亚车站乘火车到锡耶纳火车站下

10 热那亚港口
历史悠久的港口 ★★★★

热那亚港口是一个历史悠久的港口，建于古罗马帝国时代，迄今已有2000多年的历史。漫步在港口，可以欣赏旧时的各种遗迹和现代化的建筑设施，给人一种时空交错的美感。"彼格"是热那亚港口地标式建筑物，游客们可以乘坐电梯登上其顶部俯瞰热那亚整个城市的风貌。

Tips
Via De Marini, 53, 16149 Genova ☎ 010-462635　乘001、003、007、009、20、32、N1、N2路公交车在Francia 3/STAZIONE Fs站下

好吃 EAT

01 贝多洛奇咖啡馆
帕多瓦文人学者聚集的地方 ★★★★

开业于1831年的贝多洛奇咖啡馆已有近200年的历史，作为新古典主义建筑师朱塞佩·加波里（Giuseppe Jappelli）折衷主义的表现，贝多洛奇咖啡馆的装饰风格多样，英国诗人拜伦、法国小说家司汤达、意大利诺贝尔文学奖得主达里奥·福（Dario Fo）等都曾是这里的座上客。此外，贝多洛奇咖啡馆还一直是帕多瓦文人学者聚集的地方，在奥地利占领期间甚至成为整个意大利中兴思想的基地。

Tips
Via VIII Febbraio, 15 35122 Padova PD ☎ 049-8781231　¥ 11欧元　乘1、2路公交车至Erbe 14站下

02 热那亚加里波第路
品尝意大利小吃的美食街 ★★★★

Tips
Via Garibaldi　乘20、36、39、618、635路公交车至Portello/interiano站下

加里波第路是为纪念意大利民族英雄加里波第而修建的道路，它集旅游、休闲、购物等多功能于一体，是来热那亚必逛的地方。漫步在这条道路上，可以看到不同时代的经典建筑物，它们的风格各不相同，但都是建筑艺术的杰作。加里波第路还是热那亚著名的美食街，游人们可以在这里品尝各种意大利特色小吃。

欧洲
攻略HOW

Part.15 梵蒂冈

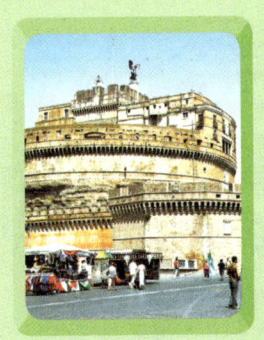

作为世界上最小的国家，梵蒂冈是天主教廷的所在地，历史悠久的圣彼得广场、圣彼得大教堂、宗座宫、教皇避暑胜地和梵蒂冈博物馆等建筑宏伟典雅，浓缩了基督教世界两千年的历史。

梵蒂冈 特别看点！

欧洲攻略 | 梵蒂冈

第1名！
圣彼得大教堂！
100分！
★ 雄伟壮观的大教堂，罗马教廷的核心！

第2名！
梵蒂冈博物馆！
90分！
★ 世界著名的博物馆，浓缩基督教世界2000年的历史！

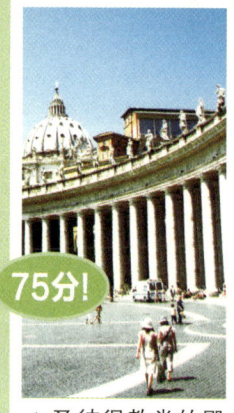

第3名！
圣彼得广场！
75分！
★ 圣彼得教堂的殿前广场，宏伟的椭圆形广场！

好玩 PLAY

01 圣彼得大教堂
全世界第一大教堂　100分！　★★★★★

Tips
🏛 Piazza San Pietro　☎ 06-69883731　🚇 乘地铁A线在Cipro Musei Vaticani站出站

梵蒂冈是世界上面积最小、人口最少的国家，但就是这样一个国家，在世界上却有着很高的知名度，这主要得益于其境内的圣彼得大教堂。

这座教堂是全世界第一大教堂，也是罗马基督教的中心教堂，它建于公元4世纪，最初因修建在圣彼得墓地上而得名，其后曾多次整修扩建，达到今天如此规模。在其修建过程中，有多位艺术大师参与，像圣迦罗、拉斐尔、米开朗基罗等都为圣彼得大教堂的建筑、设计、布局等立下了汗马功劳。圣彼得大教堂最引人注目的是它那全世界最壮观的巨型圆顶，高达132米。登上教堂正中的圆穹顶部不仅可以俯瞰整个梵蒂冈风光，还能眺望罗马全城的风貌。

圣彼得大教堂内部装饰金碧辉煌，尤其是那些大型镶嵌画，大都出自名人之手，具有极高的艺术和历史价值。此外，教堂里还珍藏着不少价值连城的瑰宝和一些天主教圣人的雕像，这无疑使这座教堂更具魅力。

02 圣彼得广场

汇集各个时代精华的广场　75分！
★★★★★

Tips
📍 Piazza San Pietro　🚇 乘地铁A、B线在Termini站出站

圣彼得广场因正对着圣彼得大教堂而得名，这座集中各个时代的精华的广场，在世界上具有极高的知名度。广场建于1667年，略呈椭圆形，地面用黑色小方石块铺砌而成，可容纳50万人。广场上最大的看点是周围有4列共284根多利安柱式的圆柱，圆柱上面是140个圣人像。此外，广场中央还有一根巨大的圆柱，据说是公元40年从埃及运来的，高25.5米，重320吨，成为圣彼得广场的标志。广场两侧有两座造型别致的喷泉，每当泉水向上喷射时，形成水帘，潺潺有声，给广场增色不少。

03 梵蒂冈博物馆

世界上最早的博物馆之一　90分！
★★★★★

梵蒂冈国家虽小，但是梵蒂冈博物馆却不小，无论是规模，还是文物数量，堪与伦敦大英博物馆和巴黎卢浮宫媲美。梵蒂冈博物馆作为世界上最早开设的博物馆之一，具有500多年的历史了，馆内汇集了众多人类早期文明的艺术作品，其中以古埃及、古希腊和古罗马时期的作品最为珍贵。目前，博物馆分为12个陈列馆和5条艺术长廊，比较有名的是伊突利亚美术馆、拉斐尔陈列室、梵蒂冈画廊、西斯廷礼拜堂等。像米开朗基罗的巅峰画作《创世纪》和《最后的审判》、拉斐尔的《基督变容图》、达·芬奇的《圣杰洛姆》和卡拉瓦乔的《基督下十字架》等，都可谓是世界级瑰宝。梵蒂冈博物馆具有无穷的魅力，每年都吸引了大批世界各地的游客。

Tips
📍 Viale Vaticano　☎ 06-69883333　¥ 15欧元（周日免费）　🚇 乘地铁A线在Cipro Musei Vaticani站出站

04 圣天使堡

具有不同用途的古老城堡
★★★★

圣天使堡是建立在台伯河岸的一座陵墓，公元2世纪由罗马皇帝哈德良设计并亲自主持建造，但是后来几个世纪里，圣天使堡多次被改建成不同用途的城堡，曾作为军事要塞、监狱、罗马教皇宫殿等，可见它在历史上的地位。现在，圣天使堡被辟为博物馆，里面除了收藏有灰泥板、壁画和罗马教皇的住宅家具外，还有很多古代兵器，极为宝贵。另外，圣天使堡前横跨台伯河的圣天使桥，也是游客不容错过的一个景点，桥上有十二尊天使的雕像，都出自名人之手，很有艺术价值。

Tips
📍 Lungotevere Castello 50　¥ 8.5欧元　🚇 乘地铁A线在Lepanto站出站

欧洲攻略　梵蒂冈

欧洲
攻略HOW

Part.16 西班牙马德里

作为西班牙首都的马德里地处伊比利亚半岛正中，虽然马德里的辉煌史仅始于卡斯蒂利亚王国1561年从托莱多迁都于此时，远不如西班牙众多城市历史久远，但游人依旧可以在马德里的众多博物馆里欣赏到西班牙不同年代的艺术精华与历史文献，或是在马德里的街巷之中，感受西班牙各民族和谐共处的风情。

西班牙马德里 特别看点！

第1名！
马德里王宫！
100分！ 
★ 西班牙王室的宫殿，华美的纯白色宫殿！

第2名！
索菲亚王妃艺术中心！ 
90分！
★ 收藏各种近代绘画艺术作品，马德里最著名的美术馆之一！

第3名！
皇室化身女子修道院！ 
75分！
★ 西班牙皇室宗教建筑，精美的宗教艺术品收藏地！

好玩 PLAY

01 马德里王宫
100分！
欧洲第三大皇宫 ★★★★★

Tips
- Calle Bailen s/n ☎ 91-4548800 💶 8欧元
- 乘地铁2、5、R号线在Opera站出站

马德里王宫位于马德里市中心西部的Bailén街，是一幢结合了巴洛克风格与新古典主义风格的宫殿，是仅次于凡尔赛宫和维也纳皇宫的欧洲第三大皇宫。它建于1738年，历时26年才完工，是世界上保存最完整而且最精美的宫殿之一。皇宫外观呈正方形结构，富丽堂皇。宫内藏有无数的金银器皿和绘画、瓷器、壁毯及其他皇室用品。现在，该皇宫已被辟为博物院，供游人参观。

02 西班牙广场
●●● 大型广场和热门旅游之地 ★★★★

西班牙广场建于19世纪，是由一座军营改建而来的，是马德里市中心的一个大型广场和热门旅游之地。广场上有马德里最高的两座建筑，建于1957年、142米高的马德里塔和建于1953年、117米高的西班牙大楼，非常引人注目。另外，广场周边还有不同时代的建筑，它们的独特风格让人赞叹不已。

Tips
🏠 Plaza de España 🚇 乘地铁3、10号线在Plaza de España站出站

03 皇室化身女子修道院 75分!
●●● 贵族女性修行避世的地方 ★★★★

皇室化身女子修道院兴建于1611年，是由费利佩三世的王后玛格丽特所创立的，长期以来一直是西班牙的贵族女性修行避世的地方。这座建筑的造型采用当时流行的巴洛克风格，十分精美，各处装饰也极为豪华。另外，修道院里还有很多珍贵的艺术品供游人参观。

Tips
🏠 Plaza de la Encarnación, 1, 28013 Madrid, España ☎ 91—4548800 🚇 乘地铁2、5号线在Opera站出站

04 东方广场
●●● 历史悠久的著名广场 ★★★★

东方广场历史悠久，建于16世纪末，用了20多年才建成。广场的中央是原本位于王宫屋顶的西班牙国王费利佩四世的雕像，十分引人入胜。现在广场成了马德里市民休闲、娱乐的好地方。

Tips
🏠 Plaza de Oriente，Madrid, España 🚇 乘地铁2、5号线在Opera站出站

05 普拉多美术馆
●●● 世界上最好的美术馆之一 ★★★★

普拉多美术馆建于18世纪，是世界上最好的美术馆之一，也是整个西班牙收藏绘画和雕塑作品最全面、最权威的地方。尽管美术馆经过多次破坏，但是今天依然在世界艺术界享有很高的声誉。目前，馆内有3万多件珍贵的藏品，西班牙三大画家的作品都能在这里欣赏到。

Tips
🏠 Calle de Ruiz de Alarcón，23, 28014 Madrid, España ☎ 91-3302800 ¥ 6欧元
🚇 乘地铁2号线在Banco de Espana站出站

欧洲攻略 西班牙马德里

06 丰收女神广场
● ● ● 马德里市中心的广场之一　★★★★

丰收女神广场是马德里市中心的广场之一，邻接着普拉多大街、太阳门、阿托查车站等著名景点，同时这里和西班牙最著名的足球俱乐部皇家马德里队紧密联系在一起。因为在马德里有一个习俗，也就是每当皇家马德里队夺得冠军时，球队队长都会给广场上的丰收女神像围上皇马的标志性围巾。

Tips
- Calle de Beln, 9, 28004 Madrid, España
- 乘地铁2号线在Banco de España站出站

07 太阳门广场
● ● ● 马德里的标志　★★★★

马德里有300多个街心广场，最有名的地方是太阳门广场。广场位于马德里的正中心，以这里为中心，向四周辐射出十条大街，交通非常便利。在广场中心有一座花坛，花坛里矗立着马德里的城市标志：一只攀附在树上的棕熊铜塑，非常惹眼。现在太阳门广场是马德里孩子们游玩的场所，整日人声鼎沸，十分热闹。

Tips
- Plaza de la Puerta del Sol, 14, 28013 Madrid, España ☎ 91-5225126　乘地铁1、2、3号线在Sol站出站

08 马德里主广场
● ● ● 休闲、娱乐的好地方　★★★★

Tips
- Plaza Mayor, 3, 28012 Madrid, España
- ☎ 91-5881636　乘地铁1、2、3号线在Sol站出站

马德里主广场是西班牙首都马德里的中心广场，它建于1619年，其形状为长方形，长129米，宽94米。许多街头艺人常来这里展现他们的才艺。另外，广场周围完整地保留了17世纪的传统建筑群落，也是一大看点。

09 卡斯蒂里亚大街
马德里最长、最宽的一条大街 ★★★★

卡斯蒂里亚大街建于18世纪，是马德里最长、最宽的一条大街，它纵贯马德里南北，从市中心直接通到郊区。最初这里是贵族们的高级住宅区，因此环境优美，路两侧都是高大的树木，还集聚了纪念碑、广场、雕塑、酒吧等场所及设施，住在这里足以能轻松地享受城市生活。同时，这条大街还是出入城市的快速通道，更是连接各个城市景点的动脉，来马德里一定要去卡斯蒂里亚大街逛一逛。

Tips
Castellana 28046 Madrid, España

10 圣伊西德罗大教堂
祭祀马德里守护神的教堂 ★★★★

圣伊西德罗被认为是马德里的守护神，每年都有专门为了祭祀他而举行的圣伊西德罗节，也是马德里最重要的节日之一，因此这座圣伊西德罗大教堂在马德里也就具有了极为重要的意义。这座位于主广场附近的教堂建于17世纪，外观呈巴洛克式风格，左右各有一座直耸入云的塔楼，十分引人注目。

Tips
Calle de Toledo, 37, 28005 Madrid, España　91-3692037　乘地铁1号线在Tirso de Molina站出站

11 独立广场
马德里标志性广场 ★★★★

独立广场是马德里的标志，建于1869年，现在成了马德里市民的集散地之一。广场上最著名的景点是阿卡拉门，它是西班牙仅存的几座古城门之一。这座门采用了罗马凯旋门的式样，共有5个门洞，其中3个为半圆拱门，2个是平顶门，上面满是精美绝伦的浮雕，堪称一件绝世建筑巨作。

Tips
Puerta de Alcala Madrid, España　乘地铁2号线在Retiro站下

12 埃斯科里亚宫
西班牙最为伟大的建筑之一 ★★★★

埃斯科里亚宫建于西班牙国王菲利普二世时期，完全是由大理石打造而成。它不仅是一座宫殿，还集修道院、教堂、王宫和陵墓等于一身，其辉煌宏伟的程度令人叹为观止，不愧是西班牙最伟大的建筑之一。这座长方形的宫殿由长长的走廊和无数房间围成，4个角上分别有一座高高的尖塔，十分显眼。王宫的中心是圣洛伦佐皇家修道院，周围则是好几代西班牙国王的墓地。

Tips
Juan de Borbon y Battemberg　91-8905902　乘火车或661、664路公共汽车可到

欧洲攻略　西班牙马德里

157

13 本塔斯斗牛场
观赏斗牛表演的好地方 ★★★★

斗牛是西班牙最流行的体育项目,以惊险刺激和充满美感而闻名世界。每年3月是西班牙斗牛季节的开始,每到周末都会有好几场斗牛表演。如果你想观赏精彩的斗牛表演就去本塔斯斗牛场。这个斗牛场能容纳3万多人,外墙使用鲜艳的红色作为装饰,和斗牛士们所用的穆莱塔是一个色彩。在大门外还有两位著名牛士Bienvenida和Cubero的塑像。另外,斗牛场的一侧还有一个斗牛博物馆,在那里你可以了解到西班牙斗牛的历史。

Tips
Calle Alcala 237, Plaza de Toros 90-2150025 乘地铁2号线在Ventas站出站

14 索菲亚王妃艺术中心 (90分!)
马德里著名的艺术殿堂 ★★★★

索菲亚王妃艺术中心是马德里最著名的美术馆之一,这座艺术馆以西班牙王妃索菲亚的名字命名,造型好像一座宏伟的王宫。艺术中心共分两层,收藏了很多西班牙近现代名家的作品,包括毕加索、达利、米罗、胡安·古里斯及达比埃斯等艺术大师的作品。其中二楼陈列着毕加索最著名的《格尔尼卡》,是索菲亚王妃艺术中心的瑰宝。

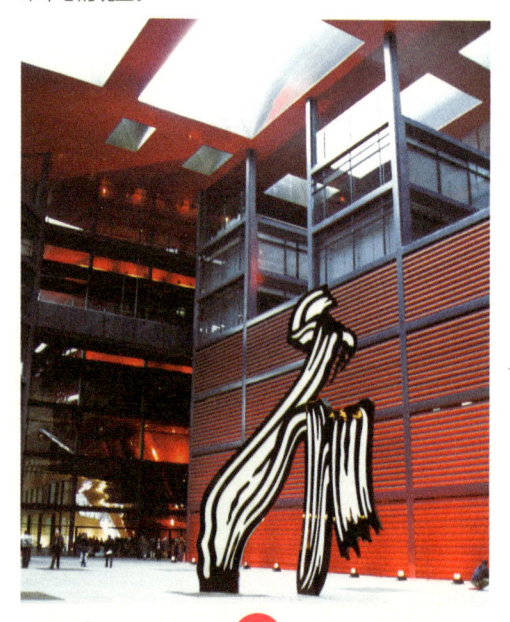

Tips
Calle de Santa Isabel, 52, 28012 Madrid, España 91-7741000 3欧元 乘地铁1号线在Atocha站下

15 圣十字架烈士谷
纪念烈士的地方 ★★★★

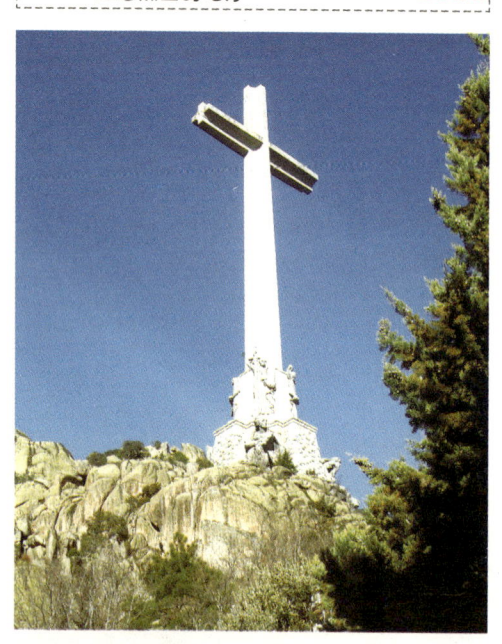

圣十字架烈士谷位于马德里北郊的瓜达拉马山下,从很远就能看到这里高耸着的大十字架,那是烈士谷的标志。这里到处都是茂密的松林,一片庄严肃穆的气氛。整座山被打造成一座巨大的教堂,而山顶高达150米的十字架就是教堂顶端的十字架。这里是为了纪念西班牙内战时牺牲的4万将士而建的,每年都有很多游客专门来这里凭吊烈士。

Tips
28209 San Lorenzo de El Escorial, España 91-8905611 乘660路公共汽车在烈士谷下

好买 BUY

01 塞拉诺街
● ● ● 时尚街区　　★★★★★

如果在马德里，要问哪条街最时尚，那一定是塞拉诺街，这条横跨了数十个街区的大街是休闲、娱乐、购物的好地方。大街两旁是各种知名品牌的商店，其中大多数都来自西班牙本土。这里有很多宛如迷宫一般的小街区，里面有很多小服装店、礼品店、家具店、装饰品店等，很多远道而来的游客都喜欢在这里淘宝。

Tips
🏠 Calle de Serrano，Madrid，España　🚇 乘地铁4号线在Colon站出站

02 格兰维亚大道
● ● ● 马德里最著名的购物街区之一　★★★★★

格兰维亚大道是马德里最主要的一条干道，同时也是马德里最著名的购物街区之一。这条街两侧随处都能看到充满伊比利亚风情的传统建筑，每座建筑都拥有华丽的外观、精致的柱廊和临街的阳台，其中都会大楼、雪茄博物馆、加里西亚斗牛士小礼拜堂等都是这里著名的建筑，而马德里第一座摩天大楼也位于这条大街。

Tips
🏠 Gran Via　🚇 乘地铁3、5号线在Plaza del Callao站下

03 La Violeta
● ● ● 品味香浓的紫罗兰糖　★★★★★

La Violeta是马德里一家著名的购物商店，这里专门出售一种马德里的特产：紫罗兰糖。这家店至今已经有100多年的历史，虽然店面很小，但是经常门口排起长龙，无数来自世界各地的顾客对这里的糖追捧不已。这里出产的紫罗兰糖虽然味道不是很甜，但是具有浓浓的花香味，即使是糖果融化很久以后都不会散去，让人回味无穷。这是到马德里来最好的纪念品了。

Tips
🏠 Plaza de Canalejas 6　☎ 91-5225522

欧洲攻略　西班牙马德里

欧洲
攻略HOW

Part.17
西班牙巴塞罗那&瓦伦西亚

　　巴塞罗那城内带有哥特风格的古老建筑与现代化的高楼大厦交相辉映，格局凌乱的小巷子紧贴着新城区的边缘。古老的海港都市到处洋溢着热情浪漫的气息。

　　位于西班牙东南部的瓦伦西亚是一座美丽的城市，四季常青的瓦伦西亚拥有美丽的海滩和充足的日照，被誉为地中海西岸的一颗明珠。

西班牙巴塞罗那&瓦伦西亚 特别看点！

欧洲攻略

西班牙巴塞罗那&瓦伦西亚

第1名！ 波布雷特修道院！ 100分！
★修道院气势宏伟，装饰精美，尽显王室的霸气和威严！

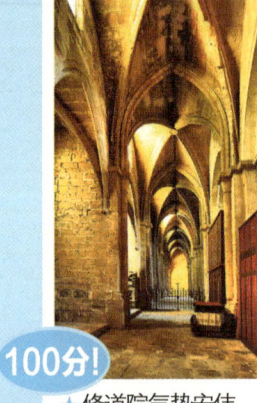

第2名！ 不和谐建筑群！ 90分！
★多位设计大师的智慧结晶，魔幻色彩的建筑景观！

第3名！ 高迪故居博物馆！ 75分！
★将美观与实用融为一体，堪称建筑杰作！

好玩 PLAY

01 加泰罗尼亚音乐宫
音乐的殿堂 ★★★★

加泰罗尼亚音乐宫是由建筑大师蒙塔内在1908年主持设计建造的，是现代主义建筑的经典杰作。同时因为这里设施完备，声音效果极佳，吸引了来自世界的各大乐团前来表演，每年这里有300多场演出，非常受欢迎。

Tips
🏠 Palau De La Música, 4, 08003 Barcelona, España ☎ 93-2957200 ￥10欧元 🚇乘地铁1、4号线在Urquinaona站出站

162

02 贝尔港
哥伦布出海的港口 ★★★★

离哥伦布纪念柱不远就是贝尔港，这里就是当年哥伦布出海前往印度航线的地方。如今这里是巴塞罗那最重要的深水码头之一，还停泊着当年哥伦布出海探险所乘帆船的复制品，人们可以上船感受一下哥伦布当年的心情。

Tips
Port Vell　乘地铁3号线在Drassanes站出站

03 不和谐建筑群 90分！
稀奇古怪的风景线 ★★★★

不和谐建筑群，乍一看让人感到很新奇，其实它是对矗立在巴塞罗那街头三座建筑的合称。三座建筑分别为巴特约之家、阿马特耶之家和叶奥·莫雷拉之家，它们都是巴塞罗那几位知名建筑设计师的作品。因为这三座建筑各具特色，风格迥异，在街角上既显得格格不入，又互相映衬，散发出独特的魅力，成为来到巴塞罗那的游客不能错过的景点。

Tips
Passelg Grcia, 41, 08007 Barcelona, España　93-4961245　乘地铁L3线在Passeig de Gràcia站下

04 高迪故居博物馆 75分！
建筑大师为自己设计的居所 ★★★★

高迪是巴塞罗那人们心目中的建筑设计大师，这座城市中随处可见他留下的建筑痕迹，很难想象这里如果没有高迪将会是什么样子。高迪故居博物馆是高迪人生最后20年的居所。这座建筑也是高迪亲自设计的，无论是外观，还是内部的装饰，都充满了浓郁的高迪风格，将美观与实用融为一体，堪称建筑杰作。在博物馆里还有高迪的塑像和他生前所使用过的物品。在这里参观一番，不但对这位建筑大师有所了解，还能学到不少建筑知识。

Tips
Carretera Carmel,08024 Barcelona, España　乘地铁3号线在Lesseps站下　93-2193811　¥4欧元

05 哥伦布纪念柱
亮丽的风景线 ★★★★

哥伦布纪念柱是一道亮丽的风景线，由西班牙艺术家阿尔契所设计，是为了纪念1888年万国博览会的开幕而建的。这根纪念柱高60米，顶端矗立着哥伦布的塑像。雕像中的哥伦布意气风发，手指向新大陆的方向，很有寓意。而他身后就是停泊在巴塞罗那港内的、哥伦布第一次出航探险乘坐的圣玛丽亚号帆船的复制品。很多远道而来的游客纷纷来此拍照留念。

Tips
Llull, 200, 08005 Barcelona, España　93-3091154　乘地铁3号线在Drassanes站出站

欧洲攻略　西班牙巴塞罗那&瓦伦西亚

06 毕加索美术馆
珍藏艺术精品的殿堂 ★★★★

毕加索是西班牙伟大的画家、雕塑家，被称为"现代艺术的创始人"，他的很多作品都珍藏在毕加索美术馆。毕加索美术馆位于蒙特卡达街上的一条小巷之中，虽然藏得很深，但是依然游人如潮，每天都有不少人为了欣赏这位艺术大师的杰作而来到这里。这座美术馆共分三层，有44间大小展室，展品大多都是毕加索捐赠给巴塞罗那市政府的，共有近500件，包括毕加索各个时期创作的真迹和复制品。对于艺术爱好者和艺术学院的学生来说，去毕加索美术馆参观一番是不错的选择。

Tips
Calle Montcada 15-19 ☎ 93-2563000
￥9欧元 乘地铁4号线在Jaume I 站出站

07 达利美术馆
艺术大师的珍品展 ★★★★

达利是西班牙超现实主义画家和版画家，与毕加索、马蒂斯一起被认为是20世纪最有代表性的三个画家。为了纪念这位艺术大师而建的达利美术馆位于巴塞罗那郊外。这座美术馆在一个剧场的基础之上建成，馆里收藏了超过4000件达利各个时期的作品，将达利强烈的艺术风格和无穷无尽的想象力展现了出来，给人以美的感受。

Tips
Pujada Castell, 28, 17600 Figueres, España ☎ 97-2677500 ￥11欧元 从巴塞罗那乘火车到菲格拉斯站下

08 蒙瑟瑞特山
锯齿山 ★★★★

蒙瑟瑞特山在西班牙语中是"锯齿山"的意思，这座海拔1200多米的山距离巴塞罗那并不算远，它长10千米，宽5千米。如果光从山势来看这里平淡无奇，不过山上多雾，驾车上山经常可以看到浓雾夹杂阳光显现的场景，十分美妙。此外，早在公元9世纪，这座山上便已经建起了多座修道院，至今依然保留着许多遗迹，为这座山平添了不少色彩。

Tips
☎ 93-8777766 Pl.Espanya火车站乘R5列车在Monistrol de Montserrat站下

09 波布雷特修道院
世界文化遗产 ★★★★ (100分!)

波布雷特修道院是一处世界文化遗产，它始建于1150年，14世纪达到繁荣的顶峰。这座修道院气势宏伟，装饰精美，尽显王室的霸气和威严。这里是当时统治这里的阿拉贡王国的宗教中心，也是其王室的陵墓所在，有着极高的地位。

Tips
Carrer de l' Abadia, 43448 Poblet, España ☎ 97-7870089 ￥6欧元 从Passeig de Gracia火车站乘地方列车在L' Espluga de Francoli站下

10 塞拉诺城楼
古瓦伦西亚城墙残留的遗迹 ★★★★

在瓦伦西亚老城区你会看到一座气势宏伟、高大坚固的建筑，那就是塞拉诺城楼。该城楼是古瓦伦西亚城墙遗迹的一部分，门洞上方还装饰着精美的花纹图案，大门上的斑驳痕迹是历史的见证。尽管在充满现代化气息的瓦伦西亚，这座古城楼并不显眼，但是它给瓦伦西亚城增添了不少的历史余味，让人眼前一亮。

Tips
📍 Plaza del Mercado, 1, 46001 Valencia, España ☎ 963-919070 💰 2欧元 🚌 乘2、5、6、8、11、16、26、28、29、36、80路公共汽车在Torres de Serranos站下

11 孤苦圣母教堂
华美的巴洛克式教堂 ★★★★

瓦伦西亚有诸多圣母教堂，其中最有代表性的是孤苦圣母教堂。这座教堂始建于1652年，非常华丽。走近这座教堂可以看到粉色的墙壁与那巨大的圆形穹顶，让人眼前一亮。大门屋檐上的各种装饰也极为精美，造型千变万化，各种优美的线条组合成一幅幅动人的图案。每年的3月18日，这里会举行盛大的火祭节，届时，游人如织，十分热闹。

Tips
📍 Pl.de la Virgen ☎ 963-918611 💰 4欧元
🚌 乘1、5、6、11、16路公交车在Poeta Llorente – Temple站下

12 瓦伦西亚大教堂
古老的大教堂 ★★★★

瓦伦西亚大教堂历史比较悠久，约建于13世纪，建筑风格以巴洛克风格为主，融合了古罗马式、哥特式等多种建筑风格，极具观赏价值。大教堂的正门是一座气势宏伟的古罗马式建筑，南门则为华丽的巴洛克式风格，北门采用了哥特式风格，无论从哪个门进入教堂，都会给你耳目一新的感受。据说大教堂内的小教堂藏有一只小巧的玛瑙杯，传说是耶稣在最后的晚餐中使用的圣杯，很多来参观瓦伦西亚大教堂的游客都想一览这件圣器。

Tips
📍 Plaza de la Reina, 46003 Valencia, España ☎ 963-918127 💰 4欧元 🚌 乘4、6、8、11、28、70路公交车在Reina站下

13 拉阿尔武费拉湖
西班牙的知名风景名胜区 ★★★★

拉阿尔武费拉湖位于瓦伦西亚南郊，是西班牙的知名风景名胜区。这里的沼泽湖区一望无际，景色优美，气候宜人，十分适合度假、旅游。传说这里是西班牙海鲜饭的发源地，因此在附近的村庄可以品尝到原汁原味的西班牙海鲜饭。游览拉阿尔武费拉湖的最佳方式是乘船前行，而传统的民居建筑BARACCA会让来到这里的游客体会到独特的渔民生活。

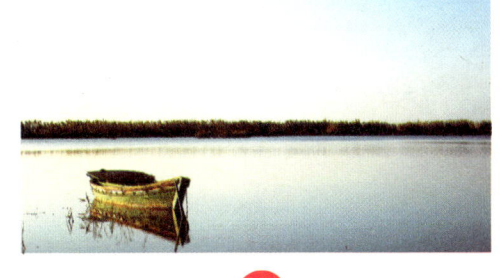

Tips
📍 瓦伦西亚以南12公里

欧洲攻略 西班牙巴塞罗那&瓦伦西亚

165

好买 BUY

01 波盖利亚市场
●●● 巴塞罗那最古老、最地道的美食市场 ★★★★★

Tips
📍 La Rambla, 91, 08002 Barcelona, España
📞 933-182-017 🚇 乘地铁L3线至Liceu站出站

步入巴塞罗马著名的波盖利亚市场，首先映入眼帘的便是街头巷尾那一幅幅充满着灵感的街头涂鸦作品。多少年来，无数的涂鸦大师们都是从这里起步，在反复的创作过程当中积累起宝贵的艺术底蕴，最终成为世界级的涂鸦艺术家。

不过，波盖利亚最为有名的地方，则在于它还是巴塞罗那最古老、最地道的美食市场。在这里不单可以购买到各种新鲜的蔬菜水果、海鲜和奶酪，更有享誉世界的美食——伊利比亚火腿。切上几片做工考究的火腿，坐在街旁的小酒馆里品上一杯香醇的啤酒，会令人顿觉不虚此行。

02 Passeig de Gracia大街
●●● 巴塞罗那的中心街 ★★★★★

作为巴塞罗那的中心街道，Passeig de Gracia大街构成了巴塞罗那最富有的城区中心，并取代兰布拉大街而成为城市上层阶级居住区。在Passeig de Gracia大街上林立着大量世界知名的品牌，西班牙最为知名的Zara与创立于加泰罗尼亚本地的Mango更是这条巴塞罗那最时髦大道上必不可少的知名商家。

Tips
📍 Passeig de Gràcia Barcelona, España

好吃 EAT

01 4Gats
毕加索举办第一次展览的餐厅

Tips
- c/Montsió 3 bis, 08002 Barcelona, España ☎ 902-405-160 ⏰ 8:00—次日2:00
- 乘地铁1、3号线在Catalunya站出站即达

创立于1897年的4Gats餐厅的老板曾在巴黎黑猫歌舞餐厅服务，回到巴塞罗那后就开设了这家同样类型的歌舞餐厅。在4Gats除了可以品尝美味的巴塞罗那美食外，还可以欣赏全世界不同类别的文艺活动，甚至还有中国的皮影戏。年轻时候的毕加索经常来到4Gats餐厅，并在这里举办了其人生中第一次个人画展，现今餐厅内的海报和菜单封面依旧是毕加索绘制的4只猫图案，而这家餐厅也成为巴塞罗那一处知名的文艺沙龙。

02 瓦伦西亚中央市场
欧洲最著名的美食市场之一

Tips
- Plaza del Mercado, 1, 46001 Valencia, España 🚌 乘7、27路公交车在Mercat Central站下 ☎ 963-829-100 ⏰ 周一至周六8:00—15:00

瓦伦西亚中央市场是欧洲最著名的美食市场之一，同时也是老城最大的综合性市场。这座气势恢弘的大市场被誉为瓦伦西亚最美的现代主义风格建筑，各种色彩的构件和玻璃组成了这座庞大的房屋。铺满彩色瓷砖的圆形屋顶中有一块五彩玻璃，阳光从这里直射下去，为市场内部带来光明。中央市场的入口不大，市场的名称标牌优雅地嵌悬在入口处，陶瓷制成的字母在太阳的照射下显得格外醒目。市场内部摊位众多，各类蔬果、海鲜、火腿汇聚一堂，色彩缤纷的商品和鼎沸的人声交相辉映。中央市场的购物氛围极好，这里商品众多，价廉物美，在与精力旺盛的小贩的讨价还价中还能真切地见识到西班牙式的热情。中央市场内以各种新鲜食物和特色火腿最为知名，在这里可以尽情地选购自己所需要的食物材料。这座市场内还有多家餐厅，可以品尝到瓦伦西亚当地各种美食，各种美味的海鲜饭汇聚了鱼、虾、螃蟹、章鱼、牡蛎等材料，令人胃口大开，而当地独特的面包则是另一道吸引人的美味。

欧洲
攻略HOW

Part.18 西班牙其他

西班牙中部梅塞塔高原属大陆性气候，夏季干热，冬季干冷。北部和西北部沿海属海洋性温带气候，南部和东南部属地中海型亚热带气候，常年气候温和湿润，夏季较炎热干燥，降水以冬季为主，一年能保证有250天以上的阳光。

西班牙其他 特别看点！

欧洲攻略 | 西班牙其他

第1名！ 塞维利亚大教堂！ 100分！
★ 世界文化遗产，世界最为壮观的哥特式大教堂！

第2名！ 阿维拉古城墙！ 90分！ 
★ 它就像一道亮丽的风景线，吸引很多人的关注！

第3名！ 贝壳湾！ 75分！
★ 海水清澈，环境幽雅，受到世界各地旅游者的喜爱！

好玩 PLAY

01 塞维利亚大教堂 100分！
西班牙著名的宗教名胜 ★★★★

Tips
- Avenida de la Constitución, S/N, 41001 Sevilla, España ☎ 954—4214971　¥ 8欧元
- 从圣胡斯塔火车站乘70、C1号巴士在圣塞巴斯蒂安普拉多巴士总站下

塞维利亚大教堂是西班牙著名的宗教名胜，也是世界文化遗产，同时还是世界上最为壮观的哥特式大教堂，带许多尖柱的围墙环绕屋顶耸立的尖塔。教堂边有一座高耸的方形高塔，这就是有名的希拉尔达塔。塔高98米，塔内没有楼梯，而是环形坡道，登上此塔可以一览塞维利亚城的风貌。

170

02 塞维利亚王宫
欧洲最古老的皇家宫殿 ★★★★

塞维利亚王宫始建于12世纪，是欧洲最古老的皇家宫殿，还被列为世界文化遗产，这座宫殿历时500多年才全部竣工，因此融合了多种建筑风格，具有很高的艺术价值。走进宫殿内部，不仅能看到很多精美的雕像，还能看到各种精彩的艺术作品。

Tips
- Patio de Banderas s/n ☎ 954-502324
- ¥ 5欧元 🚌 乘C5线公交车在Plaza de La Contratacion站下

04 塞维利亚圣十字区
保存古老建筑最为完好的街区 ★★★★

如果想欣赏各种古老的建筑，那么塞维利亚圣十字区是不错的选择。塞维利亚圣十字区是这座城市古老建筑保存最为完好的街区，里面汇聚了大量的15～16世纪的建筑，可以说是一个时代的缩影。漫步在狭窄的街道上，能够感受到沉淀的古老气息，尽管现在这些建筑有些残缺，但是依然可以想象当年这里的繁华。

Tips
- Barrio de Santa Cruz 🚌 乘21、22、23、25、26、30、41、42、C-3、C-4路公共汽车均可到达

03 科尔多瓦大清真寺
西班牙最大的伊斯兰教建筑之一 ★★★★

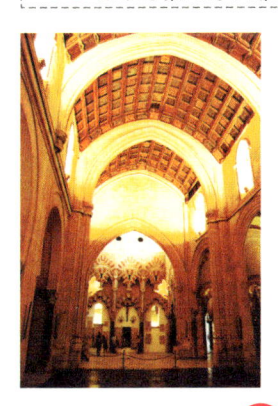

科尔多瓦大清真寺建于8世纪，和塞维利亚大教堂有异曲同工之妙，具有摩尔建筑和西班牙建筑的混合风格，是西班牙伊斯兰教最大的神圣建筑之一。这座建筑既有高大的尖塔，也有半圆形的拱门，还有那些典雅华贵的大理石柱，这些都是大清真寺的亮点。

Tips
- Calle Torrijos 10 ☎ 957-470512 ¥ 8欧元
- 🚌 乘03、12路公交车在Puerta del Puente站下

05 塞维利亚美术馆
西班牙第二大艺术展馆 ★★★★

对于来塞维利亚旅游的艺术爱好者来说，塞维利亚美术馆不可错过，塞维利亚美术馆是西班牙第二大艺术展馆，里面收藏着许多西班牙大师的艺术作品，是艺术爱好者向往的圣殿。早在1838年，塞维利亚美术馆就对公众开放了。走进馆内你可以看见创作于不同时期的西班牙本土艺术作品，件件精品。

Tips
- Plaza del Museo, 9, 41001 Sevilla, España ☎ 954-220790 ¥ 1.5欧元 🚌 乘C5路公交车在Monsalve (Miguel de Carvajal)站下

欧洲攻略 · 西班牙其他

06 天主教国王城堡
具有军事防御功能的城堡 ★★★★

科尔多瓦天主教国王城堡是一座建于14世纪的城堡，不仅曾作为王室的住所，还是具有军事防御功能的堡垒，现在成了名胜古迹，是游人探幽怀古的好去处。国王城堡的塔楼高大险峻，是过去观察敌情的地方，厚重的城墙表面遍布着斑驳的痕迹，见证着沧桑的历史。

Tips
- Calle de las Caballerizas Reales, S/N, 14004 Cordoba, España ☎ 957-760269
- 乘03、12路公交车在Mártires站下

07 阿维拉古城墙
中世纪的防御阵地 90分！ ★★★★

阿维拉保留着很多中世纪时期的古迹，阿维拉古城墙就是比较有代表性的一处。阿维拉古城墙长达2500多米，高12米，厚3米，由88个圆形碉堡构成，远远望去好像一道锁链将整座城市牢牢锁住。它依据Adaja河流形成的不同水平面而建，借助各种多变的地形形成牢固的防御阵地，具有重要的军事防御作用。尽管今天它已经失去了原有的功能，但是它就像一道亮丽的风景线，依然吸引很多人的关注。

Tips
- ☎ 920-255088 ¥ 4欧元 从阿维拉火车站步行20分钟

08 阿兰布拉宫
格拉纳达标志性的建筑 ★★★★

阿兰布拉宫，也叫红宫，是摩尔人在他们的统治中心格拉纳达所建立的一座王宫。这座宫殿坐落于山头上，通体用红色石块砌成，四周建有很多防御设施。1492年，西班牙人收复格拉纳达，将其改建成一座文艺复兴风格的宫殿。虽然数百年来饱经风霜，但是它的风华依然没有一丝减退，堪称格拉纳达标志性的建筑。

Tips
- Avenida de Medina Azahara, 42, 14005 Granada, España ☎ 958-027971 ¥ 12欧元
- 乘30号公共汽车在阿兰布拉宫站下

09 贝壳湾
西班牙十大度假胜地 75分！ ★★★★

贝壳湾，顾名思义，是一处海湾，因为形状好像一个贝壳而得名，它一直都位居西班牙十大度假海滩之首。这里海滩平缓，海水清澈，环境幽雅，受到世界各地旅游者的喜爱，是极好的旅游度假胜地。据说英国女王伊丽莎白一世曾经因病到这里来疗养，结果病情很快痊愈。在名人效应的驱动下，这片海湾一举成名，连它附近的圣塞瓦斯蒂安举办电影节时都用了金壳奖作为最高奖项，可见这里在西班牙人心目中的重要地位。

Tips
- Place page Paseo de la Concha 20007 Donostia, Spain 乘16路公交车在Miramar Jauregia站下

10 阿卡乍堡
魔幻城堡 ★★★★

地处悬崖上的阿卡乍堡在古罗马时代是一处军事要塞，作为塞哥维亚最早的建筑，这座古堡见证了卡斯蒂利亚王国的历史，并曾为伊莎贝尔女王的王宫。此外，阿卡乍堡还是迪斯尼动画电影《白雪公主》中城堡的原型，因此，这座城堡充满了魔幻魅力。

Tips
Segovia　921-466070（塞哥维亚旅游服务中心）　马德里阿托查火车站乘地区火车在塞哥维亚站下

11 潘普洛纳
海明威笔下的古老小城 ★★★★

海明威笔下的《太阳依旧升起》令古老的潘普洛纳为世人所熟知。这座古老的小城地处比利牛斯山区，始建于9世纪，从遥远的中世纪开始就是圣地亚哥朝圣路上的重镇，今天成了很多人怀古览胜的好去处。尤其是潘普洛纳有每年最重要的节日——拥有百年历史的奔牛节，正式名称为圣费尔明节，每年节日期间会聚集来自世界各地的游客，潘普洛纳小城一下子沸腾起来。

Tips
Pamplona　马德里乘火车可达

12 加那利群岛
大西洋上的旅游、度假胜地 ★★★★

加那利群岛位于邻近西北非洲的大西洋上，是西班牙的海外领土，该群岛由火山喷发而形成，由特内里费、大加那利、拉帕尔马、拉戈梅拉、耶罗、兰萨罗特、富埃特文图拉等7个主要岛屿和若干小岛组成。岛上气候温润，自然条件优越，风光独好，尤其是火山、沙滩等，独具魅力。此外，这里还孕育了独特的北非文化，其衣食住行很有特色，也吸引了各方游人。

Tips
Canary Islands　马德里机场乘航班在加那利群岛大加岛机场下

欧洲攻略　西班牙其他

173

13 罗马桥
历史悠久的古桥

在科尔多瓦有许多的古桥，罗马桥是历史最为悠久的一座，它建于古罗马帝国统治时期，由巨型石块砌筑而成，共有17个桥孔，桥墩非常独特，为当时流行的船形。漫步在罗马桥上可以看到瓜达尔基维尔河河畔的美景，也能眺望科尔多瓦的城貌。

Tips
Plaza del Triunfo, 14003 Córdoba, España
957-201774　火车站乘3号巴士可达

好买 BUY

01 西尔皮斯街
塞维利亚最繁华的商业街

西尔皮斯街是塞维利亚最繁华的商业街，来这里无论是购物，还是休闲、娱乐，都会令你尽兴而归。这条街道每天都熙熙攘攘，热闹非凡，既有当地的市民，也有远道而来的旅游者。有人说来到塞维利亚不到西尔皮斯街逛一逛，就不能算真正来过，可见西尔皮斯街的独特魅力，游客不容错过。

Tips
Calle Sierpes Sevilla, España　乘C5路公交车在Francisco Bruna (Pza. San Francisco)站出站

02 科尔多瓦犹太街区
景色优美的街区

犹太街区是科尔多瓦著名的景区之一，这里充满着浓郁的旧时气息，是感受老城风情的最佳地点。漫步在狭窄的街道上，能够看到许多优美的景观，无论是盛开的鲜花，还是描绘着精美图案的瓷砖，它们都巧妙地融为一体，给人带来美的享受。犹太街区里还有出售手工艺品和纪念品的商店。

Tips
La Juderia　火车站乘3号巴士可到

03 小马广场

● ● ● 热闹喧嚣的商业中心　★★★★★

Tips
🏠 Plaza del Potro Córdoba, España

　　小马广场是科尔多瓦最为热闹的商业中心之一，也是当地的著名景区。这座广场上的景点很多，既有作为当地象征的小马雕像，也有大文豪塞万提斯曾经住过的旅店，附近还有多家艺术展馆，也十分值得前去观看。小马广场还是每年3月举行民俗活动的主要场地，那些丰富多彩的活动会给游客们带来无限欢乐。

好吃 EAT

01 Cerveceria Giralda

● ● ● 欣赏希拉达塔夜景的餐厅　★★★★

Tips
🏠 Calle Mateos Gago, 1, 41004 Sevilla, España　☎ 954-563-702　🕘 9:00—24:00
🚆 从马德里阿托查火车站乘火车到达塞维利亚，之后乘车到圣十字区即可

　　位于圣十字区入口的Cerveceria Giralda餐厅以塞维利亚大教堂的希拉达塔为招牌，餐厅内装饰着青花瓷砖和马蹄形的拱道，洋溢着浓郁的摩尔气息，其中拥有众多美味西班牙小菜的吧台前身是于1934年开始营业的西班牙酒吧。每到夜幕低垂的时候，这家餐厅都会坐满用餐的宾客，一边享受这里的美食，一边欣赏希拉达塔的景色。Cerveceria Giralda餐厅也以其独有的用餐气氛和美味的饮食成为众多文艺作品中频繁出现的场景之一。

02 圣托梅糕饼店

● ● ● 传承百年的杏仁甜饼　★★★★

Tips
🏠 Calle de la Soledad, 2, 45002 Toledo, España　☎ 925-253-195　🕘 9:00—22:00
🚆 从马德里阿托查火车站乘区域快速火车即达

　　毗邻圣十字美术馆的圣托梅糕饼店是托莱多当地最为知名的甜品店，是一家迄今已有百余年历史的老字号店铺，每天都有人专程前来这里购买遵循传统方法制作的甜点，其中源自于阿拉伯的杏仁甜饼是这里最受欢迎的招牌商品，各种造型的杏仁甜饼也成了游人来到托莱多后购买馈赠亲朋的礼物之一。

欧洲攻略　西班牙其他

175

欧洲
攻略HOW

Part.19 挪威

位于北欧的挪威风景秀美,拥有无数纵横交错的峡湾,由于地处北极圈,在挪威可以体验北极夏日的午夜太阳,以及充满奇幻色彩的极光。

挪威 特别看点！

欧洲攻略 / 挪威

第1名！
松恩峡湾！
100分！ 
★ 震撼世人的美景，大自然雄浑壮丽的美景！

第2名！
挪威王宫！
90分！
★ 挪威王室居住的宫殿，典雅华美的宫殿！

第3名！
诺贝尔和平中心！
75分！
★ 了解1901年至今历届诺贝尔和平奖获奖者的相关介绍和贡献！

好玩 PLAY

01 挪威王宫   90分！
挪威王室居住的宫殿 ★★★★★

Tips
🏠 Henrik Ibsens gate 1 ☎ 47-22048700 💰 95挪威克朗 🚇 乘地铁1-6号线在Nationaltheatret站出站

在卡尔约翰街的尽头，有一座白色的华丽建筑耸立在平坦的山坡上，那就是挪威王宫。它建于1824年，由当时统治挪威的瑞典国王卡尔·约翰亲自奠基，并在1849年由继任的国王奥斯卡一世亲自揭幕，建成后一直是历代挪威国王处理政务和居住的宫殿。这幢新古典主义风格的挪威王宫共有3层、173个房间，内部装饰金碧辉煌，典雅华丽；环绕王宫的是330亩的林地和公园，把王宫装点得十分美丽。挪威王宫内部不允许参观，但游客可在宫前拍照，还可以和卫兵合影，并且每天下午可以看到王宫前卫兵们的换岗仪式。有趣的是，即使不能走进王宫，但我们仍能知道国王在不在宫中。当国王在的时候，宫前会升起红底金狮的挪威王室旗标，如果旗标上有一个三角形的缺块，就意味着国王不在，由王储暂时代为国家元首。这一三角形的缺块，正是挪威国王的象征，说明国王是这个国家的重要组成部分。

02 奥斯陆国会大厦
挪威议会办公所在地 ★★★★

奥斯陆国会大厦位于卡尔约翰街上，建于1866年，由建筑师Swedish设计，整个建筑融合了古典和现代的建筑艺术的美。国会大厦内部的装饰华丽优雅，水晶灯下马蹄形排列的议员坐席充满庄严的氛围。

Tips
- Karl Johans Gate 22　☎ 47-23313180
- 乘地铁1-6号线在Stortinget站出站

04 诺贝尔和平中心 75分！
了解诺贝尔和诺贝尔和平奖获奖者的场所 ★★★★★

诺贝尔和平中心毗邻奥斯陆市政厅，2005年这里对公众开放，它的前身是建于1872年的奥斯陆火车西站，后来，又改建为旅游中心，2002年英国建筑师David Adjaye受邀将其改建为诺贝尔和平中心，才使这幢古老的建筑重新焕发生机。在诺贝尔和平中心内，游人不仅可以通过各种展览了解诺贝尔的生平事迹，还可了解1901年至今历届诺贝尔和平奖获奖者的相关介绍和贡献。

Tips
- Brynjulf Bulls Plass 1　☎ 47-94770510　¥ 80挪威克朗　乘地铁1-6号线在Nationaltheatret站出站

03 奥斯陆市政厅
奥斯陆市政府办公所在地 ★★★★★

奥斯陆市政厅建于1930年，是奥斯陆市政府办公所在地，大厅和6个拱廊展示着数十位挪威艺术家联手创作的多幅以挪威文化、历史和生活为主题的油画，其中最重要的是二层蒙克展示厅内蒙克绘制的《人生》真迹。此外，奥斯陆市政厅还是一年一度诺贝尔和平奖的颁奖地。诺贝尔生前希望和平奖在奥斯陆颁发，因此尽管他去世后挪威从瑞典独立出来，但诺贝尔基金会依旧遵守诺贝尔的遗愿，每年单独在奥斯陆市政厅颁发和平奖。

Tips
- Fridtjof Nansens Plass　☎ 47-23461600
- 乘地铁13、19号线在Nationaltheatret#1站出站

05 奥斯陆大教堂
奥斯陆的象征 ★★★★

奥斯陆大教堂建于公元1694年，约1个世纪才完成，教堂那高耸的塔尖是奥斯陆的象征。奥斯陆大教堂内的祭坛、管风琴和周边装饰依旧保留着300多年前的样貌。尤其是那架德国制造的管风琴，由6000支琴管组成，非常珍贵。还有由挪威艺术家Emanuel Vigeland制作的彩绘玻璃，美轮美奂，十分引人注目。另外，教堂前有花市，教堂后有挪威国王Christian四世的雕像，给奥斯陆大教堂增色不少。

Tips
- Karl Johans Gate 11　☎ 47-23629011
- 乘地铁1-6号线在Stortinget站出站

欧洲攻略　挪威

179

06 卑尔根大教堂
历经沧桑的大教堂 ★★★★★

卑尔根大教堂始建于1181年，以美丽的彩绘玻璃和神圣的宗教绘画装饰而著称于世。最初卑尔根大教堂只是当地人祭拜守护神的石头神殿，13世纪被改建为教堂后又连续遭遇火灾，在15世纪重建后成为路德教派教堂，之后这座古老的教堂依旧无法避免遭遇火灾。现今呈现在游人面前的卑尔根大教堂是1880年由建筑师Christie与Blix设计重建的，其哥特式外观充满古朴美感。1665年英荷战役时有一颗炮弹落到这里，有趣的是这颗炮弹并没炸，而是嵌入教堂西墙，成了历经沧桑的见证。

Tips
🏠 Domkirkegaten 3　☎ 47-555520

07 松恩峡湾　(100分!)
世界上最长的一处峡湾 ★★★★★

挪威的峡湾景色举世闻名，其中位于卑尔根以北的松恩峡湾最为知名。这处绵延200余公里的峡湾是全世界最长的一处峡湾，最深处达1300米，两侧高耸的峭壁高2400米，乘船置身其中，不禁感慨大自然美景的雄浑壮丽。在松恩峡湾旅游，你会发现外观独特的于尔内斯木结构教堂，它十分引人注目。于尔内斯木结构教堂作为北欧地区独有的教堂建筑，建于1180年，是挪威最古老、保存最完整的木结构教堂，其屋顶两端的龙形装饰别具特色，大门上还雕刻了象征善恶之战的图腾。无论是远观，还是近看，都很别致，可以说是松恩峡湾的一大亮点。

Tips
🏠 卑尔根以北　¥ 130挪威克朗　🚢 在卑尔根码头乘海达路德邮轮可到

08 夫拉姆
风景如画的小镇 ★★★★★

Tips
🏠 Flam　☎ 47-57631400（夫拉姆游客服务中心）　🚆 从奥斯陆乘火车到Myrdal站换乘火车在Flam站下

夫拉姆是一个风景如画的小镇，作为夫拉姆铁路的起点，规模不大，但保持着原生态的自然之美。镇上有火车站、码头、酒店、餐厅、纪念品店等，是非常好的旅游度假胜地。如果你想领略夫拉姆小镇的美景，最好的方式是乘观光火车，行进在陡峭的夫拉姆铁路上，风光无限，景色宜人。其中最经典的当属落差达93米的Kjosfossen瀑布，令人震撼。此外，夫拉姆小镇还有一座夫拉姆铁路博物馆，展示了当地的铁路历史等，不容错过。

好买 BUY

01 卡尔约翰大街
奥斯陆的门户 ★★★★★

Tips
- Karl Johans Gate
- 乘地铁1-6号线在Stortinget站出站

卡尔约翰大街，被挪威人称为"奥斯陆的门户"。这条著名的大街起于东端的奥斯陆中央火车站，止于西端的挪威王宫，贯通市区东西，全长1300多米。卡尔约翰街好比北京的长安街，非常有名，很多人说，不到卡尔约翰大街，就不能算是来过挪威，在这里可以充分体味挪威的风土民情、政治脉搏及商业和文化特色。街两侧挤满了百年以上的建筑，它们风格各异，造型别致，一座挨着一座，犹如建筑博览会。在这么繁华的大街上却看不到行色匆匆的路人，只能看到大多数人或者在露天茶座上品咖啡，或者安详地在街头公园里休息，似乎在过着都市中的田园生活，这也许正是卡尔约翰大街与众不同的地方。

02 卑尔根鱼市
海鲜大市场 ★★★★

Tips
- Vagen Fish Market
- 从卑尔根火车站步行5分钟

卑尔根是挪威西海岸最大最美的港都，早在16世纪，卑尔根港口附近的海产鱼市就聚集了大量鱼贩，现今这里依旧是一派繁忙的景象，新鲜的鲑鱼、鲔鱼、鲭鱼、龙虾、帝王蟹、蜘蛛蟹等海产都可以在这里买到，吸引众多游人光顾。此外，在卑尔根鱼市，游人还可品尝味道酸甜的腌渍鲱鱼，或是购买北欧人喜欢的鱼子酱挤在三明治上食用，非常美味。

欧洲攻略 挪威

欧洲
攻略HOW

Part.20 瑞典

毗邻挪威的瑞典曾经是波罗的海沿岸的强大军事国家，现今这个北欧国家则是一派与世无争的田园风光，茂密的树林、夏日午夜的阳光、充满奇幻色彩的极光无不令人心旷神怡。

欧洲攻略 瑞典

瑞典 特别看点！

第1名！
瑞典王宫！
100分！
★ 卫兵换岗仪式，吸引了众多游人驻足观看！

第2名！
水晶王国！
90分！
★ 晶莹剔透的玻璃工艺品，瑞典玻璃工艺品重镇！

第3名！
马尔默城堡！
75分！
★ 收藏展示有大量艺术品、考古文物等，非常值得参观！

📷 好玩 PLAY

01 瑞典王宫 100分！
●●● 巴洛克式宫殿 ★★★★

Tips
📍 Slottsbacken 1　☎ 08-4026000　¥ 100瑞典克朗　🚇 乘地铁T17、T18、T19在Gamla Stan站出站

瑞典王宫坐落在斯德哥尔摩市中心，建于1754年，是国王办公和举行庆典的地方。但是现今呈现在游人面前的是一幢重建的巴洛克式宫殿。王宫拥有600多间房间，比英国白金汉宫还多，其中宝库、教堂、军械库、三王冠博物馆、王家马厩、古斯塔夫三世博物馆都是游人关注的焦点。此外，瑞典王宫每天中午12:15会举行卫兵换岗仪式，卫兵会在军乐声中列队交接瑞典国旗，一旁身着蓝色制服、头戴银盔、脚穿皮靴的骑兵队编队颇有气势，吸引了众多游人驻足观看。

184

02 斯德哥尔摩大教堂
瑞典国王举行加冕典礼的场所 ★★★★

Tips
- Trångsund 1, 111 29 Stockholm, Sweden
- 08-7233000
- 40瑞典克朗
- 乘地铁T17、T18、T19在Gamla Stan站出站

斯德哥尔摩大教堂建于13世纪，位于斯德哥尔摩老城区，最初它只是一座规模不大的社区教堂，经过无数次的重修扩建，才形成了今天如此规模的大教堂。斯德哥尔摩大教堂作为瑞典历史最悠久的建筑之一，有许多看点。大教堂正前方立有纪念瑞典与俄罗斯争夺波罗的海出海口战争的方尖碑，在教堂内还收藏有历代瑞典骑士的徽章，而立在讲台旁的圣乔治屠龙雕像刻于1489年，是北欧地区最大的一座木雕。值得一提的是，斯德哥尔摩大教堂还是历代瑞典国王举行加冕典礼的场所，所以，在瑞典国内的地位十分重要。

03 斯德哥尔摩诺贝尔博物馆
介绍诺贝尔奖的方方面面 ★★★★

诺贝尔博物馆坐落于瑞典首都斯德哥尔摩市中心老城区，这座建筑于2001年建成并投入使用，前身曾是瑞典古老的证券交易所。博物馆展览分为当年获奖者介绍、历史回顾、诺贝尔奖介绍、阿尔弗雷德·诺贝尔生平等几部分，旨在通过介绍诺贝尔奖的方方面面，向人们展示800多位诺贝尔奖获得者带来的世纪之变。另外，游人还可以在诺贝尔博物馆内购买获奖者的照片和相关书籍等作为旅游纪念品。

Tips
- Borshuset，Stortorget
- 08-53481800
- 70瑞典克朗
- 乘地铁T17、T18、T19在Gamla Stan站出站

04 斯塔森露天博物馆
展示瑞典生活方式的窗口 ★★★★

斯塔森露天博物馆和其他博物馆不一样，在那里你可以体验到瑞典人的传统生活方式。该露天博物馆位于Djurgarden岛上，汇集了瑞典各地150多座老式建筑，宛若一座古老的城镇。游人在这里可以品尝新鲜烤出炉的面包，可以观看水晶工艺品的制作过程，还可以在杂货店中购买瑞典人日常的生活用具，很有生活情趣。此外，瑞典的传统节日（如仲夏节、圣诞节等）到来时，斯塔森露天博物馆还会举办各种庆祝活动，届时人们都会盛装出席，载歌载舞，场面壮观而热闹。

Tips
- Djurgardsslatten 49-51
- 08-4428000
- 70瑞典克朗
- 乘电车7号线在Skansen站下

05 马尔默城堡 75分!
瑞典最早的文艺复兴风格城堡

马尔默城堡最早建于1436年，后来该城堡被丹麦军队摧毁。1537年由当时的丹麦国王克里斯蒂安三世在原址上重建了一座文艺复兴风格的城堡，直到1658年才重新成为瑞典的领地，并由瑞典军队接收。18世纪后马尔默城堡成为关押囚犯的监狱，直到1920年城堡由马尔默博物馆接收，并在1973年正式对公众开放，内部包含艺术博物馆、马尔默市立博物馆、自然史博物馆，收藏、展示有大量艺术品、考古文物等，非常值得参观。

Tips
Malmohusvagen 6　040-344400　40瑞典克朗　从马尔默中央车站步行大约10分钟

06 水晶王国 90分!
以精美的玻璃工艺品而著称

水晶王国是瑞典东南部西曼兰省一座小镇的雅称，早在16世纪这个小镇就以精美的玻璃工艺品闻名于世。当地的玻璃工坊使用附近湖泊里的沙石制作玻璃。18世纪时，小镇陆续成立了众多玻璃工坊，最盛时多达上百家。目前，这里还有15家玻璃工坊，他们组成了联盟，每家工坊内都统一设有展示间、工作室和卖场，并轮流主办各种传统纪念活动，众多喜欢玻璃工艺品的游客慕名前来参观、考察。游客来到这里都会精挑细选很多精美的玻璃工艺品作为旅游纪念品，带回家赠送给亲朋好友。

Tips
VSTMANLAND　0481-45215（水晶王国旅游咨询）　95瑞典克朗

07 维斯比旧城区
古老的城市风貌

维斯比旧城区1000年前就是著名的商业中心了，保留了许多名胜古迹，尤其是那环绕整个城市的3.4公里长的"环城城墙"和一些古老的教堂遗迹。这里虽然经过岁月的洗礼，但是历史余味甚浓，对于历史爱好者来说是探幽怀古的好地方。

Tips
Visby　从斯德哥尔摩乘长途巴士在Nynashamn码头换乘渡轮

08 斯德哥尔摩市政厅
斯德哥尔摩的形象和代表 ★★★★

Tips
📍 Hantverkargatan 1　☎ 08-50829058　¥ 60瑞典克朗　🚇 乘地铁在T-Centralen站出站

位于梅拉伦湖畔的斯德哥尔摩市政厅是斯德哥尔摩的形象和代表，此建筑建于1911年，由建筑师Ragnar Ostberg设计完成。整个建筑共用800万块红砖、1900万块马赛克瓷砖。斯德哥尔摩市政厅分蓝厅和花园两部分，其中蓝厅是市政厅内规模最大的厅院，也是诺贝尔奖晚宴的举办地。此外，斯德哥尔摩市政厅还有贴满金箔的金厅，具有艺术气息的王子画廊，屋顶设计成维京船的议会厅等。最有意思的是这里的结婚登记厅，斯德哥尔摩的市民从这里领走的不仅是结婚证书，而且是对这个美丽城市的深情与祝福。市政厅周围广场宽阔，绿树繁花，喷泉雕塑点缀其间，加上波光粼粼的湖水的映衬，美不胜收。

好买 BUY

01 传统市场
斯德哥尔摩第一座室内市场 ★★★

来到瑞典斯德哥尔摩市，如果你想购物，那就去传统市场吧，它是斯德哥尔摩市第一座室内市场。这里各种产品琳琅满目，尤其是那些新鲜的麋鹿肉、驯鹿肉、鱼肉、奶酪、面包、熏鲑鱼、腌渍鲑鱼、麋鹿肉干、鲱鱼等北欧人平日爱吃的传统食物，非常受欢迎。由于这里的商品物美价廉，所以斯德哥尔摩市民经常来此购物，很多远道而来的游客，也把这里当成购物的首选去处。

Tips
📍 Ostermalmstorg　🚇 乘地铁T13、T14在Ostermalmstorg站出站

02 皇后大街
斯德哥尔摩著名的商业步行街 ★★★★

Tips
📍 Drottninggatan, 111 22 Stockholm　🚇 乘地铁绿线，Hötorget站下车即可

皇后大街是斯德哥尔摩一条著名的商业步行街，许多大商店都聚集于此，比如餐馆、咖啡厅、食品店、服装商店等，每天这里都熙熙攘攘，十分热闹。另外，来这条街上闲逛，还可以品尝富有瑞典风味的小吃、美食。

欧洲攻略　瑞典

欧洲
攻略HOW

Part.21 芬兰

三分之一国土位于北极圈内的芬兰境内拥有18.8万大小不一的湖泊，素有千湖之国的美称，除了欣赏秀美的自然风光，还可以前往圣诞老人村，与圣诞老人合影留念。

芬兰 特别看点！

欧洲攻略 | 芬兰

第1名！
圣诞老人村！
100分！
★ 充满梦幻色彩的圣诞老人之家，与圣诞老人合影留念！

第2名！
芬兰堡！
90分！
★ 全世界规模最大的海上军事要塞，固若金汤的防御城堡！

第3名！
岩石教堂！ 
75分！
★ 教堂设计独具一格，非常新颖！

好玩 PLAY

01 芬兰堡
芬兰最为重要及著名的景点
90分！
★★★★★

Tips
🏠 Suomenlinna, Helsinki ☎ 09-6841880
📍 在露天市集广场码头乘渡轮可到

芬兰堡是全世界规模最大的海上军事要塞之一，它建于1747年，位于赫尔辛基外海上的一串小岛上，是由奥科斯丁设计完成的。早在20世纪90年代，它就被联合国教科文组织列入了世界遗产名录，可见它所蕴含的价值和魅力。芬兰堡可以说是芬兰最为重要及著名的景点，当年的炮台、城堡、军营都被完好地保存了下来。来这里参观，有几个看点不容错过，如帝皇门，它是芬兰堡的象征，1753年为阅兵而建。还有建于1852的赫尔辛基大教堂，结构精美，乳白色的外观气宇非凡，堪称芬兰艺术史上的精华。此外，芬兰堡还有数十间博物馆，如关税博物馆、陆军博物馆、海岸炮兵博物馆等。现在，芬兰堡还成了一个时尚的聚会场所。除了那些古老的建筑外，芬兰堡新建了不少餐厅、茶室、咖啡馆等，很多芬兰人将朋友聚会、商业洽谈等放在这里进行。

190

02 乌斯彭斯基大教堂
北欧地区规模最大的东正教堂 ★★★★★

乌斯彭斯基大教堂建于1868年，是北欧地区规模最大的东正教堂，这座教堂曾是俄国统治芬兰的标志，由圣彼得堡建筑师Gornostayev设计。乌斯彭斯基大教堂正面的深红色砖优美典雅，其红砖是从Aland岛上的Bomarsund堡垒拆除而来，13个金色洋葱式屋顶象征着耶稣和十二门徒，整体建筑洋溢着浓郁的俄式风情。

Tips
- Kanalgatan 1　09-634267　乘4、4T线电车在Katajanokan Puisto站下

03 赫尔辛基市议会广场和大教堂
赫尔辛基市的中心 ★★★★★

赫尔辛基市议会广场是由Carl Ludwig Engel设计的，它位于赫尔辛基旧市区的中心位置，历史悠久。广场正中央依旧立有沙皇亚历山大二世的铜像，四周有象征和平、科学、正义和艺术的雕像，很有内涵和寓意。位于议会广场北端的白色大教堂是Engel的杰作，原名路德大教堂，又称尼古拉斯教堂，是当地路德福音教会做礼拜的场所，其新古典主义风格的绿色圆顶和白色外墙华美典雅，使它很早就成为赫尔辛基市的城市标志。

Tips
- Unioninkatu 29　09-23406120　乘1、1A、3B、3T、4、4T、7A、7B路电车在Senaatintori站下

04 列宁博物馆
具有历史意义的场馆 ★★★★★

列宁博物馆是列宁和斯大林第一次见面的地方，同时也是后来列宁策划十月革命的秘密基地。1946年被辟为列宁博物馆，很有历史纪念意义。馆内通过展示列宁的生平照片、笔记、书信和模型等资料，向游人介绍列宁光辉的一生。1991年苏联解体后，大量被解密的资料档案曝光，列宁博物馆将这些资料展示在博物馆内，很有吸引力。通过这些文字资料，游人对苏联解体的种种疑问，可以在这里找到答案。

Tips
- Hameenpuisto 28　03-2768100　5欧元
- 从坦佩雷火车站步行15分钟即可到达

05 坦佩雷东正教堂
北欧最美的拜占庭教堂 ★★★★

坦佩雷东正教堂全称为"圣亚历山大涅夫斯基和圣尼古拉斯教堂"，建于1896年，是芬兰境内并不多见的东正教堂。该教堂由T-U-Jazykov设计，洋溢着19世纪俄罗斯流行的西方浪漫主义风格，尖塔式的教堂上有7个洋葱圆顶，分别代表教会的7件圣事，与圆顶上的十字架交相辉映，壮观而华美，被誉为"北欧最美的拜占庭教堂"。

Tips
- Tuomiokirkonkatu 27　0206-100210
- 从坦佩雷火车站步行即可到达

欧洲攻略　芬兰

06 圣诞老人村 100分!
"圣诞老人"住的地方

Tips
🏠 Arctic Circle,96930 Rovanlemi ☎ 016-3562096 🚌 从罗瓦涅米火车站乘8号巴士在Arctic Circle站下

圣诞老人村位于芬兰的拉普兰地区罗瓦涅米以北8公里处的北极圈上，为全世界无数少年儿童带来欢乐与梦想的"圣诞老人"就居住在村内，每年源源不断的游客从世界各地涌向这里，以一睹圣诞老人的风采。迈过那道醒目的北纬66.5°的北极圈线，就可以进入这个充满梦幻色彩的圣诞老人村。圣诞老人村是一组木建筑群，包括正门、餐厅、花圃、圣诞老人办公室、居所、邮局、礼品店、驯鹿园等。在这里随处可以看到与圣诞节相关的装饰和纪念品，乘坐驯鹿拉着的雪橇还可以前往圣诞老人专属邮局给自己和家人寄一份来自北极的"圣诞祝福"，或是去圣诞老人办公室和圣诞老人合影留念，这都会是令人难忘的事情。

07 奥兰岛
6000多个小岛组成的旅游度假胜地

奥兰岛位于芬兰的西南沿海，是芬兰唯一的自治省，由6500个小岛组成，岛上仅有两万多居民。这里风光旖旎，气候宜人，处处是迷人的自然景色，遍地是名胜古迹，无论是休闲度假，还是观光旅游，这里都是很好的去处。奥兰岛的风光与芬兰内地截然不同，星罗棋布的小岛、巨大的礁石、野花灿烂的谷地和茂密的森林使这个群岛别具神采，极具魅力。奥兰岛的看点很多，比较知名的有停泊在玛丽港西码头的四桅杆帆船，它是奥兰岛的象征，也是奥兰岛远洋船队漂洋过海的见证。还有奥兰岛的海洋博物馆，它是世界上最好的海洋博物馆之一。此外，还有城堡、教堂、海上要塞等，不胜枚举。现在来到奥兰岛，会看到很多骑自行车的人，其实骑自行车环游奥兰岛别有一番情趣。在岛上，游人可以租到自行车，并同时获得一份地图及指南，沿途有许多营地、度假别墅和民宿可供歇息。对于每一位来这里的游客，奥兰岛的风光都给他们留下了深刻而美好的印象。

Tips
🏠 芬兰西南沿海

08 岩石教堂

75分!

别具一格的教堂 ★★★★★

Tips
- Lutherinkatu 3
- 09-23405920
- 乘3B、3T路电车在Sammonkatu站下

建于1969年的岩石教堂充满现代气息，这座教堂由建筑师Suomalinen兄弟设计，其外观仿佛停在巨石上的飞碟一般。教堂设计独具一格，非常新颖。在设计上，大胆地将岩石挖空，并将高大的钢制圆形屋顶用钢梁撑起，每天阳光都会从天窗透过直照在祭坛之上，其宽阔的内部空间可容纳750人同时做礼拜，四周粗糙的岩石墙壁与入口处的铜十字架营造出独特的后现代美感。走进教堂，让人感觉宽敞明亮，而又不失庄严肃穆。

好买 BUY

01 赫尔辛基露天市集广场

热闹非凡的集市 ★★★★★

来到芬兰首都赫尔辛基，如果想购物，或者体验芬兰人的生活方式，那么赫尔辛基露天市集广场无疑是个好地方。露天市集广场是这座城市最具活力的地方，天天人潮涌动，非常热闹。沿街的摊贩经营生鲜肉类、面包、鲜花、水果、手工艺品、服装饰品等，此外还有众多经营芬兰小吃和快餐的路边摊。游人不妨在这里品尝芬兰人的传统料理驯鹿香肠和驯鹿肉丸，非常美味。此外，在这里还可以买到芬兰的特产或者工艺品，作为旅游纪念品。

Tips
- Kauppatori
- 乘1、1A、3B、3T线电车在Kauppatori站下

欧洲攻略 芬兰

193

欧洲
攻略HOW

Part.22 比利时

比利时以众多别具特色的自然风光和历史景观闻名世界，同时也是欧盟总部的所在地，布鲁日被称为欧洲最美丽的风景城市，南部地区的城堡各具特色，著名的阿登山是滑雪胜地，斯巴则是有名的温泉度假地。

比利时 特别看点！

欧洲攻略 | 比利时

第1名！
皇家美术馆！
100分！ 
★ 欧洲顶尖的美术馆之一，收藏丰富的美术馆！

第2名！
原子球塔！
90分！ 
★ 造型奇特的大厦，布鲁塞尔的地标！

第3名！
于连铜像！ 
75分！
★ 布鲁塞尔第一市民，全世界最著名的撒尿男孩！

好玩 PLAY

01 布鲁塞尔大广场
●●● 欧洲最美丽的广场之一 ★★★★★

Tips
🏠 Grand Place 🚉 从布鲁塞尔中央车站出站步行5分钟

布鲁塞尔大广场始建于12世纪，是欧洲最美的广场之一。这座广场位于布鲁塞尔市中心，和欧洲很多广场有很大的不同，不像其他国家广场与教堂不分家，连为一体，布鲁塞尔大广场周边虽然分布着多处中世纪时期的古建筑，但是没有一座教堂建筑。广场周边有很多咖啡馆、商店、超市等，成了市民休闲娱乐的好地方，弥漫着浓郁的生活气息。

02 布鲁塞尔市政厅
欧洲最美丽的市政厅 ★★★★

布鲁塞尔市政厅是一座很有特色的建筑，坐落于布鲁塞尔大广场上，是布鲁塞尔市长和市议会办公的地方，也可以说是布鲁塞尔的政治中心。该市政厅建于15世纪，以其优美的哥特式风格的身姿和高耸入云的尖塔而闻名，被誉为欧洲最美丽的市政厅。这座建筑最古老的部分是其左翼，建于1402年。正中间高96米的尖塔是这里最明显的标志，在塔尖上还有一个高5米的风向标，壮观而实用。

Tips
- Grand-Place
- 从布鲁塞尔中央车站出站步行5分钟

03 皇家美术馆
欧洲顶尖的美术馆之一 100分！ ★★★★★

皇家美术馆始建于1798年，是欧洲比较著名的美术馆之一。这座美术馆分成两个部分，一个是造型宏伟壮观的古典美术馆，另一个是造型简单朴实、功能多样的近代美术馆。其中古典美术馆收藏着很多当年拿破仑从卢浮宫带出来的艺术品，包括鲁本斯等佛兰德斯画派大师们的杰作。而近代美术馆则汇集了野兽派、立体派、超现实主义及现代艺术精品，向人们介绍当今最前卫的艺术。对于艺术爱好者来说，皇家美术馆就像一座神圣的艺术大殿，经常来这里参观，可以获得灵感，或者接受艺术的熏陶。

Tips
- Rue de la Regence 3
- 02-5083211
- 8欧元
- 乘92、94号Tram在Royale站下

04 布鲁塞尔王宫
比利时最雄伟的建筑 ★★★★★

布鲁塞尔王宫是比利时最雄伟的建筑，最早建于13世纪，在历史上曾被称为"粮宫"。但是今天的布鲁塞尔王宫并不是原来的宫殿，原宫殿被法国人摧毁了，现今所见的是1695年重建的。与其他王宫一样，布鲁塞尔王宫庄严精美。大理石建筑上布满了浮雕，宫殿四面皆是巴洛克建筑风格。宫内参照法国凡尔赛宫的式样，装饰有大量的壁画、水晶灯饰。还设有华丽的宴会厅、高雅的接待室，摆放着珍贵的艺术品、古老的家具和精美的各式地毯。登上布鲁塞尔王宫最高处，可以俯视整个布鲁塞尔城的风貌。

Tips
- Rue Brederode 16
- 02-5512020
- 免费
- 乘92、94号Tram在Palais站下

欧洲攻略 | 比利时

197

05 于连铜像　75分！
闻名世界的"小男孩"　★★★★★

小于连撒尿拯救布鲁塞尔的故事想必每个人都耳熟能详了。位于布鲁塞尔市中心广场的小于连铜像更是四方游客争相观摩的焦点。铜像刻画了一个顽皮的小男孩旁若无人地撒尿的场面，他的尿就如涓涓泉水一样常年浇注在下面的水池中，形成一处美丽的喷泉。如今这个造型被各国引用，做成各种可爱的玩具。

Tips
🏠 Rue du Chene路口

06 萨伯隆圣母院
能与巴黎圣母院相媲美的教堂　★★★★★

萨伯隆圣母院是一座颇具艺术感的哥特式教堂，位于布鲁塞尔公园对面，白墙蓝瓦使教堂显得十分庄严肃穆。这里有一座14世纪的圣母像，是当地人寄托信仰的所在。教堂里五彩缤纷的玻璃窗是最吸引人的地方。晚上来到圣母院前，灯光从彩绘玻璃窗里透出来，将窗子上的图案映衬得分外漂亮，能与巴黎圣母院相媲美。

Tips
🏠 Place du Grand Sablon　📞 02-5115741
🚋 乘92、94号Tram在Petit Sablon站下

07 原子球塔　90分！
比利时的埃菲尔铁塔　★★★★★

Tips
🏠 Square de l'Atomium　📞 02-4754775
💴 11欧元　🚇 乘Metro 6在Heysel站下

原子球塔位于比利时首都布鲁塞尔西北郊，是布鲁塞尔十大名胜之一，有"比利时的埃菲尔铁塔"之美称。原子球塔是为了纪念1958年的万国博览会而建的，高120米，由9个直径18米的铝制大球和钢架结合而成。正中的大球是一个餐厅，还可以当作瞭望台使用，在这里人们可以一边就餐，一边欣赏布鲁塞尔的美景。而在其他几个圆球里则设立了以原子能、核技术等为主要内容的展览，其中犹以宇宙航行的展览最翔实和最引人注目。大球之间的钢架就成为人们的通道。整个原子球塔设计新颖，9个大球连接在一起，既寓意当时的欧共体有9个会员国，也暗示比利时有9个省，因此可以说是比利时和欧共体的象征。

08 圣母大教堂
欧洲现存最高的砖木结构教堂 ★★★★

Tips
🏠 Mariastraat 🚋 乘10、11路有轨电车在Antwerpen Melkmarkt站下

圣母大教堂建于13世纪，是欧洲现存最高的砖木结构教堂，也是布吕赫人最喜欢的一座教堂。这座教堂的尖塔高达122米，在布吕赫任何一个地方都可以看到。教堂里有大片精美的玻璃彩绘，色彩绚丽，制作精美。除了彩绘外，这里还有一尊米开朗基罗创作的《圣母玛利亚与小男孩》雕塑，可以说是教堂最有价值的瑰宝。

09 钻石博物馆
昂贵的奢侈品 ★★★★

如果你想欣赏各种钻石，那就去安特卫普市钻石博物馆吧，走进博物馆，一定会大开眼界。每个人来这里都会被博物馆里那一颗颗美丽的钻石所吸引，每颗钻石旁附有原产地和钻石开采历史的介绍。除了钻石，这里还有钻石原石供游客观赏。游客甚至可以了解一颗普普通通的钻石原石经过切割、加工成为我们最终所见的闪闪发亮的钻石成品的过程。这让人不禁感叹这些钻石雕琢艺术家们的高超手艺。

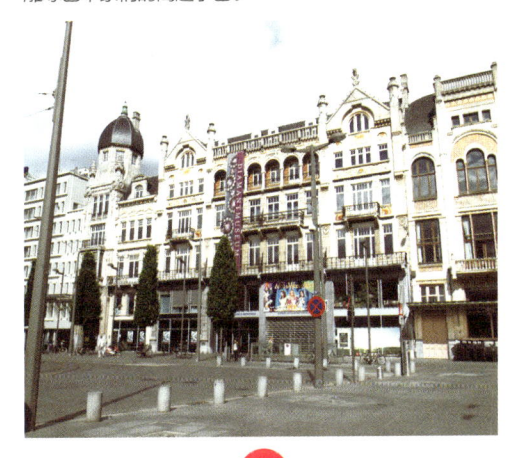

Tips
🏠 Koningin Astridplein 19-23 ☎ 03-2024890
💴 6欧元 🚋 乘3、5号Tram在Astrid站下

10 安特卫普中央车站
世界上最漂亮的火车站 ★★★★

安特卫普中央车站号称"世界上最漂亮的火车站"，这座车站在1905年完工的时候，曾经因为过于奢华而备受抨击。车站使用了20多种大理石装饰而成，虽历经100多年，但依然坚固耐用。这座建筑集多种风格于一身，华丽而美观。车站的大厅上方还覆盖了一个巨大的玻璃钢架圆顶，使站内更加宽敞明亮。车站内的楼梯也都是用大理石砌成，走在上面仿佛漫步于宫廷之中。

Tips
🏠 Koningin Astridplein 27 ☎ 03-2024540
🚌 乘BUS在Antwerpen Centraal Station (perron 7)站下，或乘2、3、5、6、F26路有轨电车在Antwerpen Premetrostation Astrid站下

欧洲攻略 | 比利时

好买 BUY

01 | 圣胡博购物拱廊
全欧洲最美的购物商场 ★★★★

Tips
- Rue du Marche aux Herbes
- 02-5450990
- 中央车站出站步行可到

圣胡博购物拱廊号称是"全欧洲最美的购物商场"，已经有150多年的历史了。拱廊集意大利风格和新古典主义风格于一身，充满了优雅的氛围。购物拱廊主要分三个部分，王后商场、国王商场和王子商场。每一家商场都汇集了各种世界精品名牌，还有不少高档餐厅，气质十分高贵。想要在这里爽快购物的话，需要有一定的经济实力才行。大多数人到这里还是来欣赏漂亮的建筑来了。此外，购物拱廊的一个出口通向布雀美食街，可以去那里大快朵颐一番。

02 | 梅尔购物街
理想的购物场所 ★★★★

Tips
- 乘2、3、5、15号Tram在Meir站下

安特卫普是比利时最著名的文化城市，从中世纪开始就汇集了来自全欧洲的商人，商业十分繁盛。如今在市中心的梅尔购物街人们依稀还能看到中世纪时繁华贸易的影子。像法国的香榭丽舍大街一样，这里拥有来自世界各地的知名品牌，天天游人如织，非常热闹。连邻国的居民都专程到这里来购物，可见这条购物街的魅力。

好吃 EAT

01 Aux Armes de Bruxelles
布鲁塞尔非常有名的老餐厅 ★★★★

Aux Armes de Bruxelles位于以美食著称的布雀街上，是布鲁塞尔非常有名的老餐厅，已经有近百年的历史了。餐厅的风格十分精巧雅致，深受中产阶级和商务人士的喜爱。店里的服务也十分到位，来吃饭的人都会觉得十分舒服。这家店主要提供海鲜、牛排、淡菜等比利时传统风味的菜肴，而且品质都很不错，虽然价格有点偏高，但还是物超所值的。

Tips
- Rue des Bouchers 13　02-5115550
- 中央车站出站步行可到

02 Chez Leon
有百年历史的淡菜老店 ★★★★

Tips
- Rue des Bouchers 18　02-5111415　中央车站出站步行可到

Chez Leon是一家有百年历史的淡菜老店。自1893年开业以来，生意越做越大，如今的店面已经有9间，可以容纳400多名客人同时用餐，甚至在巴黎等地也都开有分店。这家店推出的各种口味的淡菜锅、薯条等深受各方食客，特别是小孩子们的喜爱，特别适合全家人一起去吃饭，而且12岁以下的小朋友还能免费获得儿童餐点，十分划算。此外，Chez Leon还提供自家酿制的啤酒，口味醇厚，很受欢迎。

欧洲
攻略HOW

Part.23 荷兰

世界著名的洼之国——荷兰没有崇山峻岭，国内四通八达的河网、堤坝和圩田构成了荷兰的独特风光，而花香浓郁的郁金香和巨大的风车更是荷兰的标志性景色。

荷兰 特别看点！

第1名！ 环形运河！ 100分！
★ 围绕阿姆斯特丹的运河，荷兰的威尼斯风光！

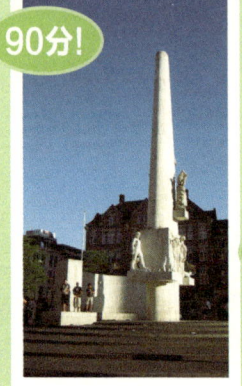

第2名！ 水坝广场！ 90分！
★ 阿姆斯特丹唯一的中心广场，阿姆斯特丹第一座水坝！

第3名！ 小孩堤防！ 75分！
★ 小孩堤防村的风车群是荷兰最著名的风车群，已经被列入了世界遗产名录！

好玩 PLAY

01 环形运河
阿姆斯特丹的护城河 100分！ ★★★★★

Tips
📍 阿姆斯特丹中央区

阿姆斯特丹被称为"荷兰的威尼斯"，之所以有此雅号，主要得益于围绕着城市的环形运河。环形运河作为阿姆斯特丹的护城河，在交通、旅游等很多方面发挥了重要的作用。运河两侧呈现出浓郁的欧洲中世纪风情，这里大多数地方还保留着17世纪荷兰黄金时期的样貌，各种造型优美的民居、出售香气扑鼻的郁金香的花店，这一切都让人感受到一种温柔的氛围。乘坐小舟，沿河欣赏阿姆斯特丹的城市风貌，别有一番情趣。

204

02 梵·高博物馆
珍藏艺术精品的场馆 ★★★★

梵·高出生于荷兰南部的一个小镇，他开创了绘画史的一个新时代，给荷兰、给世界留下了许多经典之作，是荷兰人的骄傲。梵·高博物馆正是为了纪念这位伟大的人物而建的。该博物馆是一座方方正正的现代建筑，外面使用玻璃幕墙覆盖，美观而大方。馆内收藏了700多幅梵·高的作品和素描，是全世界收藏梵·高作品最多的地方。

Tips
🏠 Paulus Potterstraat 7, 1071 CX Amsterdam ☎ 020-5705200 💴 14欧元 🚃 乘2、3、5、12号Tram在Van Baerlestraat站下

03 荷兰国家博物馆
历史文化的宝库 ★★★★★

Tips
🏠 Jan Luijkenstraat 1 ☎ 020-6747000 💴 12.5欧元 🚃 乘2、5号Tram在Hobbemastraat站下

荷兰国家博物馆位于荷兰首都阿姆斯特丹，是荷兰最大的博物馆。这座博物馆采用了气势恢弘的宫殿式造型，内部的收藏十分丰富。尤其是那些荷兰绘画"黄金时代"的大师们的杰作，更是不胜数。伦勃朗、韦梅尔、哈尔斯等人的多幅画作都收藏在这里，其中伦勃朗的巨幅油画《夜巡》堪称是博物馆的镇馆之宝。除了绘画外，这里还珍藏有12世纪以来的各种金银器皿和中国瓷器、印度神像等物品。

04 西教堂
荷兰著名的教堂之一 ★★★★

Tips
🏠 Prinsengracht 281 ☎ 020-7247766 🚃 乘13、14、17号Tram在Westermarkt站下

西教堂耸立在阿姆斯特丹王子运河河畔，建于1621年，由设计师凯泽设计完成，是荷兰最大和最古老的新教教堂。西教堂装饰简朴，入口也十分狭窄。进入教堂后是个形似双希猎式十字架的中厅，其屋顶全部采用木制拱形结构，宽阔而明亮。教堂塔高85米，是阿姆斯特丹最高的建筑，登上塔顶可以饱览阿姆斯特丹城的风貌。教堂塔顶由蓝色、红色和金色组成神圣罗马帝国皇冠的形状，这是奥地利皇帝马克西米利安送给荷兰的礼物。正因为如此，西教堂也被看成城市友好的象征。

05 水坝广场
阿姆斯特丹最有活力的地方 90分！ ★★★★

水坝广场位于阿姆斯特丹老城区的中心，曾经是这座城市唯一一座中心广场。这片广场呈长方形，因阿姆斯特丹河上的第一座水坝位于这里而得名。几个世纪以来，这里一直都是整个城市最有活力的地方，到处充斥着咖啡的香味，还有搞怪的街头艺人和人来人往的各国观光客。显然，水坝广场成了人潮聚集的繁荣商业区。

Tips
🏠 Amsterdam Dam Square 💴 15欧元 🚃 乘1、2、4、5、9、13、14、16、17、24、25号Tram在Dam站下

欧洲攻略 荷兰

205

06 马肯渔村
最具荷兰风味的小渔村 ★★★★

马肯渔村是最具荷兰风味的小渔村，早在1932年，朱自清就在他的荷兰游记里这样描述它："Marken岛是个小村子，那边的风俗服装古里古怪的，你一脚踏上岸，就会觉得回到中世纪去了。"这里清一色的石子路，曲折而悠远；一排排尖屋顶、高高脚柱的小木屋，整齐划一却不失活泼；房舍大都涂上橘、红、蓝、绿等各种颜色，和镶着蕾丝的洁白窗帘相映成趣；幽静的小园里长着茂盛的牵牛花和爬山虎，木质的建筑墙壁上生满青苔，映衬着最纯净的碧海蓝天，缤纷斑斓得像个童话世界。在这里听不见喧嚣，可以随处闲逛，或坐在临海边的草地上，感受海风的吹拂，或乘坐各式帆船在水面上滑行，欣赏原生态的田园美景，总之来到这里，一切都让人感觉温馨，一切都让人留恋。

Tips
🏠 阿姆斯特丹东北郊

07 沃伦丹
旅游小镇 ★★★★

沃伦丹，也叫福伦丹，是荷兰北部的一个旅游小镇。今天这里依然保留着昔日的风情，它是阿姆斯特丹居民周末休闲之地，也是到阿姆斯特丹旅客的必经之地。沃伦丹的名气不仅来自它天生淳朴的北海渔村风情，而且因为这里至今保留着荷兰传统的民族服装。村里除了旅游纪念品店、鱼店，最多的就要属打着民族服装招牌的照相馆了。在这里花上不多的钱，就可以穿上荷兰传统的奶牛帽、花布裙做一回荷兰人了。此外，在沃伦丹还可以乘游船去艾瑟湖上游览一番，不仅能欣赏美景，还可以体验捕鱼带来的乐趣。

Tips
🏠 阿姆斯特丹北部　从阿姆斯特丹中央火车站乘110、112、113、116号公交车可达

08 鹿特丹方块屋
纯粹的艺术品 ★★★★

来荷兰的首都旅游，你会发现一处很有趣的建筑。它们一字排开，三面朝天，只有一个角支撑在高大的六边形柱子上，看上去摇摇欲坠，就好像一个棒棒糖似的，这便是非常有名的鹿特丹方块屋。鹿特丹方块屋在设计上注重突出美学和空间的效果，而忽视其实用性，因此，可以说它是一件纯粹的艺术品，也是游人眼中的一道"美餐"。

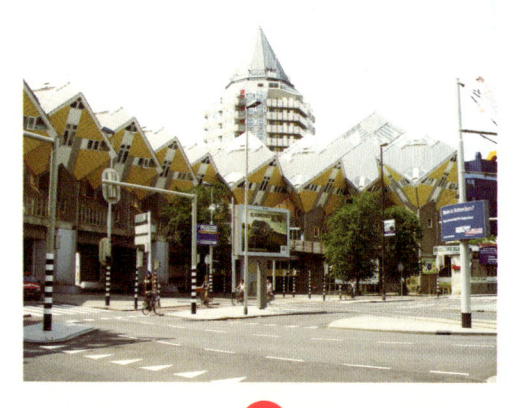

Tips
🏠 Overblaak 70　☎ 010-4142285　¥ 2.5欧元
🚇 乘21号Tram或地铁A、B、C线在Blaak站出站

09 代尔夫特陶瓷工厂
欧洲最著名的陶瓷城 ★★★★★

代尔夫特是欧洲著名的陶瓷城，这里的陶瓷作品深得中国陶瓷的精髓，其蓝白色和青色瓷器在欧洲享有盛名，深受欢迎。

代尔夫特陶瓷工厂是在荷兰王室的支持下创办的，请来了荷兰最好的陶瓷工匠，烧制出了最佳的瓷器。如今皇家代尔夫特蓝陶工厂和代尔夫特孔雀陶瓷工厂依然在经营，将上好的代尔夫特瓷器销往全世界。

Tips
🏠 Rotterdamseweg 196　☎ 015-2512030
💰 8欧元　🚌 乘40路公共汽车在Jaffalaan站下

10 代尔夫特新教堂
高耸入云的哥特式教堂 ★★★★

代尔夫特新教堂本身虽然规模不大，却是欧洲教堂中当之无愧的精品。这座高耸入云的哥特式教堂，外观就好像一座尖塔，高高的尖顶在代尔夫特任何地方都可以看见，而其外部的装饰更是豪华无比。这里是历代荷兰王室成员的墓地所在，很多历史上赫赫有名的人物也安眠于此，至今不对外开放，人们只能在外面领略它的魅力。

Tips
🏠 Markt 80　☎ 015-2123025　💰 3.5欧元　🚌 乘80、82路公共汽车在Burgwal站下

11 赞斯堡
风车村 ★★★★

赞斯堡，也称"风车村"，几乎是一座露天的风车大世界，拥有大大小小1000多架风车，其中大多拥有一两百年的历史。

更为难得的是，这些风车都漆上了五颜六色的油漆，远远望去就好像一个个五彩缤纷的巨人一般，展现着独特个性。人们还能走近这些风车，了解它们的内部结构。除了风车外，这里成片的绿色木屋也很有特色，它们与风车相得益彰，构成一个童话般的世界。

Tips
☎ 075-6810000　🚆 从阿姆斯特丹中央车站乘火车在Koog-Zaandijk站下

12 小孩堤防
风车大世界 ★★★★★ 75分！

一提起荷兰，人们肯定都会想到那一座座巨大的风车。而位于小孩堤防村的风车群则是荷兰最著名的风车群，已经被列入了世界遗产名录。在这里共有19座巨大的风车，它们顺次排列在堤防两侧。这些风车是从14世纪就开始修建的，如今现存的大部分都是18世纪时所建的，每到七八月份的周六，这些风车都会被开动起来，非常美观。

Tips
🏠 位于莱克河与诺德河交汇处　☎ 065-2083486
💰 3.5欧元　🚇 从鹿特丹乘地铁D线在Zuidplein站换乘90路公共汽车在Molenkade站下

欧洲攻略　荷兰

207

13 库肯霍夫花园
欧洲最迷人的花园之一 ★★★★★

Tips
🏠 位于阿姆斯特丹近郊的利瑟小镇 ☎ 025-2465555 ¥ 14.5欧元 🚌 从Schiphol机场乘58号公共汽车在花园下

　　荷兰阿姆斯特丹附近的库肯霍夫花园，是欧洲最迷人的花园之一。这座花园占地32顷，有600多万株各式花卉，绘出一幅幅令人惊叹的彩图。每年春夏，世界各处慕名而来看花展的游客，不计其数。漫步在库肯霍夫花园当中，就像置身于花海之中，鸟语花香，令人陶醉。

14 羊角村
绿色威尼斯 ★★★★

　　羊角村位于荷兰西北部Overijssel省，本来是一片相当贫瘠的土地，后来一群挖煤矿的工人定居在此，寻找煤矿，结果挖出了许多"羊角"，这便是羊角村的来历。这里房子的屋顶都是由芦苇编成，这可比任何建材都耐用，而且冬暖夏凉，水面映出一幢幢绿色小屋的倒影，因此，羊角村又有"绿色威尼斯"之称。游客来这里参观，可以在小绿屋中住上一晚，保证比住宾馆还舒服。体验羊角村最好的方式当然是来趟运河巡礼，乘坐平底木船穿梭于静谧的村落，除了欣赏美景，还能领略这里的特色文化。

Tips
🏠 Giethoorn, Overijssel ☎ 0900-5674637 ¥ 3.8欧元 🚌 从阿姆斯特丹乘火车在Steenwijk站换乘70路公共汽车在Dominee T O Hylkemaweg站下

15 马斯特里赫特古城墙
古城的历史见证 ★★★★

　　马斯特里赫特可以说是荷兰最古老的城市，如今还很好地保存着古代留下的城墙。这些城墙大多建于600年前的中世纪时期，主要聚集于城南的耶克河河畔。城墙有一人多高，表面早已斑驳陆离，历史在上面留下了很深的印记。

　　值得一提的是，这里每个城门和隘口都起了十分奇特的名字，像"憎恶与嫉妒"、"魔女角"、"五颗头"等等，也许是想凭借这些听着很可怕的名字来震慑敌人吧。"地狱门"是马斯特里赫特古城墙的城门所在，也是现在唯一保存完好的城门，非常受人们的关注。古时这座城门外面就是收治黑死病人的医院，从这个门出去就意味着要面临死亡，所以才有了"地狱门"的称呼。尽管马斯特里赫特古城墙已经失去了防御的功能，但是今天它作为人们眼中的一道风景线，十分受历史爱好者的欢迎。

Tips
🏠 St.Bernardusstraat 24b ☎ 043-3257833

好买 BUY

01 史佩广场艺术市场
阿姆斯特丹最具艺术气息的地方 ★★★★★

史佩广场艺术市场是阿姆斯特丹最具艺术气息的地方，"史佩"是当地语言中"水闸"的意思，因为这里曾经是一片汪洋，后来人们围海造地，建起水闸，开拓出一片新天地。在成为广场之后，各种各样的商店逐渐迁入，包括很多书店、古董店、酒吧等。每到周五，广场都会举行热闹的艺术集市，来自各地的艺术家们会将自己精心设计和创作的艺术品摆在集市上来卖，这些艺术品大多是独一无二的，是很多艺术爱好者们淘宝的好机会。而对于普通的游客来说，就好像是一个露天的艺术展览一般。此外，各个书店也将各种畅销书摆到外面来，供人们挑选。

Tips
🏠 Spui 🚋 乘Tram1、2、5在Spui站下

02 Geels&Co
阿姆斯特丹最老牌的食品店 ★★★★★

Geels&Co是阿姆斯特丹最老牌的食品店，开业于1863年，至今已经历经五代传人，算得上是荷兰商贸史的活见证。在这家店里可以看到各种各样的茶叶、咖啡和糖，从来自中国福建的茉莉花茶、台湾地区的乌龙茶到印度的大吉岭红茶等应有尽有，种类超过100种。而咖啡也是琳琅满目，来自二三十个不同产地的咖啡豆散发着不同的香味。此外各种水果酱、蜂蜜、冰糖、茶具、种类繁多的礼盒等也都让人眼花缭乱。加上价格便宜公道，不管是当地人还是外来的游客都喜欢到这里来购物。如果觉得老板人不错，还可以邀请他讲一段当年荷兰东印度公司的历史，十分有趣。

Tips
🏠 Warmoesstraat 67 ☎ 020-6240683 🚉 中央车站出站可到

03 De Kaaskamer
阿姆斯特丹最具知名度的奶酪店 ★★★★

De Kaaskamer是阿姆斯特丹最具知名度的奶酪店，店里销售的奶酪种类超过200种，

Tips
🏠 Runstraat 7 ☎ 020-6233483 🚋 乘Tram1、2、5在Spui站下

有来自世界各地的不同风味，让第一次来这里的客人眼花缭乱。不过并不用担心不知道买什么好，店里的店员个个都是奶酪专家，对各种奶酪的口味和特点了如指掌，如果有什么疑问完全可以问他们。除了数量众多的奶酪外，这家店还销售各种沙拉、腌肉、三明治、橄榄、调味料、酒、坚果等，就像是一个食品超市一般，因此不管什么时候来都能看到排队购物的人群，人气十足。

209

04 阿姆斯特丹购物大街
●●● 黄金街区 ★★★★★

阿姆斯特丹是荷兰的首都，商业十分繁华，虽然城市面积不大，但是购物街却占据了很大的比例。在阿姆斯特丹的市中心，从水坝大道到罗金街这一段是购物的黄金街区，以这里为中心延伸开去的每条大街小巷都有大大小小的店铺，有服装店、餐厅、咖啡馆、商场、超市、俱乐部等。无论是购物，还是休闲娱乐，这里都是最好的选择，几乎每个来荷兰的游客都要到这里逛一逛。

> **Tips**
> 🏠 阿姆斯特丹中央区

05 马斯特里赫特旧城购物街区
●●● 具有古典韵味的购物场所 ★★★★

马斯特里赫特是一座富有中世纪风情的城市，连购物街区都颇具古典韵味。在马斯特里赫特旧城购物街区，出售时装、糕点和古董的商店夹杂在各种古代建筑中间，让人真不知道是看古迹好，还是看那些货架上的物品好。这里的商店很有国际色彩，很多世界知名的品牌在这里都能看到，还有那具有荷兰特色的美食街，提供不少荷兰传统小吃，尤其是那鲜活的鳟鱼更是受人追捧。

> **Tips**
> 🏠 Stokstraat Kwartier

06 阿尔克马尔奶酪市场
●●● 奶酪交易市场 ★★★★

> **Tips**
> ☎ 072-5114284（游客服务中心） 🚊 从阿姆斯特丹中央车站乘火车在Alkmaar站下

我们都知道奶酪是荷兰的著名特产，而小城阿尔克马尔是荷兰奶酪交易最频繁的地方，拥有举世闻名的阿尔克马尔奶酪市场。早在14世纪这里就已经是著名的奶酪交易市场，安放有专门为奶酪称重的天平。如今这里依然保持着古老的传统，不过各种工具早已现代化了。这里还增添了旅客咨询处、餐厅和荷兰奶酪博物馆等，每天还有奶酪搬运工们的搬运表演。来这里旅游不仅能了解荷兰奶酪的历史文化，还能品尝纯正美味的奶酪。

好吃 EAT

01 De Knijp
风格传统的老饭店

Tips
🏠 Van Baerlestraat 134 ☎ 020-6714248 🚊 乘Tram3、5、12、16、24在Museumplein站下

　　De Knijp在当地语言中是"温暖的场所"的意思。走进这家餐厅，昏黄的灯光让人顿时有一种温暖的感觉。餐厅内的布置很传统，很有一种19世纪老酒馆的风情，十分适合三五好友相聚交谈。这家餐厅主要提供荷兰菜和法国菜，其中有不少新式菜肴，十分适合当下的年轻人。而且法国菜的口味十分正宗，很多法国人吃了以后都觉得像是在巴黎用餐一样。而且由于距离音乐厅很近，因此经常会有音乐家前来光顾。而看到足球明星或是知名演艺人士的机会也不小。

02 泪之塔
伤心离别之地

Tips
🏠 Prins Hendrilkkade 94 ☎ 020-4288291 🚊 从阿姆斯特丹中央车站出站

　　泪之塔原来是一座城市的防御塔，建于15世纪，当时荷兰航海业非常发达，有"海上马车夫"之美誉，出行的航船都是在这里出海，船员们也是在这里和家人们依依惜别，同时也不免流下悲伤的泪水，泪之塔的名字正源于此。这座塔是一座半圆形的尖顶建筑，内部如今是一家咖啡厅，坐在这里一边喝着咖啡，一边眺望远处的海港风景，非常惬意。

欧洲
攻略HOW

Part.24 瑞士

地处欧洲中部的瑞士国土面积不大，是一个风景优美的联邦制国家，素有世界公园的美誉。作为全世界最富裕、经济最发达和生活水准最高的国家之一，瑞士在历史上一直保持政治和军事上的中立，而众多国际性组织的总部也纷纷设在这个美丽迷人的国家，使得世界上更多的人认识和了解了瑞士。

欧洲攻略 | 瑞士

瑞士 特别看点！

第1名！
苏黎世大教堂！
100分！ 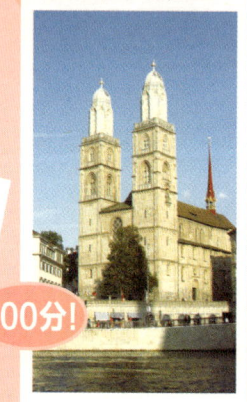
★ 苏黎世老城区的象征，苏黎世最宏伟的建筑之一！

第2名！
苏黎世湖！ 
90分！
★ 清澈如镜的湖泊，苏黎世最美的地方！

第3名！
莱茵瀑布！ 
75分！
★ 欧洲第一大瀑布，欧洲最大的瀑布！

📷 好玩 PLAY

01 伯尔尼旧城区
古老的街区 ★★★★★

伯尔尼是瑞士的首都，是一座历史悠久的城市，最能表现它古老风貌的是伯尔尼旧城区。旧城区位于阿勒河形成的天然U字形河湾之中。瑞士政府为了保持这里的古老风貌，特别限制了此地的建筑设计和建设，因此这里至今看不到一幢现代化的钢筋水泥建筑。所有的建筑都古色古香，散发出一种历史文化的气息。在伯尔尼旧城区参观给游客留下最深印象的是这里的喷泉，这里遍布喷泉，大约有几百处，这些喷泉各有特色，为古老的旧城区增色不少。

Tips
🚊 乘12号电车可到

214

02 爱因斯坦故居
●●● 伟大科学家的居所　★★★★★

爱因斯坦被公认为自伽利略、牛顿以来最伟大的科学家，为人类的科学事业做出了重大贡献。他一生漂泊不定，但却和伯尔尼这座城市有着不解之缘。爱因斯坦1903年搬到伯尔尼，在这里生活7年之久，正是在这段时间他发表了经典的狭义相对论和著名的$E=mc^2$的公式，从一个默默无闻的穷讲师变成闻名世界的大科学家。今天，在伯尔尼还存留着爱因斯坦故居，故居内的摆设都保持着原状。另外，这里还陈列着不少爱因斯坦使用过的生活用品及他发表相对论时的学术资料。

Tips
🏠 Kramgasse 49,3000 Bern　☎ 031-3120091　🚌 乘Bus12在Zytglogge站下

03 伯尔尼大学
●●● 世界上古老而知名的大学之一　★★★★

伯尔尼大学是世界上古老而知名的大学之一，这所高等学府创立于1834年，共有7个学院，在医药研究方面成就特别卓著，与此同时，这所大学对太空探险也有卓越的贡献。它所完成的"太阳风合成实验"成果，于1969年到1972年实际应用于美国登陆月球的太空船阿波罗11、12、14、15、16号等。这所大学吸引各国学生到此留学。走在古老的校园里，能明显感受到浓郁的学术文化气息。

Tips
🏠 Hochschulstrasse 4, 3012 Bern　🚌 乘Bus100、102、104、105、106或NFB在Bern, Obergericht站下

04 熊公园
●●● 熊的乐园　★★★★

熊是伯尔尼的吉祥物，深受瑞士人的喜爱，如果想观赏这些憨态可掬的"家伙"，那就去熊公园吧。熊公园其实并不是普通意义上的动物园，这里没有完善的建筑设施，一切都很原生态，这是为了不限制熊的自由，让熊快乐地在此生活，才专门这么设计的。游客可以深入园中，近距离地和熊接触，甚至可以体验一下喂熊的乐趣。

Tips
🏠 伯尔尼市旧城区的尽头　🚌 乘Bus12在Barengraben站下

05 伯尔尼大教堂
●●● 瑞士最大的教堂　★★★★★

伯尔尼大教堂始建于1421年，历经4个多世纪才最终完工，这在历史上十分少见。它是瑞士最大的教堂，由于建设过程太久，所以汇集了各种建筑风格和艺术，堪称是一件精雕细琢的艺术品。这里最吸引人的是大教堂高达100米的钟塔，是瑞士之最。人们可以通过254级楼梯登上塔顶，体验"一览众山小"的感觉，当然也可以一览伯尔尼整个城市的风貌。

Tips
🏠 Münsterplatz 1,3000 Bern　☎ 031-3120462　🚌 乘Bus12在Rathaus站下

欧洲攻略　瑞士

06 阿尔卑斯博物馆
了解阿尔卑斯山脉的窗口 ★★★★★

阿尔卑斯博物馆就位于伯尔尼历史博物馆对面，虽然表面并不起眼，但是走进去就会发现这里别有洞天。一进大门，一个巨大的阿尔卑斯山脉的立体模型就展现在人们面前，游客们好像身处阿尔卑斯山的上空，能清楚地看到这里的每一座山峰。除了山脉模型，这里还配了不少当地动植物的化石和矿物标本，让人们对欧洲这处最著名的山脉有更多的了解。

Tips
Helvetiaplatz 4,3005 Bern ☎ 031-3500440 ￥12瑞士法郎 乘Bus3、5、19在Helvetiaplatz站下

07 少女峰
阿尔卑斯山脉最美的山峰 ★★★★★

少女峰是瑞士最著名的山峰，也是阿尔卑斯山脉在伯尔尼的一部分。这座山峰海拔4158米，虽然不是阿尔卑斯山最高的山峰，但是绝对是其中最美丽的山峰。少女峰顶峰终年白雪皑皑，山腰却鲜花满地，绿草丛生，令人赞叹。在少女峰海拔3454米的半山腰，有一个车站，是游人登上峰顶的必经之地。从这里可以乘前往顶峰的齿轨列车，途中可以欣赏无限的美景。登上峰顶，更是有一种腾空欲飞的感觉，仰望仿佛触手可及的蓝天，非常美妙。

Tips
从伯尔尼乘IC在因特拉肯下

08 雪朗峰
观赏阿尔卑斯山脉风光的好地方 ★★★★

Tips
☎ 033-8260007 从因特拉肯乘火车或邮政巴士在米伦换乘缆车上山

阿尔卑斯山上每一座山峰都很有特色，其中最有代表性的要数雪朗峰了。站在雪朗峰上，可以观赏周围的连绵群山，200多座山峰若隐若现，非常美妙。雪朗峰备受游人关注，始于在这里拍摄的《007之女王密使》，从那时起，人们开始认识和了解了雪朗峰。如今这里依然保留着当年拍摄时搭建的旋转餐厅和观景台，这些设施也成为雪朗峰一道亮丽的风景。

09 日内瓦大喷泉
日内瓦的标志性景点 ★★★★★

不管你身处日内瓦的哪一个地方，只要抬头朝日内瓦湖的方向一看，总能看到一条冲天而起的巨大水柱，这就是著名的日内瓦大喷泉。这座喷泉水柱最高可以达140米，是日内瓦最著名的景观。如果是在天气好的时候，一道美丽的彩虹会出现在喷泉中，非常美丽。很多游客走近日内瓦大喷泉时，无不惊叹，盛赞它是人间奇迹。现在，日内瓦大喷泉成了日内瓦的标志性景点，几乎每个来日内瓦的游客，都要到这里看看这壮阔的胜景。

Tips
🏠 日内瓦湖畔码头　🚌 乘2、6、E、G、NS在Genève, Rue du Lac下，步行至码头

10 日内瓦湖
以湛蓝清澈著称的湖泊 ★★★★

日内瓦湖，也叫莱芒湖，是阿尔卑斯山脉湖群中最大的一个。这片湖泊是由上古冰川融化而形成的，以湖水湛蓝清澈而闻名。湖边的日内瓦大喷泉正是这里最大的标志。拜伦、亨利·詹姆斯、巴尔扎克等举世闻名的文豪都对日内瓦湖进行过赞颂，现在这里成为全世界人都注目的旅游胜地。另外，在日内瓦湖畔，还有一座纪念皇后乐队主唱墨丘利的铜像，每年都有无数歌迷来此参观。

Tips
🏠 Place de Marche　🚌 从蒙特勒车站出站步行5分钟

11 西庸城堡
瑞士最著名的中世纪城堡之一 ★★★★★

西庸城堡位于瑞士边境城市蒙特勒附近的日内瓦湖畔，是瑞士最著名的中世纪城堡之一，从古老的罗马时代开始，这座城堡就矗立在这里，至今城堡依然保持着中世纪时的坚固和美丽。这座城堡的地理位置十分优越，它扼守着阿尔卑斯山的咽喉要道，长期以来受到各方觊觎，历来是兵家必争之地。这座城堡的地基打得很深，一直打到300米深的日内瓦湖底，而城堡本身就依山而建，仿佛和这里的山山水水已经融为一体，让它显出独特的浪漫气质。在城堡里至今还保留着很多中世纪时期的遗址，很多历史爱好者常到此怀古探幽。

Tips
🏠 Avenue de Chillon 21, 1820 Veytaux–Montreux　☎ 021-9668910　💰 12瑞士法郎
🚌 乘Bus1在Chillon站下

欧洲攻略　瑞士

12 国际热气球周

国际热气球盛会 ★★★★★

从1979年开始，每年1月的最后一个星期，瑞士小镇厄堡都会举办一年一度的国际热气球周。届时会有来自15个国家、超过80个的热气球齐聚这座小城，也会有6万多游客拥入这里，观看精彩的表演。五彩缤纷的热气球将这里的天空渲染得亮丽夺目，让人目眩神迷。热气球运动作为很多人探索天空和冒险的最佳选择，越来越流行，因此，国际热气球周备受世界各地冒险爱好者的关注。

Tips
☎ 026-9242525　¥ 9瑞士法郎

13 冰河3000

银装素裹的世界 ★★★★

冰河3000，顾名思义，就是一处海拔高达3000米的冰河，这里一年四季都是银装素裹的世界，是游客滑雪、探险的最好去处。现在这里建有现代化的登山缆车，还建有可以瞭望四周的观景餐厅。狗拉雪橇是这里最受欢迎的活动，人们可以乘坐由一群可爱的狗狗们拉着的雪橇在雪地里飞驰，虽然惊险，但是充满了趣味。

Tips
🏠 1865 Les Diablerets　☎ 024-4920923　🚌 从蒙特勒乘火车在Aigle换乘窄轨火车在Les Diablerets站下，之后换乘邮政巴士在Col du Pilon站下

14 苏黎世大教堂 (100分!)

苏黎世的三大教堂之一 ★★★★★

苏黎世大教堂是瑞士苏黎世的三大教堂之一。该教堂位于利马河畔，是苏黎世老城区最显眼的建筑。今天的教堂始建于1100年前后，是一座修道院教堂。大教堂在宗教改革历史上扮演重要角色，可以说是瑞士德语区宗教改革的诞生地。大教堂为罗曼式，其双塔被视为苏黎世的地标。此外，大教堂内设有宗教改革博物馆和苏黎世大学神学院。

Tips
🏠 Grossmünsterplatz,8001,Zürich　☎ 044-2525949　🚌 乘Tram4、15在Helmhaus站下

15 苏黎世湖
瑞士著名冰蚀湖
90分!
★★★★★

苏黎世湖在瑞士高原东北部,是瑞士著名冰蚀湖。湖面海拔406米,长39公里,宽4公里,呈新月形,由东南向西北延伸。在苏黎世湖边,看夕阳映照着湖面,红红的波光像一片一片的玫瑰花瓣,十分美妙。湖面上白天鹅、野鸭随处可见,是一道动态的风景线。苏黎世湖岸坡度徐缓,遍布葡萄园和果园,把苏黎世湖装饰得极为美丽。

Tips
- Mythenquai 9,8001 Zürich　044-2013889　¥ 6瑞士法郎　乘2、5、8、9、11Tram号在Bükliplatz站下

16 沙夫豪森老城区
保持着十分古老的风貌
★★★★★

沙夫豪森是瑞士沙夫豪森州的首府所在地,曾经是欧洲富甲一方的重镇,这从沙夫豪森老城区便可窥其一斑。如今老城区依然保持着十分古老的风貌,家家户户墙上花样百出的凸窗便是一大看点。这些凸窗是过去当地富人炫富的方式,因此制作得十分精美。沙夫豪森老城区虽然不大,但那荡漾在其中的中世纪风情还是很让人留恋的。

Tips
- Schaffhausen Altstadt　从沙夫豪森火车站出站步行10分钟

17 米诺要塞
巨大的圆形建筑
★★★★★

Tips
- Munotstieg 17, 8200 Schaffhausen　从沙夫豪森火车站出站步行10分钟

米诺要塞是欣赏沙夫豪森老城区的最佳地点,这座建于16世纪的要塞在老城区那些传统的房屋中显得鹤立鸡群。它是一座巨大的圆形建筑,内部空间很宽阔,发生战乱时这里便成为庇护普通民众的场所。通过一条通行马车的环形通道来到堡垒的顶端,从这里可以遥望沙夫豪森老城区的每一处角落,无论是各种古宅旧屋风貌,还是美丽的莱茵河风光,都尽收眼底。

欧洲攻略　瑞士

18 莱茵瀑布

欧洲最大的瀑布

Tips
位于瑞士北部的沙夫豪森州境内　052-6724811　单程渡船2.5瑞士法郎　乘S33在Schloss Laufen am Rheinfall站下

莱茵瀑布是欧洲最大的瀑布，它宽150米，落差达23米，尤其是在夏天，高山上冰雪融化，水量增大，那磅礴的气势，令人震撼。还没走到莱茵瀑布前，就会听见这里雷霆万钧的轰响声。而走到近前，溅在脸上的水沫更让人亲身体验到这里的壮阔之美。人们可以沿着瀑布前的河流绕瀑布一圈，从不同的角度欣赏这处大瀑布的魅力。

19 施泰因

水乡小镇

在美丽的莱茵河畔有一座水乡小镇，这就是施泰因，它好像从油画中走出来一样，给原本就美丽的莱茵河增添了更多的色彩。这座城市的美景大多都集中在市中心的市政厅广场上，广场周围的建筑都建于16世纪，几乎每一处都绘有精美的壁画，而这些建筑就以它们身上的壁画而命名。除了传统建筑外，这里还有两家博物馆，可以从中了解这座小城的历史和各种民间艺术。

Tips
Stein am Rheim

20 荷恩克林根城堡

基本保存原貌的城堡

荷恩克林根城堡建于12世纪，其后100多年间数易其主，每换一次主人这里几乎都会扩建一次，直到1457年莱茵河畔施泰因的市民集体出资将其买下，这座城堡才没发生更多变化。如今，这里基本保持了旧时的模样，其中一部分被辟为餐厅。在这里用餐可以一边欣赏窗外美丽的景色，一边感受优雅的气氛，十分惬意。

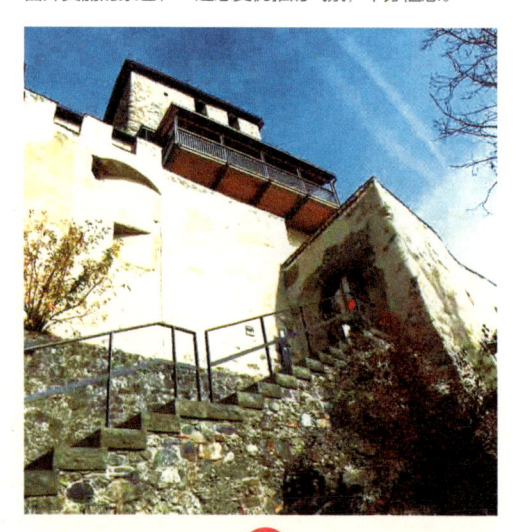

Tips
Burg Hohenklingen,8260 Stein am Rhein　052-7414141

21 卢塞恩湖
犹如蔚蓝色的宝石 ★★★★

卢塞恩湖是瑞士十分有名的湖泊，这里风景优美，湖水清澈，是休闲、度假、观光的好去处。从远处眺望卢塞恩湖，它好像一块蔚蓝的宝石镶嵌在群山之中，美不胜收。想要完完全全地亲近这片湖泊，乘船到湖中一游是最好的方式。这里有多种行程可以供人选择，其中最受人欢迎的当属午餐游船和日落游船两种，午餐游船每天中午出发，人们可以在湖中央享受4种美味大餐，还能享受美妙的视觉"盛宴"。而日落游船都是在每天日落时分出发，前往湖西体验独一无二的日落美景，好像人在画中游一般。

Tips
☎ 041-3676767　💰 单程轮船15瑞士法郎　🚉 从卢塞恩中央车站出站

22 皮拉图斯山
最具神话色彩的山峰 ★★★★★

皮拉图斯山是瑞士最具神话色彩的山峰，在这里曾经流传着龙和鬼怪的故事，给此山披上了一层神秘的外衣。卢塞恩政府曾宣布它为禁山，这反而使其更加令人向往。不过，今天这里早已不是神秘之地了，成了人们喜爱的风景旅游区。山上四处都是迷人的自然风光，完全和想象中险恶的、充满鬼怪的山峰不同。皮拉图斯山还有一道人文景观，那就是皮拉图斯山铁道，它建于1889年，一直都是前往皮拉图斯山顶的重要线路。这条铁路最大的特点就是有一段角度达到48°的世界第一坡度，因此机车和月台都相当有特点。坐上火车，全方位地和这座大山做亲密接触，一定会留下美好的回忆。

Tips
📍 6053 Lucerne　☎ 0414-3291111　🚉 从卢塞恩乘船在阿尔卑纳赫施塔德

23 库尔旧城区
中世纪的街区风貌 ★★★★★

Tips
☎ 081-2521818　🚉 乘冰河快车、伯连纳快车和阿罗萨快车在库尔下

库尔旧城区是瑞士比较古老的地方，到处都是古色古香的建筑，这些建筑大多建于16世纪，风格也以北意大利哥特式为主。走在库尔旧城区内，每个人都会被一座座建筑上漂亮的壁画所吸引，壁画讲述了所在建筑过往的辉煌历史。此外，在这里还能看到不少山羊的形象，它是阿尔卑斯山上著名的动物，被人们赋予了"自由"的象征。

欧洲攻略　瑞士

24 威斯康提城堡
千年古城堡 ★★★★

Tips
📍 Via B.Rusca5,6600 Locarno ☎ 091-7563170 💰 7瑞士法郎

　　威斯康提城堡具有1000多年的历史了，曾经先后被当地望族与米兰的威斯康提公爵所统治。如今这里已经被开辟成一处博物馆，除了可以通过15世纪时的建筑和庭院了解这里的历史外，还能通过博物馆中的藏品，了解洛迦诺这座玻璃工业城市在古罗马时期的重要作用。那些精美的青铜器、玻璃和陶瓷器皿等，都十分珍贵。

25 瑞士国家公园
瑞士唯一一座国家公园 ★★★★★

　　瑞士国家公园是瑞士唯一一座国家公园，也是全欧洲最早建立的国家公园之一。它位于瑞士风光秀丽的小镇采尔内茨，这里拥有高山、绿草、清水、鸟兽等，是生机勃勃的大观园，也是人们亲近大自然的最佳选择。人们可以通过各条登山步道登临高山之巅，沿路还可以饮用山涧的泉水，登上山巅后，整个公园的美景，一览无余，尽收眼底。

Tips
📍 7530 Zernez ☎ 081-8514141 💰 7瑞士法郎
🚆 从施库奥尔乘RhB火车在Zernez站下

26 贝林佐纳大城堡
历史悠久的大城堡 ★★★★

　　贝林佐纳大城堡是贝林佐纳几座城堡之中最有代表性的一座，历史极为悠久，早在公元前5500年，这座大城堡所在的地方就出现了人类活动的痕迹。而4世纪时，罗马人修建了现在这座贝林佐纳大城堡。在1000多年的历史中，这里遭受了无数次破坏和重建，如今依然能看到战火留下的痕迹。城堡内设有博物馆，向人们介绍贝林佐纳的历史文化，每天来这里参观的游客，络绎不绝。

Tips
☎ 091-8258145 🚆 从贝林佐纳火车站出站

好买 BUY

01 Jelmoli
苏黎世历史最悠久的百货商店 ★★★★

Tips
🏠 Seidengasse 1,8001 Zurich ☎ 044-2204411 🚋 乘Tram6、7、11、13在Rennweg站下

Jelmoli是苏黎世历史最悠久的百货商店，也是本地面积最大的名牌购物商场。Jelmoli包括地下室在内一共只有7层营业面积，比起很多世界知名的大型购物商场来要小了很多。但是这里除了有来自世界各地的名品专柜外，还有很多只有在瑞士才能找到的当地品牌，这些当地品牌无论是品味还是质量都十分出色，而且价格实惠，值得一看。此外，在商场地下的葡萄酒专营店里，各种葡萄酒按照产地分门别类排列，其中包括不少从不外销出口的瑞士葡萄酒，让人眼前一亮。

02 宝齐莱本店
出售各种瑞士钟表的商店 ★★★★

Tips
🏠 Schwanenplatz 5,6002 Luzern ☎ 041-3697700 🚌 乘Bus 1、6、7、8、14、19在Schwanenplatz站下

宝齐莱本店是一家出售各种瑞士钟表的商店，但是像它这样被全世界的游客当作旅游景点来参观的，放眼世界也是屈指可数。相信喜欢钟表的人对宝齐莱这个品牌肯定不陌生，在世界钟表珠宝专卖店中，宝齐莱可以算是行业的领头羊，目前在全瑞士已经开有14家分店了，但是最大的店铺还是要数位于卢塞恩的这家本店。在这里可以看到劳力士、万国、伯爵、爱彼、帝舵、浪琴、雷达等世界名表，还有很多有资质品牌的钟表，都很受人们欢迎。

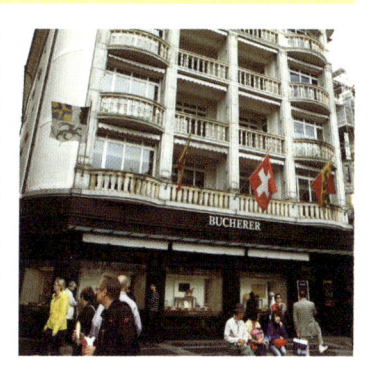

欧洲攻略 · 瑞士

223

好吃 EAT

01 Altes Tramdepot
人气最高的啤酒酒吧 ★★★★

Tips
📍 Gr.Muristalden 6,3006 Bern ☎ 031-3681415 🚌 乘Bus12在Barengraben站下

　　Altes Tramdepot位于熊公园游客服务中心后方，原本也是旧停车场中的建筑，如今则是伯尔尼人气最高的啤酒酒吧。这家酒吧出售的啤酒全都是自家酿造的，而且酿造的地点就在酒吧里，因此在这里能品尝到最新鲜甘醇的啤酒。而且这家酒吧的啤酒种类很多，定期会更换，让人一点都不会觉得厌倦。除了啤酒外，这座酒吧还会提供很多伯尔尼的特色菜肴，像一种叫做Bernerteller的菜肴，是用各种火腿、熏肉、香肠等放在一起，再配上水煮马铃薯，很具当地特色。

02 Oepfelchammer
很有历史的怀旧餐厅 ★★★★★

　　Oepfelchammer位于苏黎世老城区中心，是一家很有历史的怀旧餐厅。在餐厅的对面就是瑞士19世纪著名的诗人凯勒年轻时候的居所，而在凯勒居住在这里的时候，他就已经是这家店的常客了。餐厅内部主要分作两个部分，一边是装饰传统化的Gaststube，另一边则是十分优雅的现代化餐厅Zuri-Stubli，分别适合不同需求的客人。这家餐厅一直都秉持着服务至上的原则，为客人们提供最好的服务，从前菜、主菜到甜点等都非常讲究，是品尝瑞士菜最好的去处。

Tips
📍 Rindermarkt 12,8001 Zurich ☎ 044-2512336 🚌 乘Tram4、15在Rathaus站下

03 L'Hotel-de-Ville
日内瓦的特色美食 ★★★★

　　日内瓦在文化渊源上和法国十分接近，因此在吃的文化上也和法国人一般挑剔。日内瓦由于临近大湖，因此各种新鲜的淡水鱼就成了当地十分著名的特色菜肴。如果想要吃到最正宗的日内瓦美食，去L'Hotel-de-Ville是最好的选择。这家餐厅和市政厅名字相同，数百年来也一直都是政府官员们中午休息聚餐的地方，因此餐厅食物的口味和服务的严谨自不必说。在这里可以吃到很多从日内瓦湖中打上来的鲜鱼，口感鲜嫩，滋味香甜，让人回味无穷。

Tips
📍 Grand-Rue 39,1204 Geneve ☎ 022-3117030

04 Kaiser's Reblaube
拥有古老建筑的餐厅 ★★★★

　　Kaiser's Reblaube就位于圣彼得教堂旁，在饭店的外墙上有十分精美的壁画，吸引了很多人的视线。这家餐厅所在的建筑可是大有来头，早在它成为餐厅前，就已经是大文豪歌德前来苏黎世拜访友人时下榻的地方。而这家餐厅开业于1919年，专门提供各种欧洲料理。其中一楼是一处气氛舒适的小酒馆，平时是朋友聚会的好地方，晚上则可以来小酌一番。而二楼被称作"歌德的寝室"，就是歌德当年住过的地方，提供丰富的套餐供人们选择。

Tips
📍 Glockengasse 7,8001 Zurich　☎ 044-2212120　🚋 乘Tram6、7、11、13在Rennweg站下

06 Kropf
历史十分悠久的餐厅 ★★★★

　　Kropf是一家历史十分悠久的餐厅，早在1444年就已经有了。这家餐厅曾经更换过很多很有名气的屋主，一直到19世纪方才改造成现在的酒店驿站式样。从此以后这里就成了苏黎世人聚会休息的主要场所之一。高挑的屋顶和室内美观的古典金色壁画都将这座富有历史的建筑衬托得无比秀丽，是苏黎世继苏黎世歌剧院后又一座具有典型19世纪风格的历史建筑。这家餐馆始终坚持为人们提供正宗的瑞士传统美食，让人们可以好好享受这传统的文化。

Tips
📍 In Gassen 16,8001 Zurich　☎ 044-2211805　🚋 乘Tram2、6、7、8、9、11、13在Paradeplatz站下

05 Stadtkeller餐厅
瑞士传统的民谣 ★★★★

　　在瑞士经常可以看到各种民俗庆典活动，在活动中男男女女都会身着传统的刺绣服饰，演奏瑞士传统的民谣Jodel，但是如果不是经过事先安排，一般是看不到这些庆典的。因此在瑞士就兴起了很多民俗餐厅，专门为客人们提供这些民俗服务。其中Stadtkeller餐厅就是较为著名的一家。每天中午或晚上，客人们可以一边享用传统的瑞士美食，一边倾听演员们表演的Jodel，那悠扬的乐器和唱腔都让人沉醉不已。

Tips
📍 Sternenplatz 3,6004 Luzern　☎ 041-4104733　🚌 乘Bus 1、6、7、8、14、19在Schwanenplatz站下

07 Armures
日内瓦最小的五星级饭店 ★★★★

　　Armures是日内瓦最小的五星级饭店，饭店里仅有28个房间，但是设施和服务却是一流的。在饭店的一楼和地下室有同名的餐厅，号称是日内瓦历史最悠久的餐厅。这家餐厅创始于17世纪，至今已经有近400年的历史，这么多年来，一直都保持着中世纪时候的古老风味，让人印象深刻。餐厅的布置就很有中世纪风情，可以看到一副威武的铠甲矗立在餐厅门前。这里提供很多瑞士古老的菜谱，大多数都是在别处吃不到的，因此很吸引人。

Tips
📍 Rue Puits-Saint-Pierre 1,1204 Geneve　☎ 022-3103442

欧洲攻略　瑞士

欧洲
攻略HOW

Part.25 奥地利

奥地利首都维也纳是举世闻名的艺术之都，人们可以在这里徜徉在每条街道上，了解那些如雷贯耳的音乐家的生平和其留下的伟大作品，让身心都接受一次艺术的洗礼。

奥地利 特别看点！

第1名！ 美泉宫！ 100分！
★ 哈布斯堡皇室宫殿，奥地利最美的宫殿建筑群！ 

第2名！ 霍夫堡宫！ 90分！ 
★ 奥匈帝国的皇宫，哈布斯堡皇室驻地！

第3名！ 爱乐协会大楼！ 75分！ 
★ 金色大厅的所在地，全球最著名的音乐圣殿！

📷 好玩 PLAY

01 霍夫堡宫 90分！
中欧最大的宫殿建筑群

Tips
🏛 Hofburg　¥ 10欧元　🚇 乘地铁3号线在Herrengasse站出站

霍夫堡宫坐落在奥地利首都维也纳的市中心，是奥地利哈布斯堡王朝的宫殿。该宫殿始建于1275年，经过几百年不断的修缮、扩建，才形成了今天这么庞大的建筑群，可以说是中欧最大的宫殿建筑群。它由18个翼、19个庭院和2500个房间构成，走进去，仿佛进入一个大迷宫。宫殿里的看点非常多，比较著名的有"奥地利画廊"，那里珍藏着中世纪到现代的绘画和雕塑名作，值得细细参观。新近开放的茜茜公主博物馆和有着400年历史的西班牙皇家马术学校也在霍夫堡宫中。

欧洲攻略 / 奥地利

02 阿尔贝蒂娜博物馆
世界最著名的博物馆之一 ★★★★

维也纳阿尔贝蒂娜博物馆是世界上最著名的博物馆之一，该博物馆原来是一座宫殿，后来以收藏创始人的名字命名为阿尔贝蒂纳博物馆。馆内共藏有6万幅绘画作品和1万件版画，比较著名的有阿尔布雷特·丢勒的《野兔》、《祈祷的双手》及西勒、塞尚、克里姆特、柯克施卡、毕加索和罗森伯格的杰出作品。

Tips
🏠 维也纳的内城区　🚇 乘地铁3号线在Herrengasse站出站

03 贝多芬故居
"乐圣"的住所 ★★★★

贝多芬是德国伟大的音乐家之一，被尊称为"乐圣"。他是维也纳古典乐派的代表人物之一，与海顿、莫扎特一起被后人称为"维也纳三杰"。贝多芬从17岁开始长期生活在维也纳，现在这里还保留着他在维也纳的居所。故居位于维也纳大学附近，周围环境清幽，寂静安宁，贝多芬的许多著名曲目都是在这里完成的。现在故居的室内保存着大量文物，既有贝多芬的日常生活用品，还有他谱写的部分曲目稿件。

Tips
🏠 Molker Bastei 8　¥ 2欧元　🚇 乘地铁1、3号线在Stephansplatz站出站

04 莫扎特纪念馆
纪念音乐大师的场馆 ★★★★

莫扎特是奥地利作曲家，也是欧洲古典乐派的代表人物之一，在音乐艺术方面取得了巨大成就。莫扎特纪念馆就是由莫扎特的居所改建而来，它深藏于维也纳的街巷之中，是座毫不起眼的民居建筑。音乐大师就是在这里创作完成了闻名世界的《费加罗的婚礼》。游人在此可以了解大师的生平事迹，还能看到他所使用过的各种物品以及他亲笔所写的乐谱、信件等。

Tips
🏠 Domgasse 5　☎ 01-5121791　¥ 9欧元　🚇 乘地铁1、3号线在Stephansplatz站出站

欧洲攻略　奥地利

欧洲攻略 奥地利

05 维也纳国家歌剧院
素有"世界歌剧中心"之称 ★★★★★

维也纳国家歌剧院素有"世界歌剧中心"之称，是世界上最著名的歌剧院之一，始建于1861年，由奥地利著名建筑师西克斯鲍和谬尔设计完成。1869年5月15日建成开幕，首场演出的是莫扎特的歌剧《唐·璜》，极受人们欢迎。歌剧院从那时起开始声名鹊起。遗憾的是"二战"期间，维也纳国家歌剧院遭到了严重的破坏。20世纪50年代，重新进行修建，建成后首演出了贝多芬的歌剧《费得里奥》，又在维也纳掀起一波热潮。如今，全世界最著名的作曲家、指挥家、演奏家、歌唱家和舞蹈家，都以在国家歌剧院演出而感到荣幸。在每年300场的演出中，无论是歌剧，还是芭蕾舞，无一重复，极受追捧。除了在维也纳国家歌剧院欣赏美妙的歌舞外，这座建筑本身就是一件艺术品，它是一座高大的方形罗马式建筑，仿照意大利文艺复兴时期大剧院的式样，全部采用意大利生产的浅黄色大理石修成。里面的装饰、布置十分华丽，而且寓意深刻，尤其是剧院内的海顿、舒伯特、勃拉姆斯、瓦格纳、施特劳斯父子等音乐巨匠的雕塑，十分引人入胜。此外，院内挂着的油画，都是最优秀的歌剧中的最精彩场面，值得细细观赏。

Tips
🏠 Opernring 2　☎ 01-514442250　¥ 6.5欧元
🚇 乘地铁1、2、4号线在Karlsplatz站出站

06 奥地利国家美术馆
珍藏美术精品 ★★★★★

维也纳不仅是音乐之都，也是艺术之都，这里的美术馆数量多、知名度高，最有代表性的是奥地利国家美术馆。这座展馆的展厅众多：希腊罗马馆里展出的多为珍贵的考古文物；雕刻艺术馆里展出的则是精美的雕塑和手工艺品；绘画馆里以威尼斯画派的作品为主，其中包括大画家提香、布勒哲尔等人的画作。对于美院的学生和绘画爱好者来说，这里就是艺术圣殿。

Tips
🏠 Maria-Theresien-Platz　☎ 01-525244025
¥ 10欧元　🚇 乘地铁2号线在Museumqartier站出站

07 爱乐协会大楼　75分!
全球最著名的音乐演出场所 ★★★★★

爱乐协会大楼是一座文艺复兴式的建筑，该建筑由音乐之友协会于1867年修建，是著名的维也纳爱乐管弦乐团的总部所在地，也是全球最著名的音乐演出场所。闻名于世的一年一度的维也纳新年音乐会就是在这里举行的。这座大楼的内部装饰金碧辉煌，音乐效果极佳，能给听众带来顶级的听觉享受。大楼的收藏馆里展示着许多音乐大师的手稿，其中包括莫扎特、舒伯特和勃拉姆斯的作品。

Tips
🏠 Bosendorferstr 12　☎ 01-50508190　¥ 5欧元
🚇 乘地铁1、2、4号线在Karlsplatz站出站

230

08 梅克修道院
● ● ● 历史悠久的修道院　　★★★★★

梅克修道院是一座历史悠久的修道院，在维也纳很有名气。这座修道院的建筑雄伟而华丽，可以说是基督教建筑中的典范。金碧辉煌的大理石厅里有众多精美的壁画，阳台则是欣赏高大的哥特式双塔的好地方。这里的图书馆里收藏着许多珍贵的图书。教堂是整座修道院的核心和主体，也是游客参观的重点所在。

Tips
- Stiff Melk　☎ 02752-555232　¥ 9.5欧元
- 从火车站步行10分钟

09 多瑙河
● ● ● 欧洲第二长河　　★★★★★

多瑙河是仅次于伏尔加河的欧洲第二长河，它自西向东流经多个国家，是世界上干流流经国家最多的河流。一曲《蓝色的多瑙河》使它闻名全球。多瑙河从维也纳穿过，乘坐小舟，既可以欣赏维也纳质朴的自然风光，又可以领略维也纳繁华的都市风情。

Tips
- 贯穿维也纳　☎ 02-7133006060（多瑙河瓦豪河谷旅游中心）　从维也纳法兰兹—约瑟夫乘火车在多瑙河谷下

10 萨尔茨堡城堡
● ● ● 现今中欧最大且保存最完好的城堡　　★★★★

萨尔茨堡城堡建于1077年，400年后进行过大规模的扩建，它是现今中欧最大、保存最完好的城堡。起初这里是萨尔茨堡重要的防御设施，后来发展成为王室居所。现在这里依然保持了16世纪改建后的样子，内部的装饰极其华丽，复杂的哥特式木雕和装饰画都被布置在黄金大厅和黄金会所内，让人看了眼花缭乱。另外，这里还有一只狮子脚踩着甜菜的雕塑，形象逼真，是这座城堡的标志性景观。

Tips
- Monchsberg 34 5020 Salzburg　☎ 0662-842430　¥ 10.5欧元　从Kapitelplatz乘缆车可到

欧洲攻略　奥地利

11 美泉宫

多个王朝的宫殿 100分! ★★★★★

美泉宫曾是神圣罗马帝国、奥地利帝国、奥匈帝国和哈布斯堡王朝家族的皇宫，如今作为奥地利著名的宫殿建筑群，成了维也纳最负盛名的旅游景点。美泉宫设计时的规模和豪华程度与凡尔赛宫相比有过之而无不及，但由于财力有限，原设计并未能如愿。尽管如此，它的规模、装饰等，依然令人赞叹。美泉宫整个宫殿是巴洛克风格的，宫内殿堂众多，镜厅、大厅、蓝色中国厅各具特色。凭借着悠久的历史和极高的价值，美泉宫很早就被列入世界遗产名录。

Tips
Schonbrunner Schlossstraβe 01-81113239 13.5欧元 乘地铁4号线在Schonbrunn站出站

12 萨尔茨堡大教堂

萨尔茨堡规模最大的教堂 ★★★★

萨尔茨堡大教堂是一座17世纪的巴洛克建筑，也是萨尔茨堡规模最大的教堂。大教堂始建于公元774年，它见证了萨尔茨堡这座古老城市的辉煌文化。教堂的门栅栏上的年代标志记录了"774"、"1628"、"1959"三个年代，这三个年代是萨尔茨堡大教堂修缮和扩建的时间。现在教堂内有丰富的藏品，尤其是在教堂正殿里矗立着4座精美的雕塑，分别是圣徒保罗和彼得，以及这里的守护神圣徒鲁佩特和维吉尔。

Tips
omplatz, 5020 Salzburg 0662-80477950 乘3路、5路、6路、8路、25路公共汽车到莫扎特桥站下，步行可达

13 圣彼得修道院

和莫扎特渊源很深的修道院 ★★★★★

圣彼得修道院是一座历史悠久的修道院，原本规模很小，经过不断的发展才成为现在的规模。修道院里各个时期扩建的痕迹很明显，风格多变，不过这也是这里最大的看点。在修道院的天花板上绘有精美的宗教壁画，具有浓厚的艺术气息。此外，这里和莫扎特也有很深的关系，除了他姐姐安葬在这里以外，每到莫扎特的忌日这里都会演奏《安魂曲》来纪念这位伟大的天才。

Tips
St Peter Bezirk 1/2, 5020 Salzburg 0662-844576 位于市中心，步行即到

14 海布伦宫
● ● ● 充满童趣的宫殿　　★★★★

Tips
🏠 Fürstenweg 37 5020 Salzburg　☎ 0662-820372　¥ 8.5欧元　🚌 乘25路公共汽车可到

　　海布伦宫是一座历史较为悠久的宫殿，就位于萨尔茨堡的旁边。海布伦宫是当时的大主教西提库斯下令修建的。虽然当时大主教本人年纪很大了，但他是一个极富童趣和喜欢恶作剧的人。在他修建的宫殿里到处都是戏弄人的陷阱，比如雕塑中安装了喷水装置，来访的客人一不小心就会被弄得浑身湿透。即使是现在，在海布伦宫门口还有"注意喷水"的告示牌。在这座充满童趣的宫殿里，每个人都变得小心翼翼的，不过只有主教的座位是永远不会被弄湿的，这里也被戏称为"游人的避难所"。

15 莫扎特故居
● ● ● 音乐大师的居所　　★★★★

　　莫扎特故居也是一代音乐天才莫扎特诞生的地方，1756年1月27日，莫扎特就出生在萨尔茨堡盖特莱德街（粮食胡同）9号的一座6层楼房里，这里如今依然保存完好。早在1917年，莫扎特故居就作为纪念莫扎特的博物馆开放了，至今已经有近百年的历史了。莫扎特一家住的四楼是一处三间房间相连的居室，里面的格局和摆设还维持原样，莫扎特小时候使用过的乐器也依然挂在墙上，仿佛还在向人们述说这位少年天才的历程。

Tips
🏠 Getreidegasse 9，5020 Salzburg　☎ 0662-844213　¥ 6.5欧元　🚌 乘912、913、914、915路公交车在Salzburg Ferdinand-Hanusch-Platz (Sigrist)站下

16 皇宫教堂
● ● ● 哈布斯堡的家族教堂　　★★★★

　　皇宫教堂距离霍夫堡宫不远，是哈布斯堡的家族教堂，也是皇帝斐迪南一世为了达成他的祖父马克西米利安一世的遗愿而修建的教堂。光线明媚的教堂正中安放着一具样式精美的石棺，这就是马克西米利安一世的棺木，在石棺周围围绕着40多座铜像，这些都是哈布斯堡家族的人，每一座青铜像的造型都极为精致，连衣服上的佩饰都刻画精细，极具艺术感，这是皇宫教堂最大的看点。

Tips
🏠 6020 Innsbruck Universitatstraβe 2　☎ 0512-58489510　¥ 8欧元　🚌 乘电车1号线在Museumstraβe站下

欧洲攻略　奥地利

17 史度拜冰河
冰雪大世界 ★★★★

奥地利最著名的冰川是位于阿尔卑斯山脉沿线的史度拜冰河，这里终年积雪，是一处冰雪大世界。除了拥有壮丽的冰雪美景外，还是人们进行各种冰雪活动的胜地。人们可以乘坐缆车来到海拔3000多米的蒂罗尔之顶，这里拥有奥地利首屈一指的滑雪场——阿尔卑斯滑雪场，设施先进齐全，可以进行各种滑雪活动。不过，即使不滑雪也不要紧，四周各种美丽的冰雪景色，足以令人震撼。

Tips
Tirol　05226-141（旅游咨询）　从因斯布鲁克火车站乘直达巴士可到

18 格拉茨城堡山
鸟瞰格拉茨城市风景 ★★★★

格拉茨城堡山是格拉茨旧城区中拔地而起的地理标志，从这里眺望旧城区的风光是每一个来到格拉茨的游客都不会错过的选择。城堡山海拔437米，人们可以通过缆车、步行等多种手段来到山顶，山顶上有一座高大的钟楼，至今依然具有报时的功能，可以说就是格拉茨这座城市的象征。除了大钟外，碉堡遗迹和瞭望台也是格拉茨城堡山的看点。

Tips
0316-88741　1.8欧元　从中央车站乘3、6号电车可到

19 格拉茨旧城区
古建筑的博物馆 ★★★★

格拉茨是奥地利的第二大城市，这座城市历史悠久，旧城区仍保留着很多古老建筑。漫步在旧城区，随便指一处建筑，都有上百年的历史，因此，很多游客戏称这里是"古建筑的博物馆"。这些传统建筑里既有普通的民居，也有馆藏丰富的博物馆，它们从不同的角度见证了格拉茨这座城市的历史发展。今天许多历史爱好者和游客专门来这里访古探幽，感受这里古老的风情。

Tips
Sporgasse&Herrengasse&Hofgass,Graz
从Stainach-Irdning搭IC（InterCity）火车直达Graz

好买 BUY

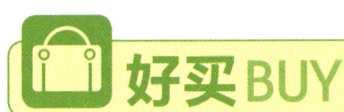

01 维也纳格拉本大街
维也纳最为美丽的街道 ★★★★

Tips
📍 Graben Street, Innere Stradt 🚇 乘地铁1、3号线在Stephansplatz站出站

来到奥地利的首都维也纳想购物或者休闲娱乐，那就去维也纳格拉本大街吧。格拉本大街被誉为"维也纳最为美丽的街道"，两侧是一栋栋造型华美的古建筑，路中央还有一根雄伟壮观的纪念柱，它是为了纪念17世纪的鼠疫灾难而建的。漫步在街道上能够看到许多出售特色商品的店铺和世界知名品牌的专卖店，而那些露天咖啡馆、面包店、餐馆，更显示了这里的繁华热闹。几乎每个来维也纳的游客，都要到这条街上逛一逛，感受一下维也纳特有的风情。

02 粮食胡同
萨尔茨堡老城最著名的步行街 ★★★★

Tips
📍 Getreidegasse, 5020 Salzburg 🚌 乘912、913、914、915路公交车在Salzburg Ferdinand-Hanusch-Platz (Sigrist)站下

粮食胡同是萨尔茨堡老城最著名的步行街，也是萨尔茨堡老城中最热闹的街区，最能够反映中古时代的欧洲风貌。这条街上的商店都非常有特色，名牌鞋帽、传统服装、金银首饰、旅游纪念品，应有尽有。奇怪的是，这里每座建筑的立面上都清楚地写着建造的年代。最为醒目的是每家商号都有自己的招牌，招牌是用金属打造的，保留着16世纪的风格，为粮食胡同增添了不少风采。值得一提的是粮食胡同9号是莫扎特的故居，来这里逛街的时候可以顺便去莫扎特故居参观一番。

欧洲攻略 / 奥地利

235

欧洲
攻略HOW

Part.26 希腊

历史悠久的雅典是希腊的首都，被称为欧洲文明摇篮的雅典建城至今已有5000多年的历史，古代雅典是西方文化的源泉，在艺术、哲学、法律、科学方面都有杰出的贡献，而众多保存至今的古老遗迹也以气势雄浑而闻名，令人不禁遥想爱琴海畔那个曾经闪耀文明之光的雅典。

希腊 特别看点！

第1名！ 雅典卫城！ 100分！
★ 集古希腊建筑和雕塑艺术之大成，古希腊建筑的最高峰！

第2名！ 爱琴海！ 90分！
★ 岛屿众多的爱琴海也有"多岛海"之称，孕育了灿烂辉煌的古希腊文明！

第3名！ 宙斯神殿！ 75分！
★ 世界七大奇迹之一，气势宏伟的宙斯神殿！

好玩 PLAY

01 希腊国家考古博物馆
◆◆◆ 希腊最大的博物馆 ★★★★★

Tips
44 Patission Street 210-8217724 7欧元 乘地铁1、2号线在Omonia站出站

希腊国家考古博物馆是希腊第一座国立博物馆，也是希腊最大的博物馆，馆藏非常丰富，全面集中地展示了古希腊的历史文化。来希腊旅游，一定要来这里，从了解古希腊的历史文化开始。希腊国家考古博物馆始建于1866年，最早由Ludwig Lange设计，经过数十年才最终建成，整个建筑大气磅礴，雄伟壮观，不愧是一件建筑精品。博物馆入口处的4根爱奥尼亚柱式立柱，将希腊的古典气质烘托得淋漓尽致，非常引人入胜。目前，博物馆内仅展览室就有50多间，文物超过2万件，其中不乏希腊乃至世界的艺术珍品和历史文物，如闻名世界的阿加曼农黄金面具、以海神波塞冬像为代表的青铜雕塑等，无一不是人类的瑰宝。希腊国家考古博物馆就像是一本历史教科书，生动形象地将希腊悠久的历史文化展现在游人面前。

02 雅典卫城 100分!
希腊最杰出的古建筑群 ★★★★★

雅典卫城，也称为雅典的阿克罗波利斯，位于雅典市中心的卫城山丘上，是希腊最杰出的古建筑群。这处名胜古迹建于公元前580年，为宗教中心。卫城中最早的建筑是雅典娜神庙，现存的建筑还有山门、帕特农神庙、伊瑞克提翁神庙、埃雷赫修神庙等，堪称人类宝贵遗产和建筑精品，在建筑学史上具有重要地位。走进雅典卫城，尽管眼前有种种残损破旧的景象，但是却感觉不到一丝的悲凉，仿佛还能看到当年的辉煌。

Tips
☎ 210-9238175　¥ 12欧元　🚇 乘地铁2号线在Akropoli站出站

04 宙斯神庙 75分!
古希腊最大的神庙之一 ★★★★★

宙斯神庙位于希腊雅典奥林匹亚村，是古希腊最大的神庙之一，建于公元前470年，是为了祭祀宙斯而建，由建筑师Libon设计完成，是一座典型的多利克式建筑。据说当时共有104根巨大的科林斯石柱撑起整座神殿，每根石柱高达17.25米，顶端直径达1.3米，计用大理石约1.55万吨。不过，和众多的古希腊神庙一样，宙斯神庙多次遭受严重的破坏，现今104根柱子中仅存13根见证着宙斯神庙辉煌的历史。宙斯神殿曾是古希腊的宗教中心，虽然如今这里除了一些残垣断壁，就是一片黄澄澄的丘陵，但是给游人留下了极大的想象空间。

Tips
📍 Vassilisis Olgas Street　☎ 210-9226330
¥ 12欧元　🚇 乘地铁2号线在Akropoli站出站

03 雅典竞技场
第一届现代奥运会的会址 ★★★★

提到雅典竞技场，相信无人不知，它就是第一届现代奥运会的会址，17世纪末由雅典的扎巴和阿维诺夫出资建造，竞技场呈马蹄形，可容纳万名观众。在竞技场门口的墙壁上镶嵌着五色环，代表着五大洲的运动员在奥运会上相聚一堂。雅典竞技场中古朴的体育比赛设施及场馆，无不散发着历史的余味，它们见证了第一届现代奥运会的诞生。

Tips
📍 Ardettos Hill　🚇 乘地铁2、3号线在Syntagma站出站

05 宪法广场
富有纪念意义的场所 ★★★★

宪法广场是为了纪念1843年政府颁布实施宪法而建，所以得名。广场上到处种满了花木，绿意盎然，中央有座美丽的圆形喷水池，非常显眼。广场的人行道上设置了许多咖啡座，供市民休闲，常常座无虚席。现在这里成了雅典市最为热闹的场所，尤其是早晨和傍晚，很多市民来这里散步、休闲。

Tips
📍 雅典市中心　🚇 乘地铁2、3号线在Syntagma站出站

欧洲攻略　希腊

239

欧洲攻略

希腊

06 爱琴海
●●● 浪漫的旅游度假胜地　90分！　★★★★★

爱琴海一直被看成世界上最浪漫的地方，每年数以万计的世界各地游客来这里度假。其实，爱琴海就是地中海东部的一个大海湾，因岛屿众多，有2000多个，因此又被称为"多岛海"。爱琴海海岸线非常曲折，港湾众多，风景优美，气候宜人。尤其是在每年的春夏之际，游客可以穿着泳衣徜徉在红色的海洋里，任晶莹剔透的海水拍打着脚踝，海风吹着岸边的橄榄树，海滩上的人们安详地享受静谧、闲适的时光，多么惬意。爱琴海还有一个非常美妙的称号——"葡萄酒色之海"，春夏时节，在阳光的照射下，爱琴海的海水清澈中泛着灿灿的金色，到了夕阳落下的时候，海水就会变成一种绛紫色，好像杯中的葡萄酒一样，令人陶醉。

Tips
🏠 地中海东北部

07 雅典国家花园
●●● 度假休闲的好地方　★★★★★

Tips
🏠 雅典市中心　🚇 乘地铁2、3号线在Syntagma站出站

雅典国家花园地处热闹的雅典市中心，但是花园里却十分安静，很多市民在周末或节假日的时候，会来这里度假、休闲，夏天在花园树荫下的长椅上乘凉，冬季在长椅上或草坪上晒太阳，十分享受。雅典国家花园原为王宫专用花园，是由奥托国王的王妃亲自设计的。花园里有个大池塘，经常有很多游人光顾，这里有很多鸭子和乌龟，给人们度假增添了不少趣味。

08 米斯特拉遗迹
●●● 古老的城市遗址　★★★★★

米斯特拉遗迹是一座因13世纪十字军东征而形成的古老城市遗址，它位于斯巴达西北部。从现存的遗迹来看，这里充满了古代拜占庭的遗风，在废墟之间还保存有教堂和修道院。这些教堂是典型的西方拉丁美洲式和东方拜占庭式教堂的过渡风格，形制独树一帜，让人看了耳目一新。如今这里作为世界文化遗产之一，受到游客的广泛关注。

Tips
🏠 位于斯巴达西北，泰格特斯山脉前麓的一座小丘上
📞 27310-93277　💰 5欧元　🚌 从米斯特拉巴士总站步行10分钟

09 爱琴那岛
离雅典最近的一个岛屿 ★★★★★

Tips
从皮瑞斯乘渡轮在爱琴那岛下

爱琴那岛是距离雅典最近的一个岛屿，航程仅需1.5小时，这里犹如人间仙境，景色极为优美，几乎每个来爱琴海的游客都要到此岛上观光一番。岛上最大的景观就是漫山遍野的无花果，它们有个浪漫的称号，叫"爱情的果实"。在希腊神话中，大神宙斯就将情妇藏匿在这座岛上。而在历史上，雅典人就是在这里以少胜多打退了来自波斯帝国的侵略，拯救了希腊。现在，这里除了有迷人的海滨风光，还有不少名胜古迹，阿菲亚神庙就是其中的代表。

10 米克诺斯岛
爱琴海上最富盛名的度假岛屿之一 ★★★★★

以风车为标志的米克诺斯岛是爱琴海群岛的代名词，窄巷、小白屋、或红或绿或蓝的门窗、小白教堂、几座风车磨坊，把这座小岛装点得五彩缤纷。岛上居民很少，每年有一半的时间游客并不多。4月以后，旅游季节开始了，岛上开始热闹起来，大批世界各地的游客来这里享受地中海的阳光和海滩。白天，岛上海湾内的沙滩是人们游泳、晒日光浴的好去处。黄昏以后，岛西面的海边酒吧和咖啡店里挤满了游人，因为这里是看海上落日的最佳位置。另外，在岛西南面海边的小山丘上，有5座基克拉泽式风车，是米克诺斯岛的标志，很多游客专门到此摄影拍照。

Tips
从雅典乘飞机在米克诺斯岛下，或从皮瑞斯乘渡轮在米克诺斯岛下

11 克里特岛
希腊的第一大岛 ★★★★

克里特岛是希腊最大的岛屿，也是爱琴海最南面的皇冠，这里曾是希腊文明的摇篮，希腊有很多神话故事发源于此地，因此十分令游人向往。克里特岛上有山地和深谷，还有断崖、石质岬角及沙滩海岸，风景优美多姿。岛上种有橄榄、葡萄、柑橘等，鲜花遍地盛开，植物一年四季常青，岛四周是万顷碧波，所以，克甲特岛还获得了"海上花园"的美誉。

Tips
2810-228203（伊拉克里翁旅游服务中心）
从雅典乘飞机在克里特岛伊拉克里翁机场下

12 纳克索斯岛

被称为"绿地之冠" ★★★★★

Tips
☎ 22850-22993（旅客咨询中心） 🚢 从皮瑞斯乘渡轮在纳克索斯岛下

　　纳克索斯岛是爱琴海上的一个很有特色的岛屿，被希腊人称为"绿地之冠"。纳克索斯岛历史悠久，自然资源丰富，有许多天然港口，风光无限，是希腊人全家郊游的首选去处，因此号称"家庭旅游胜地"。关于纳克索斯岛有许多传说，人们始终相信酒神狄奥尼索斯就居住在这个岛上，至今依然还有不少有关祭祀酒神的节日和庆典，给这座美丽的爱琴海小岛增添了不少神秘色彩。纳克索斯岛上的地形多山丘，许多民居都依山势而建，建筑风格混杂，这使岛上的景观丰富多彩。另外，天气好的时候，在这座小岛上，还可以清楚地看到帕罗斯、提洛、米科诺斯等其他爱琴海岛屿。

好买 BUY

01 哈尼亚市场

十字形的大市场 ★★★★★

Tips
🛍 Skridlof Road 🚶 从哈尼亚旧港湾步行可到

　　哈尼亚是克里特岛上仅次于伊拉克里翁的第二大城市，一直都是以繁盛的商业而闻名。这里保留着浓郁的威尼斯风情，让人感觉好像在以中世纪为背景的电影中漫步一样。在哈尼亚最热闹的Skalidi大街上有一座大市场，市场呈十字形，以出售各种食物为主，还有日用品和纪念品等出售。在这里可以看到当地的各种特产，橄榄油、杏仁、花生果等都是人们最青睐的商品。在出售食物的市场后面还有一条皮件街，可以选购各种皮草制品。

02 雅典中央市场

雅典最热闹的市场 ★★★★

Tips
- Athinas Street
- 乘地铁1、2号线在Omonia站下

雅典中央市场是一个超大型菜市场，它不仅在雅典享有盛誉，其规模甚至在整个希腊都是屈指可数的。这个菜市场的历史颇为悠久，许多建筑都是100多年前建造的，有着现代阿哥拉的美誉，因此常有游客来此参观游览。雅典中央市场分为两个区域，室内是出售海鲜、肉食的地方，出售瓜果蔬菜的地方则在对面的露天市场里，出售的物品都货真价实，新鲜可口。

好吃 EAT

01 Psara's

雅典的著名餐厅 ★★★★

Psara's是雅典最受欢迎的饭店之一，它坐落在卫城北侧的阶梯上，位于两条道路的交叉口处，自营业以来就备受好评，好莱坞女星费雯丽和伊丽莎白·泰勒都曾在此品尝美味。这家饭店的外部装饰并不豪华，有着朴素典雅的感觉，因此外地游客常常过门而不入，错过了品尝美食的机会。餐厅的内部装饰着木条和石砖，有着雅典人方的美感，所出售的食品不仅有当日的新鲜水产，还有白酒烤鸡、希腊千层面等传统美食，能够满足不同口味的食客需求。

Tips
- 16 Erehtehos&Erotokritou Str
- 210-3218733
- 乘地铁2、3号线在Syntagma站下

02 1866街

伊拉克利翁的繁华街道 ★★★★★

1866街位于哈尼亚地区，是那里最具生活气息的街道，漫步其中，可以感受到与希腊本土的繁华风情完全不同的克里特岛的淳朴气氛，无论是欣赏风景还是饱餐一顿，都别有一番风味。在这里的小巷中云集了不少传统美食小店，各式各样的食店招牌应有尽有，不少驰名的美味让人流连忘返。那些盛在大陶盆里的酸奶，味道极为可口，尤其在搭配上蜂蜜之后，更是令人垂涎三尺。1866街上还有酒吧和咖啡馆，游人们可以在那里放松休闲一番。

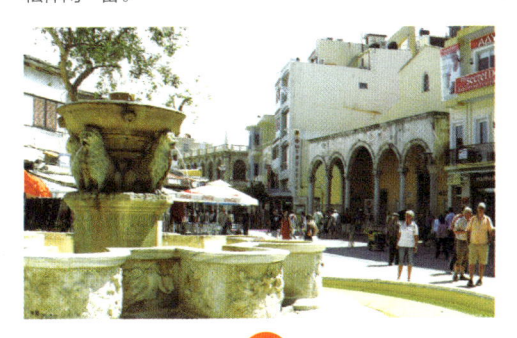

Tips
- 1866 Street

欧洲
攻略HOW

Part.27 波兰

地处中欧的波兰是欧州第九大国，拥有热闹的市集广场、古老的大学、历史悠久的王室遗迹和城堡等景点，以其独特的东欧风情吸引了众多游人光顾。此外，波兰首都华沙以其现代都市风情赢得了"东欧小美国"之称。

波兰 特别看点！

第1名！
城堡广场！ 100分！

★华沙最著名的城市广场，古波兰王国的城堡！

第2名！
肖邦博物馆！ 90分！

★是一座华丽的巴洛克式建筑！

第3名！
圣十字教堂！  75分！

★华沙最著名的教堂，收藏了肖邦心脏的教堂！

好玩 PLAY

01 城堡广场 100分！
华沙最著名的广场之一 ★★★★★

Tips
🏛 Plac Zamkowy　🚋 市内乘4、13、20、23、26、27号有轨电车在Stare Miasto站下

城堡广场是波兰首都华沙一座著名的广场，它因位于王室城堡的前方所以得名。此广场在"二战"时期遭到破坏，战后进行了恢复重建，一直使用到今天。广场上最醒目的是位于中央的西吉斯蒙德圆柱，可以说是整个城堡广场的标志。1997年，美国总统比尔·克林顿就是在此广场发表演讲，欢迎波兰加入北约的，这给广场增加了不少人气。现在城堡广场经常有街头表演和演唱会，每天这里都很热闹。

02 王宫城堡
●●● 新建的宫殿 ★★★★★

Tips
🏠 Plac Zamkowy　💴 5兹罗提　🚊 市内乘4、13、20、23、26、27号有轨电车在Stare Miasto站下

王宫城堡建于13世纪末，一直是古代波兰王国的王宫和议会所在地，原为木制结构，美观而华丽。但是此城堡在历史上屡次遭到破坏，多次进行扩建，尤其是"二战"时期，几乎化为灰烬。20世纪70年代进行了恢复性重建，重建后的宫殿尽管少了些许的历史韵味，但是基本保持了原貌。

03 肖邦博物馆　90分！
●●● 纪念大钢琴家肖邦 ★★★★★

肖邦是波兰伟大的作曲家、钢琴家，一生创作了许多经典的钢琴曲，被誉为"钢琴诗人"。肖邦博物馆正是为纪念这位世界知名的音乐大师而建。博物馆是一座华丽的巴洛克式建筑，里面收藏着许多与肖邦相关的物品，其中最珍贵的当属肖邦在最后的岁月里所使用的钢琴。此外，还有肖邦的照片、曲谱和信件等。

Tips
🏠 ul Okolnik 1　📞 022-8275471　💴 8兹罗提
🚊 乘8、12、22、24路有轨电车可到

04 圣十字教堂　75分！
●●● 华沙最著名的教堂 ★★★★

圣十字教堂位于克拉科夫郊区街，兴建于1682年，是华沙最著名的巴洛克教堂之一。这座教堂没有雄伟的气势，也没有豪华的装饰，但却在波兰人的心目中有着很高的地位，因为这里收藏着大钢琴家肖邦的心脏，它至今仍安放在教堂大厅里的第二根廊柱内。来到圣十字教堂的游人们还可以通过壁画和雕塑来了解肖邦的生平事迹。

Tips
🏠 ul Krakowskie Przedmiescie 3　🚌 乘102、105、111、116、128、175、178、180路公交车在Uniwersytet站下

欧洲攻略　波兰

247

05 涅伯鲁夫宫
珍藏艺术品的博物馆

Tips
华沙西南方约80多公里　￥8兹罗提

涅伯鲁夫宫距离华沙较远，是一处经典的意大利巴洛克庄园式的建筑，17世纪由荷兰建筑学家设计建造，18世纪扩建成了一座美丽的公园。现为华沙国家博物馆分馆，里面陈列着许多珍贵的艺术品，十分值得一观。

06 居里夫人博物馆
纪念伟大女科学家的场馆

居里夫人是波兰著名科学家的代表，也是20世纪最伟大的女科学家之一，为人类的科学事业做出了杰出贡献。为了纪念这位获得诺贝尔奖的伟大科学家，她以前的居所被开辟成了居里夫人博物馆。博物馆中展示的都是居里夫人的相关研究资料，以及她使用过的一些物品，如化学分析图表、实验用具等。

Tips
ul Freta 16　022-6318092　￥5兹罗提
乘116、178、180、503、518、N44路公交车在Pl.Krasiński skich站下

07 维拉努夫宫
波兰的"凡尔赛宫"

维拉努夫宫是波兰最为华丽的宫廷建筑，建于17世纪，是当时波兰国王修建的行宫。这座宫殿模仿了法国凡尔赛宫的华美风格，因此有"波兰的凡尔赛宫"之称。可惜的是宫殿后来毁于战火，现仅存一个艺术展馆和部分庭院雕塑。尽管没有了昔日的辉煌，但它至今依然受到人们极大的关注，每年来这里的游客络绎不绝。

Tips
ul Stanislawa Kostki Potockiego 10/1602-958　￥16兹罗提　乘116、117、130、139、164、180、519、522、700、710、724路公共汽车可到

好买BUY

01 克拉科夫中央广场
号称全欧洲最大的中世纪广场

Tips
波兰南部克拉科夫市区　市内步行可达

克拉科夫的中央广场在波兰很有名气,号称是全欧洲最大的中世纪广场,也是克拉科夫最让人心动的地方。广场温馨又充满活力,精致且不失纯朴,许多游人到克拉科夫后特地来这里感受波兰的地道风情。广场中央的纺织会馆现已改为商场和博物馆,售卖琥珀、木盘餐具、波兰娃娃等各种波兰民俗手工艺品,游客可以任意选购作为旅游纪念品带回家。

欧洲攻略　波兰

欧洲
攻略HOW

Part.28
捷克

　　捷克首都布拉格拥有无限魅力，尼采曾经认为布拉格是神秘的代表，歌德描述这里是欧洲最美的城市，在遥远的中世纪，这里被誉为魔法之都，连续1000多年不间断的建筑发展为城市增添了许多神秘与浪漫，音乐、艺术、文学发展得绚丽多彩。

捷克 特别看点！

欧洲攻略 | 捷克

第1名！
布拉格广场！
100分！
★布拉格最热闹繁华的广场，天然的建筑博物馆！

第2名！
查理大桥！
90分！
★捷克最著名的古老大桥，中欧地区最大的桥梁！

第3名！
犹太教大会堂！
75分！
★世界上第三大犹太教教堂！

好玩 PLAY

01 布拉格城堡
捷克诸王朝的王宫 ★★★★★

Tips
🏛 Prazsky hrad　☎ 224—371111　¥ 350捷克克朗　🚇 乘地铁A线在Malostranska站或Hradcanska站出站，乘22路有轨电车到Prazsky hrad站下

布拉格城堡建于公元9世纪，是当时布拉格的王子所建，建成后，一直是布拉格王室的所在地，十几个世纪以来经过多次扩建，保留了许多雄伟建筑和历史文物，现在仍是捷克总统的居所。布拉格城堡建筑风格多样，从古代的罗马式地基，到战争期间的后现代风格，每个年代的风格都或多或少地在城堡上留下了痕迹，因此这座建筑具有很高的历史价值。

02 布拉格广场 (100分!)
布拉格最热闹繁华的广场 ★★★★★

布拉格广场位于布拉格城区的中心，广场四周有各种风格的建筑物，有气势宏伟的哥特式教堂，也有华丽的巴洛克式房屋，更不乏文艺复兴式和洛可可式的楼宇，可以算得上是天然的建筑博物馆。另外，这个广场上还有很多摆摊的小贩，出售当地的各种手工艺品和旅游纪念品，很受游人欢迎，充满着热闹的气氛。

Tips
🏠 布拉格旧城区　🚇 乘地铁A线在staromestska站出站，或者搭乘地铁B线在namesti Republiky站出站

04 克拉姆葛拉斯宫
布拉格的城市档案馆 ★★★★

克拉姆葛拉斯宫建于18世纪，它是当时波希米亚的大贵族葛拉斯为自己建造的住所。这座华美的巴洛克式建筑用精美的赫拉克勒斯雕像作为门柱，门框上则雕刻着美丽的花纹和图案，走进去，还可以看到极具艺术魅力的壁画和各种特色装饰。目前，克拉姆葛拉斯宫被辟为布拉格的城市档案馆，在此能了解这座城市的历史文化以及发展历程，每天游客进进出出，络绎不绝。

Tips
🏠 Husova 20　☎ 236—002019　🚇 搭乘地铁A线在Staromestska站出站

03 艾斯特剧院
新古典主义式建筑 ★★★★

艾斯特剧院建于1783年，是一座高大的新古典主义式建筑，音乐大师莫扎特在布拉格的第一次表演就是在这里举行的。从那时开始，艾斯特剧院就具有很高的知名度。这座剧院最醒目的特征是大门处的古希腊式圆柱，它与上方的三角形山墙巧妙地融为一体，奇妙而有气势。走进剧院可以看到各种精美的装饰，当年莫扎特使用过的部分物品也被陈列出来，供游客参观。

Tips
🏠 Ovocnytrh 6　☎ 224—901448　🚇 搭乘地铁A线在Mustek站出站

05 查理大桥 (90分!)
捷克最著名、最古老的大桥 ★★★★

查理大桥建于15世纪，是捷克最著名、最古老的大桥。大桥全长505米、宽10米，是当时中欧地区最大的一座桥梁，至今仍保持着当时创造的多项纪录。这座大桥的桥身古朴典雅，两侧还有高大的桥头堡，桥面上那斑驳的痕迹是历史的见证。游客漫步在查理大桥上，可以遥望伏尔塔瓦河两岸的优美风景，还能乘坐游船在伏尔塔瓦河中欣赏这座著名的大桥。

Tips
🏠 Karl v most, 110 00 Praha 1　☎ 224—220569　🚇 搭乘地铁A线在Staromestska站出站

欧洲攻略 — 捷克

253

欧洲攻略

捷克

06 罗瑞塔教堂
精巧华美的天主教教堂　★★★★★

Tips
🏠 **Loretanske namesi 7** ☎ **220-516407**
💴 110捷克克朗　🚋 搭乘22、23路有轨电车到Pohorelec站下

　　罗瑞塔教堂是布拉格市区最具代表性的天主教建筑，建于17世纪初，用了120多年的时间才正式完工。教堂的钟塔是最吸引人的景观，每到整点报时的时候就会奏响悦耳的《玛利亚之歌》，优美的旋律在市区的上空回荡，让人一下子就想起罗瑞塔教堂。罗瑞塔教堂里面的装饰极为华美，墙壁上镶嵌着雕刻和壁画，十分精美。另外，教堂里还陈列着不少珍贵文物，这也是游人关注的焦点。

07 图根哈特别墅
别有洞天的别墅　★★★★★

　　图根哈特别墅是一座看似并不起眼的建筑，但它的内部却别有洞天，各种豪华的装饰与充满奇思妙想的设置让人大开眼界，很早就被列为世界文化遗产。这座别墅的外墙简朴典雅，里面摆放着很多充满时尚美感的家具。图根哈特别墅最特别的地方是具有人性化的设置，每个房间都可以根据实际需要调节室内的采光和温度，这一点非常巧妙，即使今天的建筑师也很难做到。

Tips
🏠 **Cernopolni 45** ☎ **545—212118** 🚋 乘3、5、11路电车在Detska nemocnice站下

08 圣彼得与圣保罗大教堂
由城堡改建的教堂　★★★★

　　圣彼得与圣保罗大教堂是一座气势宏伟的哥特式建筑，也是布尔诺城的标志性建筑。这座教堂是由过去的布尔诺城堡改建而来的，因而外部高大坚固。教堂内的看点主要有大厅里色彩绚丽的玻璃窗和巨大的管风琴。另外，游客还可以在教堂高塔的顶部俯瞰布尔诺这座小城的风貌。

Tips
🏠 **Petrov 9** ☎ **543—235031** 💴 35捷克克朗

09 奥洛莫乌茨天文钟
奥洛莫乌茨的标志性景点 ★★★★

奥洛莫乌茨天文钟是这座城市最有特色的景观，它建于1474年，历史上曾经多次遭毁坏、重建，每次重建的风格都不一样，这使它看上去有些另类，但不失美观。钟盘的上方原本是圣人、修道士和天使的塑像，在"二战"后被改造为更接近无产阶级的工人形象，这在欧洲众多的天文钟里是比较少见的。此外，天文钟的墙壁上还绘有图案，十分精美。现在每天都有很多游客驻足良久，观赏这座天文钟的"容貌"。

Tips
🏠 Horni namesi ☎ 585—513385 🚇 乘地铁 Metro A(绿线)在Staroměstská站出站

10 圣三位一体纪念柱
捷克最大的巴洛克式雕像 ★★★★★

圣三位一体纪念柱位于奥洛莫乌茨市霍尔尼广场的中央，高35米，是中欧最大的巴洛克式雕像之一，是奥洛莫乌茨市的象征。这座雕像建于1716年，主要分为三个部分，底部基座上为基督教的圣人和波希米亚重要历史人物的雕像，中间镶嵌着圣母升天雕像，顶部则是圣父圣子圣灵的三位一体雕像。整个纪念柱，就像是一件精美的艺术品，极具观赏价值。

Tips
🏠 Horni namesi

11 泰尔奇城堡
文艺复兴式的建筑 ★★★★★

泰尔奇城堡是一座文艺复兴式的建筑，古朴典雅，四周林木葱茏，草坪苍翠欲滴，五颜六色的鲜花绽放其间，把整个城堡打扮得十分美丽。来到城堡内部会发现这里的房间装饰各不相同，精美的雕刻和壁画随处可见。另外，这里还有展出著名画家詹兹扎维作品的博物馆，是参观泰尔奇城堡不容错过的一个景点。

Tips
🏠 namesi Zachariasez Hradec ☎ 567—243943 ¥ 200捷克克朗

欧洲攻略 捷克

欧洲攻略

捷克

12 莫拉斯基夸斯钟乳石洞
捷克著名的风景区

莫拉斯基夸斯钟乳石洞是捷克非常著名的风景区，包括多个洞穴，景色也各有千秋，无论是走进哪一个洞穴，都像进入了一个奇妙的世界。值得细细介绍的是Punkva Jeskyne，它是这里最大的洞穴，深达140米的Macocha深渊就位于洞内，游人在这里能看到各种钟乳石景观，如石笋、石柱、石花等。此外，还有Blacarka Cave洞穴，虽然面积相对较小，但里面的景色非常壮观，不容错过。

Tips
- 🏠 kanlni mlyn 65，Blanso   ☎ 516—413575
- 🚌 从Blanso公交总站乘6、7路公共汽车在BlacarkaMacochy站下

14 犹太教大会堂 75分!
世界上第三大犹太教教堂

比尔森在捷克并不出名，但位于小城内的犹太教大会堂却很著名，它是世界上第三大犹太教教堂。这座教堂融合了多种建筑风格，主体是古罗马式的，圆形尖顶是摩尔式的，同时各处装饰上又洋溢着波希米亚式的浪漫风格。现在，犹太教大会堂还经常举办音乐会和各种展览活动。

Tips
- 🏠 Sady petatricatniku 11   ☎ 602-441943
- ￥ 50捷克克朗   🚌 乘1、2、4号有轨电车在U Synagogy站下

13 百威啤酒厂
百威啤酒的原产地

风行世界的百威啤酒的原型就是布杰约维采的Budweiser Budvar啤酒，两者的标签设计和LOGO都是一样的。来到百威啤酒厂可以进入车间里参观，了解这种啤酒的生产过程及历史文化。同时，在百威啤酒厂，游客可以品尝到不同酒精度数的啤酒。

Tips
- 🏠 Karoliny Svertle 4   ☎ 387—705347   ￥ 100捷克克朗   🚌 乘2路公共汽车在Karoliny Svertle站下

15 卡罗维发利
著名矿泉疗养基地

卡罗维发利是捷克西端的一个城市，建于1349年，是著名的矿泉疗养地。城内有几十个泉眼，每个泉眼喷出的泉水温度都不一样，含有30多种矿物质，具有很好的疗养效果。自16世纪以来这里就吸引着欧洲各地名流富豪到此休闲疗养，其中就包括大音乐家贝多芬、肖邦等人。来捷克旅游，游客可以前往卡罗维发利，感受一下这里温泉的魅力。此外，卡罗维发利还生产一种精美的小瓷壶，价值虽然不高，却非常精美，游人可以选购作为旅游纪念品带回家。

Tips
- 🏠 位于奥赫热河和Teplá两条河流的汇合处   🚌 从布拉格中央车站乘直达火车在卡罗维发利火车站下

好买 BUY

01 萨哈利修广场
体验泰尔奇风情的最好去处 ★★★★

Tips
🏠 namesti Zachariase Hradec 🚌 从泰尔奇火车站出站步行5分钟可到

萨哈利修广场是感受泰尔奇这座小城风情的最佳去处，广场四周林立着各具特色的建筑，尤其是那五颜六色的山墙，极富童真的情趣，让人仿佛置身于奇妙的童话世界之中。既有险峻的哥特式建筑，也有华丽的巴洛克式建筑，更不乏充满波希米亚风情的建筑。萨哈利修广场四周的商店众多，餐馆、咖啡店等也不少，因此来这里购物或者休闲也是不错的选择。

Tips
🏠 110 00 Prague 1 🚇 乘地铁A线、B线在Mustek站出站

02 瓦茨拉夫广场
布拉格著名的商业中心 ★★★★

瓦茨拉夫广场建于14世纪，是布拉格著名的商业中心，也是适合休闲、娱乐的极好去处。漫步在狭长的广场上，不仅可以欣赏两边不同时代建造的各种精美的建筑物，还能到路边的商店里购买各种有趣的手工艺品。瓦茨拉夫广场上最引人注目的景点当属一座高大的瓦茨拉夫雕像，它是捷克人争取独立的象征，很多人来到这里都纷纷拍照留念。

欧洲攻略 | 捷克

欧洲
攻略HOW

Part.29 匈牙利

　　地处喀尔巴阡盆地中的匈牙利四面环山，蓝色多瑙河、古城布达佩斯、欧洲最大的淡水湖巴拉顿湖、醇香的葡萄美酒、八处世界文化遗产地……吸引了无数游客慕名而来。此外，匈牙利全国有1300多处已开发的温泉浴场，被誉为欧洲的疗养中心。

匈牙利 特别看点！

第1名！ 布达王宫！ 100分！
★ 匈牙利王室的宫殿，古朴典雅的王室宫殿！

第2名！ 渔夫堡！ 90分！
★ 城堡山上最有特色的建筑之一！

第3名！ 瓦采街！ 75分！
★ 布达佩斯最著名、最古老的商业街！

好玩 PLAY

01 布达王宫 100分！
欧洲最辉煌的王宫之一 ★★★★★

Tips
- 布达佩斯多瑙河畔
- 乘16路公交车在Palota út, gyorslift站下

布达王宫是匈牙利历代王室的宫殿，也是奥匈帝国设在匈牙利的行宫。始建于13世纪，后来经过多次修复及扩建，逐渐成为新巴洛克风格的建筑。虽然是王宫，却没有围墙，这很少见。现在，布达王宫被辟为历史博物馆，博物馆里依年代顺序展示了匈牙利的历史资料，成为人们了解匈牙利历史文化的窗口。

02 马提亚斯教堂
● ● ● 匈牙利最重要的教堂　　★★★★★

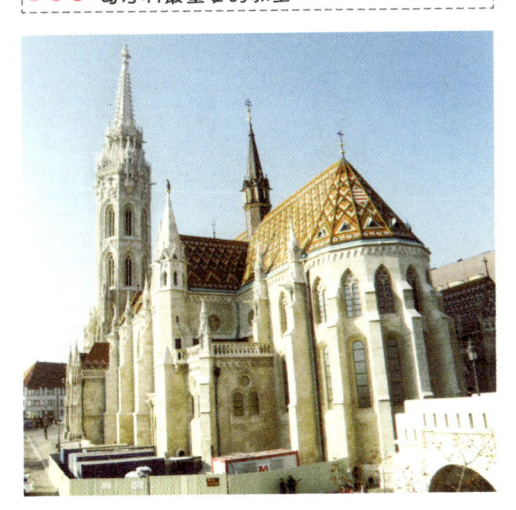

马提亚斯教堂建于13世纪，是匈牙利最重要的教堂，它不仅是历代匈牙利国王举行加冕仪式的地方，还是各种重大庆典活动的举行地。这座教堂既有高大的哥特式尖塔，也有匈牙利风格的精美装饰。漫步在教堂里，可以看到贴满马赛克的贝拉高塔、造型典雅的圣母圣婴像、历代国王加冕时所戴的王冠等。

Tips
🏠 Szentharomsag ter 2　☎ 01-3555657
💰 750福林　🚇 乘地铁M2线在Moszkva Ter站出站

03 匈牙利国会大厦
● ● ● 宫殿式建筑群　　★★★★

匈牙利国会大厦坐落在多瑙河之滨，是座规模宏大的宫殿式建筑群，也是仅次于英国议会大厦的第二大新哥特式建筑。这座建筑建于1885年，由匈牙利著名建筑师斯坦德尔·伊姆雷设计并监造，经过近20年才完工。国会大厦长268米，最宽处118米，平均高42米，中心圆形拱顶的尖端高96米，周围有两个哥特式大尖顶，22个小尖顶，是世界建筑艺术的珍品。虽然整个大厦的主体是哥特式的建筑，但融合了匈牙利的民族风格，壮观而华丽。大厦的主要厅室里都有匈牙利历史名人的肖像和雕塑及表现匈牙利历史大事的巨幅壁画。大厦的外部装饰也很讲究，包括塑像、浮雕、花纹、尖塔等，由55万块石灰石组成，不过今天这些石灰石大部分被大理石替换，但是依然保留了原有的风貌。

Tips
🏠 Kossuth Lajos ter 1-3 ,Gate X　☎ 01-4414000　💰 2640福林　🚇 乘地铁M2线在Kossuth Ter站出站

04 渔夫堡
● ● ● 城堡山上最有代表性的建筑　90分!　★★★★★

Tips
🏠 Szentharomsagter　💰 500福林　🚇 乘地铁M2线在Moszkva Ter站出站

渔夫堡是城堡山上最有代表性的建筑，它原本是布达佩斯的渔夫用于战斗的堡垒，现在已经失去了昔日的功能，变成了游人眼中的一道亮丽风景线。来到这里已经看不见战火的痕迹，渔夫堡有古朴典雅的造型和各种精美装饰，仿佛是一座王室的宫殿。漫步在渔夫堡上还能俯瞰多瑙河两岸的优美风光

欧洲攻略　匈牙利

261

05 匈牙利国家歌剧院
匈牙利的国家级艺术表演中心 ★★★★

如果说布达佩斯是欧洲的音乐中心，那么匈牙利国家歌剧院就是音乐中心的中心。匈牙利国家歌剧院位于布达佩斯的佩斯中部的安德拉什大街，是一个新文艺复兴歌剧院，它建于1875年，起初叫匈牙利皇家歌剧院。这座歌剧院尽管规模不是最大的，但是被公认为世界上少数几个在音响质量方面属于顶级的歌剧院之一。来到歌剧院的内部，可以看到莫扎特、李斯特、维瓦尔第等音乐家的雕塑及各种精美的装饰。现在匈牙利国家歌剧院主要演出芭蕾舞、歌剧和举办音乐会，经常是座无虚席，一票难求。

Tips
- 35 Vorosmarty ut
- 01-3312550
- ￥2800福林
- 乘地铁M1线在Opera站出站

06 圣史蒂芬大教堂
布达佩斯最知名的大教堂 ★★★★

圣史蒂芬大教堂是布达佩斯最知名的一座教堂，是一座雄伟壮观的建筑物，经50多年才建成。这座大教堂有一个巨大圆形穹顶，全高96米，非常引人注目。走进教堂，你丝毫感觉不到一般教堂固有的庄严和肃穆，仿佛走进了一座豪华的宫殿，因为这里有各种华美的装饰，其中包括精美的大理石雕像、色彩斑斓的玻璃窗等。此外，教堂还附有能够俯瞰布达佩斯城市风光的瞭望塔，登上此塔可欣赏布达佩斯的美景。

Tips
- SzentIstvanter
- 01-3382151
- 乘地铁M1线在Bajcsyut站出站

07 英雄广场
布达佩斯的中心广场 ★★★★★

Tips
- Hosok Tere
- 乘地铁M1线在Hosok tere站出站

英雄广场是1896年为纪念匈牙利民族在欧洲定居1000年而兴建的，是布达佩斯最有纪念意义的广场。广场上最引人注目的是千年纪念碑，千年纪念碑是一座新巴洛克式的圆柱形石碑，高36米，顶端是一尊女天使铜雕，长着双翅。她一手高举十字架，一手高举焊接在一起的两个王冠，内涵丰富。在纪念碑后面，有两座高达16米的弧形柱廊，弧形两端间的距离为85米，弧深25米，形成一个巨大的凯旋门。柱廊中矗立着14位匈牙利历代著名统治者的雕像，每个雕像基座上都刻有名字和在位年代，下面还有一幅反映其主要功绩的浮雕。英雄广场好像一本历史教科书，在这里参观，能了解不少关于匈牙利的历史文化。现在英雄广场已成为匈牙利国内外游人参观游览的胜地。每当重大节日或外国元首来访时，都要在英雄广场举行盛大的仪式。

好买 BUY

01 瓦采街 75分！
●●● 布达佩斯最著名、最古老的商业街 ★★★★★

Tips
🚇 SzentIstvan ter 🚇 乘地铁M3线在Ferenciek tere站或Deak ter站出站

来到匈牙利的首都布达佩斯，一定要去瓦采街逛一逛，这条街是布达佩斯最著名、最古老的商业街，是购物休闲、体验匈牙利风情的理想之地。瓦采街两侧店铺林立，各种商品琳琅满目，既有欧洲著名的Zara、Mango等品牌的连锁店，还有出售匈牙利特产物品的小店，其中包括身着传统服饰的玩偶、精美的手工刺绣和充满粗犷色彩的披风等，它们都是广受游客喜爱的旅游纪念品。

02 中央市场
●●● 体验传统集市的热闹氛围 ★★★

Tips
🚇 乘地铁M3线在Kalvin ter站下

说起在布达佩斯购物，很多人都会直接推荐去瓦采街，但是瓦采街经常是人头攒动，非常拥挤，很不方便。每到这个时候不如前往中央市场，在购物的同时还能体验布达佩斯传统集市的热闹气氛。初到中央市场的人都会以为自己误进了一个火车站，因为这座建筑外观雄伟浑厚，内部熙熙攘攘的人群几乎和欧洲各大城市的火车站没什么两样。但是只要在这里购物，就很容易和当地人打成一片，不管是各种新鲜食材还是民俗工艺品在这里都能买到，有时候热心的商家还会送给你一些小礼物，让人感觉十分温馨。

欧洲攻略 匈牙利

263

欧洲
攻略HOW

Part.30 土耳其

横跨欧亚大陆的土耳其是欧洲少数几个伊斯兰教国家之一，历史上的土耳其曾经是罗马帝国、拜占庭帝国、奥斯曼帝国的中心，前后13个不同文明、6500年悠久历史孕育了这个国家，素有"文明的摇篮"之称。

土耳其 特别看点！

欧洲攻略 / 土耳其

第1名！
圣索菲亚博物馆！ 100分！

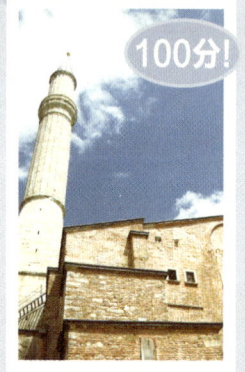

★ 属于基督教徒和穆斯林共有的宗教圣地，难得的宗教艺术宝库！

第2名！
托普卡珀皇宫！ 90分！

★ 奥斯曼土耳其历代苏丹的居所，气势恢宏的皇宫！

第3名！
博斯普鲁斯海峡！ 75分！

★ 分隔亚洲和欧洲的界线，连通黑海和地中海的唯一通道。

好玩 PLAY

01 托普卡珀皇宫 90分！
●●● 奥斯曼土耳其帝国的王室宫殿 ★★★★★

Tips
- 位于萨拉基里奥角
- ￥8.5美元
- 从Sultanahmet车站步行5分钟可到

在奥斯曼土耳其帝国统治的400年间，托普卡珀皇宫一直都是国王的宫殿，它的地理位置非常优越，位于可以眺望马尔马拉海和博斯普鲁斯海峡的高地上。20世纪90年代，这里经过改造后，辟为宫殿博物馆，对外开放。皇宫左院的瓷器陈列室中，展示中国和日本的众多精致陶瓷，仅中国瓷器就有数千件，其中包括元代青花瓷在内的40件瓷器被土耳其定为国宝。另外，托普卡珀皇宫在世界上以丰富的珠宝钻石收藏闻名，而这些宝石都收藏在宫里的4间宝物展览室里，其中有世界最大、重达3公斤的祖母绿宝石和世界第二大、重达86克拉的钻石，闪闪发亮，吸引了每一位游客的目光。此外，还有大量用黄金、宝石做成的各种奢侈品，非常珍贵。

266

02 圣索菲亚博物馆 （100分!）

土耳其历史上遗留下来的精美建筑

Tips
Ayasofya Meydan，Sultanahmet Fatih 土耳其　☎0212-5221750　¥10.7美元　从Sultanahmet车站步行可到

圣索菲亚博物馆，其实也是著名的圣索菲亚大教堂，公元325年由君士坦丁大帝为供奉智慧之神索菲亚而建。公元537年，查士丁尼皇帝为标榜自己的文治武功进行重建，并把它作为基督教的宫廷教堂。公元1453年6月，奥斯曼土耳其苏丹穆罕默德攻入了君士坦丁堡，将大教堂改为清真寺，还在周围修建了4个高大的尖塔，这就是今天我们看到的圣索菲亚大教堂的面貌。大教堂现在称为阿亚索菲亚博物馆，是土耳其历史长河中遗留下来的最精美的建筑物之一，这座建筑兼具了西方基督教和东方伊斯兰教两种风格，是后世宗教建筑中的典范。现在这里珍藏了许多珍贵的宗教艺术品，是一处不可多得的宗教宝库。

03 地下宫殿

地下蓄水池

地下宫殿其实是伊斯坦布尔地下的蓄水池，规模十分巨大，面积有8000多平方米，在这一范围内，竖立着数百根科林斯石柱，高大坚固。在昏暗的灯光下，柱子映在四周的墙壁上，显得有点阴森。滴滴答答的滴水声仿佛也将人们带离现实世界。总之，在地下宫殿参观，需要一些胆量，走进去，就像是到了一个神秘莫测的世界。

Tips
☎0212-5221259　¥7美元　从Sultanahmet车站步行2分钟可到

04 博斯普鲁斯海峡 （90分!）

亚洲和欧洲的界线

斯普鲁斯海峡，也称伊斯坦布尔海峡，既是分隔亚洲和欧洲的界线，也是连通黑海和地中海的唯一通道。海峡全长30.4公里，最宽处为3.6公里，最窄处为708米，伊斯坦布尔就被这道海峡一分为二，成为一座横跨欧亚两大陆的城市。海峡两边拥有很多古时遗迹，尤其是博斯普鲁斯大桥如长虹一般从海峡上跨过，博斯普鲁斯大桥是一座悬索桥，长1.5公里，有6条车道。整座大桥的重量就压在两条由1万多根钢丝绞合而成的钢索上。在大桥的正中有一道白线，白线以东是亚洲，白线以西是欧洲。很多人都来这里拍照留念，因为在这里可以脚踏欧亚两大洲。

Tips
☎0212-5220045　从艾米诺努3号码头乘游船

欧洲攻略 — 土耳其

05 特洛伊
充满神秘的古城

★★★★★

Tips
位于小亚细亚半岛西端赫勒斯滂海峡（即达达尼尔海峡）东南　0286-2830536　7美元　从恰纳卡莱乘巴士在特洛伊下

　　特洛伊，也称"伊利昂"，是一个充满神秘的小城，这座城市最早由希腊人所建，至今保留着不少历史遗址。特洛伊之所以能闻名世界，还要从"特洛伊战争"说起，这次战争在荷马史诗《伊利亚特》中有详细的记录，据传说，特洛伊城最后由希腊人用"木马计"攻破，木马也因此成了这座城市的标志性景观。19世纪中期，发掘特洛伊城遗址时，发现了众多的古建筑遗迹和大量的文物，这些建筑虽已倒塌败落，但从残存的墙垣、石柱来看，仍可以窥见当时的繁华。距特洛伊城遗址不远，有一座博物馆，是土耳其目前唯一收藏特洛伊文物的博物馆，详细介绍了特洛伊这座古城的历史文化。

好买 BUY

01 有顶大集市
中东地区最大的集市　★★★★

　　有顶大集市是到伊斯坦布尔旅游的观光客必去朝圣的地方，是中东最大的集市，周围总共有20多个出口，店铺的数量多得数不清，至少有5000多家，密密麻麻地分布在20多条街道上。大集市是15世纪时苏丹麦何密二世的城市建造计划中的一环，以挤满古董店的老市场为中心。这里出售的东西大多是具有土耳其特色的民俗工艺品，包括土耳其式有着手提托盘的红茶杯组、银器器皿、古色古香的铜器、地毯，以及琳琅满目的纪念品，如恶魔眼、土耳其羊毛披肩等，是游客购买纪念品的好地方。由于观光客数量非常多，所以这里的商家个个会说多国语言，除了银器、琥珀是称重卖外，其他的纪念品一定要货比十家，然后讨价还价一番，这样才能买到物美价廉的精美纪念品。

Tips
Taya Hatun Mh,34120 Fatih/Istanbul Province　0212-5223173　乘电车在Beyazit站下

02 阿拉斯塔集市
历史悠久的大规模露天集市 ★★★★

Tips
🏠 Arasta Çarşısı, Sultanahmet 🚋 乘电车在Sultanahmet站下

阿拉斯塔集市位于蓝色清真寺附近，是伊斯坦布尔的一个大规模露天集市，拥有悠久的历史，最早是为了给蓝色清真寺筹集建设资金而创立的。早期的阿拉斯塔集市汇集了众多具有土耳其特色的手工艺品，主要是土耳其传统的手工地毯，做工精美，深受大家喜爱。不幸的是，1912年的一场大火几乎将整个集市都烧毁了，之后阿拉斯塔集市就停止了，直到1980年，阿拉斯塔集市才重新整修开业。如今，阿拉斯塔集市主要出售一些具有当地特色的饰品、珠宝、皮革制品、手工艺品等，是到伊斯坦布尔旅游的游客购买纪念品的好地方。

好吃 EAT

01 加拉塔塔
古代的望塔 ★★★★

加拉塔塔位于伊斯坦布尔的加拉塔区，是一座望塔，建于1348年，由热那亚人所建。这座古塔共有9层，高66.9米，主要功能是用来瞭望城内情况。现在塔上有一个餐厅和咖啡厅，坐在那里一边喝咖啡、就餐，一边欣赏美丽的博斯普鲁斯海峡风光，非常惬意。

Tips
🏠 Bereketzade Mh., Galata Kulesi, Beyoğlu
☎ 0212-2938180　¥ 5.7美元　🚇 从地铁广场步行5分钟可到

欧洲攻略　土耳其

269

欧洲
攻略HOW

Part.31 俄罗斯

　　俄罗斯是世界上领土面积最大的国家，地跨欧亚两个大洲，幅员辽阔，绵延的海岸线从北冰洋一直伸展到北太平洋。俄罗斯风景优美，文化繁荣，无论是以普希金、托尔斯泰为代表的文学，还是以柴可夫斯基为代表的音乐，都在世界上占有十分重要的位置。

俄罗斯 特别看点!

欧洲攻略 / 俄罗斯

第1名! 克里姆林宫! — 100分!
★ 世界上最宏伟的宫殿，历代沙皇举办加冕典礼的地方!

第2名! 冬宫! — 90分!
★ 世界最著名的沙皇宫殿，金碧辉煌的奢华宫殿!

第3名! 海军总部! — 75分!
★ 圣彼得堡的标志建筑，直插天际的金色塔顶!

好玩 PLAY

01 克里姆林宫 （100分!）
俄罗斯的标志之一 ★★★★★

Tips
🏛 Kremlin, Moscow, Russia　☎ 495-2023776　¥ 700卢布　🚇 乘地铁在Ploshchad Revolyutsii站出站

　　克里姆林宫是世界闻名的建筑群，一直享有"世界第八奇景"的美誉。它位于莫斯科市中心，始建于1156年，曾是历代沙皇的宫殿，呈不等边三角形，周长2公里，面积27.5万平方米，建筑部分保存完好，被看成是俄罗斯的标志之一。克里姆林宫内保存有许多俄国的铸造艺术杰作，比如重达40吨的"炮王"、200吨的"钟王"等都是无价之宝。有一句谚语很好地诠释了克里姆林宫的恢宏壮观："莫斯科大地上，唯见克里姆林宫高耸；克里姆林宫上，唯见遥遥苍穹。"

02 红场
●●● 世界美丽的广场之一　　★★★★★

在俄语中，"红场"的意思就是"美丽的广场"，位于俄罗斯首都莫斯科市中心，的确可以称为世界美丽的广场之一，它和北京天安门广场一样闻名世界，不过面积远没有天安门广场那么大。广场建于15世纪，总面积9万平方米，呈长方形，南北长，东西窄，地面全部由条石铺成，显得古老而神圣。前苏联的重要节日和阅兵仪式都在这里进行。今天，红场成了莫斯科历史的见证，也是莫斯科人的骄傲。

Tips
🏠 Red Square, 1 дробь 2, Moscow, Russia ☎ 495-6921196 🚇 乘地铁在Ploshchad Revolyutsii站出站

03 圣瓦西里大教堂
●●● 莫斯科最著名的地标建筑之一　　★★★★

圣瓦西里大教堂在红场的南边，它始建于1553年，是为纪念伊凡四世战胜喀山汗国而建。整座教堂由9座塔楼巧妙地组合为一体；在高高的底座上耸立着8个色彩艳丽、形体丰满的塔楼，簇拥着中心塔。中心塔从地基到顶尖高47.5米，鼓形圆顶金光灿灿。圣瓦西里大教堂最特殊的一点是没有正面、侧面和背面之分，无论从哪个小教堂进入，都能看到教堂内部的全景。这种造型在俄罗斯很少见。

Tips
🏠 Red Square, 1 дробь 2, Moscow, Russia ¥ 200卢布 🚇 乘地铁在Ploshchad Revolyutsii站出站

04 莫斯科国家历史博物馆
●●● 俄罗斯藏品最丰富的博物馆　　★★★★

莫斯科国家历史博物馆位于红场北面，是莫斯科最古老的博物馆之一。该博物馆建于1872～1883年，庄严宏伟。馆内保存着400多万件物品和4000万件档案，以及14万份各种文件，可以说是俄罗斯藏品最丰富的博物馆。

Tips
🏠 Red Square, Moscow, Russia 🚇 乘地铁在Ploshchad' Revolyutsii站出站 ¥ 150卢布

05 俄罗斯国家模范大剧院
●●● 俄罗斯历史最悠久的剧院　　★★★★

俄罗斯国家模范大剧院，也叫莫斯科大剧院，建于1776年，是俄罗斯历史最悠久的剧院。剧院是一座乳白色的古典主义建筑，门前竖立着8根古希腊伊奥尼亚式的圆柱，每根15米高，门廊上方装饰着四匹骏马和太阳神阿波罗的马车，是莫斯科的标志之一。目前大剧院拥有世界一流的歌剧团、芭蕾舞团、交响乐团和合唱团，是最具代表性的俄罗斯剧院。作为世界芭蕾的最高艺术殿堂，大剧院对古典芭蕾精髓的保留和发展无人能及，已经成为莫斯科乃至整个俄罗斯的"名片"。

Tips
🏠 1 Teatralnaya Square, Moscow, Russia ☎ 495-2507317 🚇 乘地铁在Teatralnaya站出站

欧洲攻略　俄罗斯

欧洲攻略 俄罗斯

06 新圣女修道院
俄罗斯最高建筑成就的典范 ★★★★

新圣女修道院坐落于莫斯科的西南面，建于16至17世纪，是为纪念俄罗斯古城斯摩棱斯克摆脱立陶宛统治而建的。该修道院与俄罗斯的政治、文化和宗教历史直接相关，供沙皇家族及贵族的妇女使用。修道院内部装饰华丽，收集了重要的绘画艺术品，是俄罗斯最高建筑成就的典范。

Tips
Арена ulitsa 10-letiya Oktyabrya, 11Moscow, 俄罗斯　乘地铁在Sportivnaya站出站　499-2466614　￥150卢布

07 普希金美术馆
莫斯科的艺术殿堂 ★★★★★

新古典主义风格的普希金美术馆建于19世纪，为了纪念俄国著名的文学家、伟大的诗人、小说家普希金，1937年更名为普希金美术馆。馆内收藏展示有大量绘画、雕塑等艺术品，其数量仅次于圣彼得堡冬宫的美术馆，其中有凡·高、毕加索、马蒂斯、雷诺阿、莫奈、塞尚、高更等印象派和后印象派大师的绘画精品，非常珍贵。

Tips
Volkhonka ul 12　乘地铁在Kropotkinskaya站出站

08 全俄展览中心
扩展视野、增长见识的好地方 ★★★★

全俄展览中心原名国民经济成就展览馆，20世纪50年代建成并对外开放，它集科学性、知识性、娱乐性于一体，是扩展视野的好去处。目前，全俄展览中心占地300公顷，共80个展览馆，展示了俄罗斯在农业、科技、医药等方面取得的成绩。展览中心还有俄罗斯全盛时期修建的恢弘建筑，其中以乌克兰、白俄罗斯、格鲁吉亚、亚美尼亚、乌兹别克斯坦、吉尔吉斯斯坦、土库曼斯坦等前苏联加盟共和国命名的建筑各具特色，仿佛是缩小版的世博园。

Tips
prospekt Mira, 119, Moscow, 俄罗斯129223
乘地铁在VDNKH站出站

09 彼得大帝纪念雕像
●●● 纪念俄罗斯海军建军300周年的纪念品　★★★★★

彼得大帝纪念雕像建立于20世纪90年代中期，是纪念俄罗斯海军建军300周年的纪念品，由俄罗斯国家艺术学院主席茨里特里创作完成，造型是手持着古代卷轴地图的彼得大帝昂然立在一艘17、18世纪的远洋帆船之上——象征着抱有远见的彼得大帝与俄国海军密不可分的关系。该雕像高达94米，其高度排名世界第八，每年都会吸引不少游客前来，在此拍照留念。

Tips
🏠 莫斯科河与其运河交汇处　🚇 乘地铁在Kropotkinskaya站出站

10 海军总部 (75分!)
●●● 圣彼得堡的标志建筑　★★★★★

海军总部位于冬宫广场西北侧，建于19世纪初，是大量采用浮雕和雕像装饰的帝俄时代古典建筑的典范，其直插天际的金色塔顶在阳光照耀下熠熠生辉，金光四射，是圣彼得堡市内最鲜明的地标建筑。

Tips
🏠 Admiralty prospect 10, 191178 Saint-Ptersbourg　🚇 乘地铁在Nevsky Prospekt站出站

11 冬宫 (90分!)
●●● 世界四大博物馆之一　★★★★★

冬宫是昔日沙皇皇宫，由意大利著名建筑师拉斯特雷利设计，是18世纪中叶俄国巴洛克式建筑的杰出典范。俄国十月革命后，辟为圣彼得堡国立艾尔米塔奇博物馆，它与伦敦的大英博物馆、巴黎的卢浮宫、纽约的大都会艺术博物馆一起，称为世界四大博物馆。馆内装饰金碧辉煌，和谐统一，走进去就像走进了一座大宝库。目前，馆内藏有丰富的珍品，从古到今世界各国的艺术品达到270万件，包括1.5万幅绘画、1.2万件雕塑、60万幅线条画、100多万枚硬币，以及数十万的其他艺术品。冬宫不愧是俄罗斯历史文化的宝库。

Tips
🏠 Palace Square, Saint Petersburg, Russia　☎ 812-3802478　¥ 400卢布　🚇 乘地铁在Nevsky Prospekt站出站

欧洲攻略 | 俄罗斯

12 战神广场
圣彼得堡最古老最美丽的广场之一　★★★★

圣彼得堡战神广场是当地最古老最美丽的广场之一，曾是旧帝俄时代军队训练和阅兵的广场，因此有"战神广场"之称。广场上竖立着俄罗斯著名的苏沃洛夫统帅的塑像，是根据马尔斯的形象建造的，因此这里又称马尔索沃教场。战神广场最吸引人的是中心的革命英雄纪念碑，从1917年起，"长明火"就一直燃烧至今。莫斯科克里姆林宫旁的无名烈士墓的"长明火"的火种也取自这里。以纪念碑为中心，向不同方向延伸出数条林荫道，林荫道之间是点缀着灌木丛的草坪。整个广场处于椴木林和草坪的怀抱之中，美不胜收。

Tips
🏠 Marsovo Polye Saint-Ptersbourg　🚇 乘地铁在Gostiny Dvor站出站

13 耶稣复活教堂
纪念遇刺沙皇的教堂　★★★★

耶稣复活教堂，也叫"喋血教堂"，是为了纪念1881年3月1日遇刺身亡的沙皇亚历山大二世而建，教堂外观以17世纪俄罗斯东正教堂为蓝本，经过20多年才最终完成。在参观耶稣复活教堂之余，游客还可以顺路前往毗邻教堂的跳蚤市场，在那里挑选圣彼得堡特产和旅游纪念品。

Tips
🏠 俄罗斯圣彼得堡涅瓦大街　¥ 300卢布　🚇 乘地铁在Nevsky Pr.站出站

14 彼得一世夏宫
历代俄国沙皇的郊外离宫　★★★★★

Tips
🚇 乘地铁在Gostiny Dvor站出站　¥ 300卢布

彼得一世夏宫建于1714年，也叫"俄罗斯夏宫"、"彼得宫"，它是彼得大帝迁都圣彼得堡后建造的第一幢石质建筑，之后成为俄国历代沙皇的郊外离宫。彼得一世夏宫分为上花园和下花园，大宫殿在上花园。夏宫内外装饰极其华丽，两翼均有镀金穹顶。宫内有庆典厅堂、礼宴厅堂和皇家宫室。宫外，精美的喷泉、雕像、假山等随处可见，而且这些人造景点都呈几何形对称排列，美观典雅。

好买 BUY

01 特维斯卡亚大街
●●● 莫斯科重要的商业街 ★★★★

Tips
🚇 Tverskaya 🚊 乘地铁2号线至Tverskaya站下

特维斯卡亚大街在过去就是莫斯科重要的街道，拥有经典的19世纪风貌。苏联时期，斯大林对大街进行了大规模的整修和扩展，美妙的古典风情消失殆尽，取而代之的是现代化的都市风光。一座座高耸入云的大厦，一家家现代风格的商铺，莫斯科的繁华尽显无遗。普希金广场是特维斯卡亚大街最热闹的地方，周围是成片的商业区，各种高端商场、餐厅、咖啡馆、歌舞厅等鳞次栉比，是人们购物休闲的绝佳去处。此外，富有旧苏联风格的莫斯科市政厅，藏品十分丰富的俄罗斯近代史博物馆等也都是令人们驻足的好去处。

02 阿尔巴特大街
●●● 莫斯科著名的步行街 ★★★★

Tips
🏛 莫斯科市中心

阿尔巴特大街是莫斯科著名的步行街，当地人爱称这条人街为"自由街"。该街全长约2公里，街道两旁排满了各种店铺，大多是出售各类艺术品的商店，在外来旅游者眼中，它就像一幅俄罗斯风情的画卷，散发着俄罗斯文化和商业的独特气息。街两旁有不少小吃店、烧烤店和咖啡馆等，去那里休闲、娱乐很不错。另外，阿尔巴特大街上有一幢著名的建筑，那就是伟大诗人普希金的故居，游客来这里逛街，不容错过此景点。

欧洲攻略 俄罗斯

277

03 库兹涅茨基街
●●● 拥有浓郁的文艺气质的大街　★★★★

库兹涅茨基街就位于波修瓦芭蕾歌剧院后面，和特维斯卡亚大街的现代化不同，这条街在19世纪时就是文人和艺术家们聚集的地方，因此拥有浓郁的文艺气质。在这条街上汇集了很多19世纪时的咖啡馆、唱片店、书店等店铺，吸引了很多文豪和著名艺术家流连忘返，在托尔斯泰的小说《安娜·卡列尼娜》中也提到过它。库兹涅茨基街一直都没有进行过现代化改造，保留了浓郁的19世纪风情，至今还能看到市井气息浓郁的路边小摊和旧书屋，还有一家家位于19世纪建筑中的咖啡馆，是人们休闲和淘宝的好地方。

Tips
🏠 Kuznetsky Most　🚇 乘地铁至Teatralnaya站下

04 TSUM中央百货公司
●●● 莫斯科购物的中心　★★★★

TSUM中央百货公司是莫斯科购物的中心，它临近大剧院，四周到处都是五星级的高档酒店，和另一家著名的GUM国家百货公司分别位于红场的两端，地理位置十分优越。TSUM中央百货公司成立于1908年，一直都是莫斯科人购物的主要去处。前苏联解体之后，百货公司开始大力引进世界知名的精品品牌，包括Gucci、Fendi、Tiffany等都可以看到，这使得这家店的潮流品位一下子提高了不少。走进商场，珠光宝气的富豪名流经常会从身边经过，店内森严的警卫也让人有点敬而远之。此外，在商场内专门设有VIP室，可以提供私人购物咨询服务，而且严格保护客人的隐私。

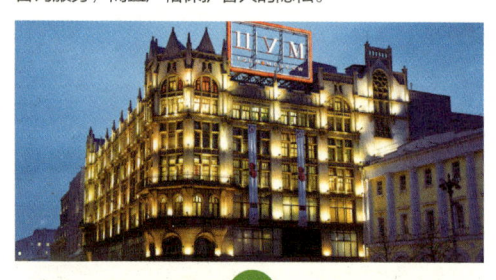

Tips
🏠 2 ul.Petrovka　☎ 495-9337300　🚇 乘地铁至Teatralnaya站下

05 涅瓦大街
●●● 圣彼得堡最热闹最繁华的街道　★★★★

涅瓦大街建于1710年，全长超过4公里，宽25至60米，是圣彼得堡最热闹、最繁华的街道，聚集了该市最大的书店、食品店、百货商店和最昂贵的购物中心，因此来到圣彼得堡不逛一逛涅瓦大街，是一件憾事。涅瓦大街还是一条极具观光价值的街道，在那里你可以欣赏到各类教堂、众多的名人故居以及历史遗迹。像陀思妥耶夫斯基、果戈理等的故居都在这里。果戈理的同名小说将这条繁华街道在帝俄时代的风景描绘得惟妙惟肖，为这条古老的大街增添了一层优雅的文学氛围。

Tips
🏠 Nevskiy prospekt, gorod Sankt-Peterburg, Russian　🚇 乘地铁在Nevsky Pr.站出站

好吃 EAT

01 图兰朵餐厅
莫斯科最高级的餐厅
★★★★

Tips
📍 Tverskaya Boulevard,Building 26/5 📞 495-7390011 🚇 乘地铁至Pushkinskaya站下

图兰朵餐厅位于特维斯卡亚大街上，是莫斯科最华丽的餐厅。餐厅建造时耗资上千万卢布，历经14个月方才完成。整座餐厅被打造成一个华丽非凡的巴洛克艺术空间，来自意大利和法国的装饰品与餐具全都是手工制作的，店内的装饰也金碧辉煌，让人叹为观止。餐厅里到处都摆放着从欧洲各地搜集来的古董和艺术品，就好像18世纪的欧洲皇宫一般。除了环境奢华无比外，这里的菜式也堪称一绝。在图兰朵餐厅可以吃到来自欧洲各地的经典菜式，还有十分正宗的中餐，可以让来自欧洲的客人们好好感受一下中西文化的交融。此外在用餐时，还会有优雅的古典音乐相伴，让吃饭也成为最高的享受。

02 文学咖啡馆
知名文学家聚会的地方
★★★★

文学咖啡馆是圣彼得堡一座颇有特色的咖啡馆，它坐落在一座19世纪时的老建筑里，在当时很有名气。19世纪正是俄罗斯文学风起云涌的时候，诞生了一大批世界闻名的知名文学家。包括普希金、陀思妥耶夫斯基等人在内，他们居住

Tips
🚇 乘地铁至Nevsky Pr站下

在圣彼得堡的时候经常会到这家咖啡店来和其他作家聚会，交流写作心得，评论时事等。这座咖啡馆也就成了一处文人荟萃的胜地。传说普希金在出发和别人决斗之前，就是在这里吃了最后的一餐。如今的文学咖啡馆早已不复往日热闹的气氛，虽然咖啡店在楼下专门设置了一个普希金的雕像，但是来往的游客们依然会忽略掉这处景点。虽然生意不佳，但是咖啡店的服务还是挺好的，尤其在晚餐时候会特别安排年轻音乐家进行现场表演，气氛十分浪漫。

279

欧洲
攻略HOW

Part.32 欧洲其他

　　欧洲是欧罗巴洲的简称,"欧罗巴"一词据说最初来自腓尼基语的"伊利布"一词,意思是"西方日落的地方"或"西方的土地"。欧洲是很多人梦寐以求的旅游胜地,除了人们耳熟能详、随口就可提起的一些欧洲国家,东欧和南欧有一些国家也以自身独特的风光和景色吸引了来自世界各地许许多多的游客。

欧洲其他 特别看点！

欧洲攻略 | 欧洲其他

第1名！
腓特烈堡宫！
100分！
★ 被称为"丹麦的凡尔赛宫"！

第2名！
辛特拉王宫！
90分！
★ 融合了哥德式、摩尔式及葡萄牙式风格！

第3名！
蓝湖！
75分！
★ 在雪花飘飞的时候，泡在暖融融的蓝湖水中享受大自然的赐予！

好玩 PLAY

01 圣若热城堡
历代葡萄牙国王的王宫 ★★★★

Tips
🏠 R. do Chão de Feria, 1100 Lisboa, Portugal
☎ 21-8877244
🚌 在Praca da Figueira广场乘37路公共汽车在圣若热城堡下

圣若热城堡是历代葡萄牙国王的住所，它位于里斯本市中心最高的山丘上，一直被看成里斯本的标志性建筑。这座城堡始建于公元前2世纪，居高临下，三面峭壁，十分险要，自葡萄牙王国建立起，就一直是葡萄牙国王的王宫所在地。今天我们看到的城堡大部分是萨拉查时期建造的，城楼和城墙是用原城堡留下的石料修建的。城堡内还设有动物园和植物园，是游览圣若热城堡不容错过的景点。登上圣若热城堡，整个里斯本风光尽收眼底。

02 辛特拉王宫 （90分！）
国王的避暑宫殿 ★★★★

Tips
- Largo Rainha Dona Amlia, 2710 Sintra
- 219-106840　3欧元　乘Linha da Azambuja 或Linha de Sintra城郊列车在Sintra站下

辛特拉王宫最早建于约翰一世时期，直至16世纪曼努埃尔一世统治时期才完工。王宫在建成后的400多年里，经过无数次修缮和扩建，因此融合了哥德式、摩尔式及葡萄牙式风格。从14世纪开始，辛特拉王宫一直是国王的避暑宫殿，因此宫殿内不仅装饰豪华，而且还收藏了丰富的珍贵物品，每年吸引很多游客来此参观。

03 丹麦王宫
丹麦王室的居所 ★★★★★

丹麦王宫，也叫阿马林堡宫，是丹麦国王腓特烈五世在1749年下令建造的，直到1894年才完成。今天仍然是丹麦王室的居所，每当丹麦女王在宫中的时候，这里都会升起丹麦国旗，门口也有卫兵守卫。每天的卫兵换岗仪式非常好看，遵循了古老传统的仪式，可以说是丹麦历史的一个小小缩影。

Tips
- Oster Voldgade 4A　33-153286　60丹麦克朗　乘地铁M1、M2线在Kongens Nytorv站出站

04 腓特烈堡宫 （100分！）
丹麦的凡尔赛宫 ★★★★

腓特烈堡宫被称为"丹麦的凡尔赛宫"，它位于丹麦赫尔辛格市以南，是一座具有荷兰风格的宫殿。当年腓特烈二世曾经将这里作为他的行宫，所以得名腓特烈堡宫。据说这里是丹麦王室最喜欢的行宫，气势恢弘，共有大大小小60多个大厅，大多保存完好。人们不仅能在这里看到国王和王后的房间、大厅、骑士厅等，还可以饱览华丽的壁画和装饰，体验王室奢华的生活。

Tips
- Frederiksborg Slot,3400 Hillerod　48-260439　60丹麦克朗　乘S-tog在Hillerod站下

欧洲攻略　欧洲其他

283

05 玫瑰宫
珠光宝气的博物馆 ★★★★

玫瑰宫不光名字好听，而且还非常漂亮，它是一座位于皇家花园中的城堡，由丹麦女王克里斯汀十四世所建。这座具有浓郁的文艺复兴气质的宫殿，因周围种满了各种颜色的1万多株玫瑰花，所以有了"玫瑰宫"这个名字。如今这里已经被改造成为一座博物馆，馆内珍藏着历代丹麦国王的王冠和各种王室收藏的宝物，是一处充满了珠光宝气的博物馆，在玫瑰宫参观一番能了解不少关于丹麦王室的历史。

> **Tips**
> 🏠 Øster Voldgade 4A, 1350 København, Danmark ☎ 33-153286 ¥ 75丹麦克朗 🚇 乘地铁M1、M2线在Norreport站出站

06 小美人鱼铜像
富有内涵的艺术作品 ★★★★★

在哥本哈根有一个看似不起眼的铜像，却引起了很多人的关注，这座铜像就是位于哥本哈根东北长堤海滨的小美人鱼铜像。这座铜像取材自安徒生最著名的童话故事《海的女儿》，生动地刻画出一个神情忧郁的小美人鱼形象。小美人鱼铜像自建成以后就深受哥本哈根人民的喜爱，人们就像对待自己的女儿一样爱护它。在2010年上海世博会时，小美人鱼铜像离开哥本哈根远赴上海展出，在我国她同样成了很多人关注的焦点，可见这件艺术作品独具的魅力和内涵。

> **Tips**
> 🏠 哥本哈根东北长堤海滨 🚇 从中央车站步行10分钟

07 安徒生博物馆
纪念世界名人的场馆 ★★★★★

> **Tips**
> 🏠 Bangs Boder 29 ☎ 65-514601 ¥ 60丹麦克朗 🚌 乘9A、11A、30、66、97N在Polititorvet站下

安徒生博物馆是为了纪念丹麦伟大童话作家安徒生诞生100周年而建的。这位伟大的童话家的作品影响了世界各地的少年儿童，时至今日依然如此。如果你想进一步了解安徒生和他的作品，安徒生博物馆可以告诉你答案。安徒生博物馆坐落在一条鹅卵石铺的街巷里，是一座红瓦白墙的平房，看到这座古老式样的建筑，仿佛回到了19世纪安徒生生活的年代。

博物馆内有十几间陈列室，按照时间顺序分别展示了安徒生生平及其各个时期的作品，此外，还有一些安徒生作品手稿、来往信件、生活用品等。博物馆还有一间录像录音播放室，人们拿起听筒就能听到安徒生创作的美妙动听的童话故事。

08 乐高乐园
举世闻名的游乐园 ★★★★★

乐高乐园位于丹麦日德兰半岛东岸的小镇比隆，它建于20世纪60年代，一经开放就受到世界各地人们的欢迎，每年都有上百万游客前来参观游览。走进乐高园，就宛如走入一个迷你世界，组成这个世界的分子就是那不足小手指大小的塑料拼插积木。这里有一座座用积木搭出来的古老建筑物，有著名的哥本哈根港口、曲折蜿蜒的阿姆斯特丹运河、富丽堂皇的丹麦皇家阿美琳堡宫，也有希腊的巴特农神殿、德国慕尼黑的新天鹅堡和美国的自由女神像。此外，在公园里还随处可见用积木搭起来的动物形象，经常有很多小朋友和它们合影留念。园内最主要的活动当然还是各种游乐项目。坐上旋转塔，可升至高处俯瞰积木城全景；乘坐迷你火车可以畅游玩具国一圈；搭上海盗船可以亲身经历一番海盗的枪战；也可以坐上小船慢慢欣赏积木城的景色。不言而喻，这些游乐设施也是用积木拼成的。每逢周末，园内都要演出木偶剧，还有少年乐高铜管乐队的音乐演奏和队列操练。总之，走在乐高乐园，扑面而来的是春天般的童话气息，耳边是欢声笑语，眼里是缤纷色彩，让人流连忘返。

Tips
- Nordmarksvej 6，7190 Billund
- 75-331333
- 275丹麦克朗
- 从哥本哈根中央车站乘LYN或IC火车在Vejle站换乘244号巴士在Legoland站下

09 雷克雅未克旧城区
体验冰岛特有风情的好地方 ★★★★★

雷克雅未克是冰岛首都，是世界上最北的首都。来到这里如果想体验冰岛特有的风情，最好的地方便是雷克雅未克旧城区，它位于雷克雅未克港口和特约宁湖之间。在这里你可以观赏许多特色建筑，比如市政厅、议会大楼、国立美术馆等，此外，还有钢结构的"维京船"雕塑，十分引人入胜。旧城区还有商店林立的购物街Austurstrati，如果游客需要购物，或者休闲娱乐，那里是不错的选择。

Tips
- 乘13号巴士在Raohus站下

10 蓝湖
冰岛最典型的宣传照片 ★★★★★ 75分!

蓝湖可以说是冰岛最有魅力的景点了，很多游客远道而来就是为了亲身感受蓝湖的神奇之处和它特有的风貌。蓝湖如此出名，是因为它是一处露天温泉，由于地热资源丰富，即使是在雪花飘飞的时候，游客仍可以泡在暖融融的蓝湖水中，充分享受大自然的赐予。此外，蓝湖还有一个特点，就是蓝湖位于一座死火山上，地层中有益的矿物质沉积在湖底，湖底的泥巴有美颜健体的效果，非常神奇。从蓝湖中提炼出来的各种美容产品也深受欢迎。对于每个来到冰岛的游客来说，去蓝湖泡温泉，成了一种时尚。蓝湖美景似乎已成为冰岛最典型的宣传照片。

Tips
- 240 Grindavik
- 354-4208800
- 28冰岛克朗
- 乘BSI巴士可到

欧洲攻略　欧洲其他

285

11 杰古沙龙冰河湖

冰岛最大、最著名的冰河湖 ★★★★

Tips
- 冰岛东南部、瓦特纳冰川南端　☎ 354-4782222
- 从霍芬镇乘19号巴士在Jokulsarlon站下

杰古沙龙冰河湖位于冰岛东南部，它是1932年冰河口融化形成的湖泊，是冰岛最大、最著名的冰河湖。湖底深达200米，是冰岛的第二大深湖。冰河湖的湖水湛蓝、清澈，很多形状各异的超大冰块飘浮于湖面，绚丽多彩。正是由于这一奇观，著名的好莱坞电影《古墓丽影》和《蝙蝠侠·开战时刻》及007系列电影如《择日而亡》等都曾在此取景拍摄。此外，冰河湖湖口的入海处还聚集了众多海豹和鱼类，可乘船欣赏憨态可掬的海豹捕鱼，给旅途带来几分情趣。

12 都柏林城堡

都柏林标志性的建筑 ★★★★★

都柏林城堡是英国臭名昭著的"失地王"约翰在1204年下令修建的，专门用来存放他搜刮来的财宝，后来也曾被用作英国总督的官邸，在爱尔兰历史上占据重要的历史地位。城堡后来在17世纪的一场大火中被毁坏，如今这里的建筑都是18世纪时重建的。城堡里每一个房间都极具特色，并且有不同的功用，能从中一窥当时贵族们的奢华生活。爱尔兰爆发独立革命时，也将攻占都柏林城堡作为革命成功的象征。都柏林城堡就是都柏林最明显的标志性建筑。

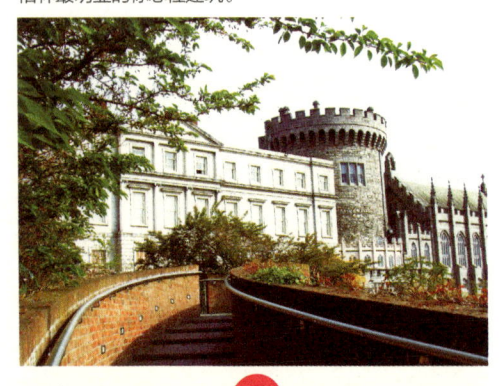

Tips
- Dame Street, Dublin 2, Ireland　☎ 01-6777129　￥4.5欧元　市内乘13、40、123路公交车在Carnegie Centre站下

13 圣帕特里克大教堂

爱尔兰最大的教堂 ★★★★

圣帕特里克大教堂建于1191年，是都柏林的两座爱尔兰圣公会教堂之一，也是目前爱尔兰境内最大的教堂，每个来到都柏林的游客都不会错过这里。这座教堂拥有很多爱尔兰之最，比如教堂西侧的钟楼收藏着爱尔兰最大的钟等。同时这座教堂还是爱尔兰很多名人的墓地所在，除了有早期凯尔特人的墓碑外，还有包括第一任爱尔兰总统在内的无数政要。这座教堂甚至可以和英国的威斯敏斯特大教堂相媲美。

Tips
- 21 Patrick's Close, Dublin 8, Ireland　☎ 01-4754817　￥5欧元

14 布拉尼城堡
中世纪时期的城堡 ★★★★

布拉尼城堡是一座建于中世纪时期的城堡，早在公元10世纪时就是当地重要的防御要塞，后由芒斯特尔国王考马克·麦克卡瑟重建，成为王室住所。如今这里依然保留着中世纪时期的风貌，内部的装饰也给人以十分豪华的感觉。此外，在城堡内有一块巧言石，据说亲吻过这块石头就会变得能言善辩，每年有很多游客慕名前来，参观这块传说中的奇石。

Tips
- 爱尔兰的布拉尼小镇　☎ 01-8722077　￥ 7欧元
- 从科克乘巴士可到

15 大公宫殿
古代卢森堡的政治中心 ★★★★

大公宫殿位于首都卢森堡城的南部，是过去卢森堡最高统治者大公的居所。在"二战"期间，卢森堡被德国占领，大公宫殿被纳粹分子作为舞厅和酒厅，在此期间，大公宫殿遭到了破坏，里面的许多家具和艺术藏品也遭到劫难。20世纪60年代，大公宫殿被重新装修了一番，因此充满了现代气息。目前，大公宫殿是其他国家官员正式访问卢森堡时的下榻之地。

Tips
- 17，Rue du Marche-aux-Herbes　☎ 352-222809　￥ 7欧元　市内步行可达

16 卢森堡地下要塞
固若金汤的军事屏障 ★★★★★

卢森堡地下要塞是卢森堡历史上最伟大的军事工程，在公元963年这里就建成了碉堡，接下来的几个世纪，不断兴建各种军事设施，形成了一个坚固的防御系统，在多次战争当中发挥了重要的作用。第二次世界大战的时候，还成为防空避难所。如今这里还遗留有24座碉堡、16座军事要塞和一条长达23公里的地下通道，使整个卢森堡固若金汤。这里除了可以屯兵外，还有面包房、屠宰场、厨房等设施，内部之庞大犹如一座迷宫。

Tips
- 10 Monte de Clausen, Luxembourg District　☎ 352-222809　￥ 3欧元

欧洲攻略　欧洲其他

287

17 阿道夫大桥

卢森堡市的标志性建筑

阿道夫大桥是欧洲杰出建筑物之一，也是卢森堡市的标志性建筑。这座大桥建于19世纪末期，是一座由石头砌成的横跨卢森堡大峡谷的高架桥。此桥高46米，长84米，支撑桥梁的拱门左右对称，显得十分壮观。该桥连接了卢森堡的新旧两市区，游客可以从桥上眺望远处的美丽风景。

Tips
🚇 卢森堡车站西北方 🚶 从卢森堡车站步行约10分钟可达

18 摩纳哥大教堂

摩纳哥最华美的教堂

摩纳哥大教堂始建于1875年，是一栋华美的宗教建筑，用巨大的白石垒成，气势磅礴，别具一格，建筑风格为当时风靡一时的罗马-拜占庭式。摩纳哥大教堂是摩纳哥标志性的建筑之一，也是该国王室的御用教堂，1956年好莱坞明星格蕾丝·凯莉与兰尼埃三世亲王就是在这里举行了婚礼。1885年之后，王室成员大多也埋葬于此。教堂内装饰精美，各种屏风、壁画都是不可多得的艺术品，具有极高的观赏价值。每逢假期，大教堂里会举行隆重的主教祭礼仪式。20世纪70年代，教堂里安装了一架四键盘式管风琴。管风琴音色华美，深沉的乐曲为节日增色不少，同时也使得这座大教堂成为举办宗教音乐会的理想场所。

Tips
📍 4 Rue du Colonel Bellando de Castro, 98000 Monaco ☎ 377-93308770 🚆 从巴黎里昂车站乘TGV火车到达摩纳哥，之后步行即可到达

19 亲王宫

摩纳哥政府所在地

Tips
📍 Place du Palais, 98000 Monaco ☎ 377-93251831 🚆 从巴黎里昂车站乘TGV火车到达摩纳哥，之后步行即可到达

被誉为"摩纳哥百年传统守护神"的亲王宫，所处位置可谓得天独厚，它建筑在峭壁边上，于13世纪兴建，是摩纳哥政府所在地，只在亲王外出时才对外开放。亲王宫依山傍海，水波拍岸，景色宜人。宫内的博物馆则是了解摩纳哥历史和中世纪文化的好地方，在那里可以看见不少瑰宝。亲王宫之所以每天吸引不少游人，与其说是因为自身的魅力，还不如说是因为亲王宫广场上的卫兵交接仪式。正午11点55分，就是卫兵交接仪式的时间，仅有短短的5分钟左右，却吸引了不少观光客驻足观赏。

20 基辅金门
●●● 保存完好的古代城门　★★★★★

Tips
📍 Vulitsa Volodymyrska 40a　☎ 044-2247068　💰 5格里夫纳　🚇 乘地铁在金门站出站

　　基辅金门是基辅公国时期残留的少数建筑物之一，也是这座城市保存最为完好的古代城门，因门扇和门楼上的教堂圆顶装饰有镀金的铜箔而得名。这里现在被辟为基辅的城市博物馆，里面展示着许多珍贵的文物，主要是以基辅公国时期的物品为主。基辅金门气势雄伟，防御设施齐全，斑驳的墙壁上留下了岁月的痕迹。

21 彼切尔洞窟修道院
●●● 乌克兰著名的修道院　★★★★

　　彼切尔洞窟修道院是乌克兰历史最悠久、占地面积最大的修道院，在20世纪90年代就被评为世界文化遗产，可见这座建筑的价值与魅力所在。这座教堂拥有两个狭长的洞窟，里面既有各种宗教设施，又有不同时代的修道士木乃伊。现在的彼切尔洞窟修道院拥有多个博物馆，里面展示着来自世界各地的基督教文物，还有精美的绘画艺术品，供游人欣赏。

Tips
📍 Sichnevoho Povstannya 21　☎ 044-2903071　💰 10格里夫纳

22 切尔诺贝利博物馆
●●● 纪念核泄漏事故的展馆　★★★★

　　切尔诺贝利核电站是乌克兰境内修建的第一座核电站，曾被认为是世界上最安全、最可靠的核电站，然而不幸的是1986年4月26日，核电站发生核泄漏事故，产生的放射污染相当于日本广岛原子弹爆炸的100倍。为了警示这次事故给人们带来的灾难，这里修建了切尔诺贝利博物馆。这座博物馆一共拥有三个展厅，通过历史照片、影像资料、珍贵文物等展示了切尔诺贝利核事故发生的全过程，游客可以直观地了解核辐射对大自然造成的各种伤害。

Tips
📍 Khoryva lane, 1, Kyiv, Kyiv city　☎ 044-4705422　💰 5格里夫纳　🚇 乘地铁M2线至Kontraktova Ploscha站出站

欧洲攻略　欧洲其他

索引 INDEX

欧洲攻略

4Gats	…167	阿维拉古城墙	…172
1866街	…243	埃菲尔铁塔	…061
		埃斯科里亚宫	…157
A		艾斯特剧院	…253
Alois Dallmayr美食馆	…099	爱丁堡城堡	…048
Altes Tramdepot	…224	爱乐协会大楼	…230
Alziari橄榄油专卖店	…083	爱丽舍宫	…061
Andrea海鲜老店	…125	爱丽丝的店	…045
Antica Enoteca di Via della Croce	…125	爱琴海	…240
Antico Caffe Greco	…125	爱琴那岛	…241
Apfelweinwirtschaft Adolf Wagner	…107	爱因斯坦故居	…215
Armures	…225	安康圣母教堂	…132
Aux Armes de Bruxelles	…201	安纳西	…081
阿道夫大桥	…288	安特卫普中央车站	…199
阿尔巴特大街	…277	安徒生博物馆	…284
阿尔卑斯博物馆	…216	安托内利尖塔	…140
阿尔贝蒂娜博物馆	…229	奥地利国家美术馆	…230
阿尔克马尔奶酪市场	…210	奥兰岛	…192
阿卡乍堡	…173	奥林匹克公园	…095
阿拉斯塔集市	…269	奥洛莫乌茨天文钟	…255
阿兰布拉宫	…172	奥斯陆大教堂	…179
阿姆斯特丹购物大街	…210	奥斯陆国会大厦	…179
阿皮亚古道	…119	奥斯陆市政厅	…179

B

Bayerischer Donisl	…099
巴贝里尼广场	…120
巴伐利亚歌剧院	…095
巴杰罗宫国家博物馆	…133
巴勒莫诺曼底宫	…145
巴黎春天百货	…070
巴黎迪斯尼乐园	…067

巴黎圣母院大教堂	…064
巴黎唐人街	…063
巴士底广场	…066
白金汉宫	…032
百花广场	…124
百威啤酒厂	…256
柏林大教堂	…089
柏林故事博物馆	…088
柏林墙遗址	…088
宝马博物馆	…096
宝齐莱本店	…223
卑尔根大教堂	…180
卑尔根鱼市	…181
贝多芬故居	…105
贝多芬故居	…229
贝多洛奇咖啡馆	…147
贝尔港	…163
贝壳湾	…172
贝勒库尔广场	…079
贝林佐纳大城堡	…222
本塔斯斗牛场	…158
比萨斜塔	…134
彼得大帝纪念雕像	…275
彼得一世夏宫	…276
彼切尔洞窟修道院	…289
毕加索美术馆	…164
冰海	…080
冰河3000	…218
波布雷特修道院	…164
波茨坦广场	…088
波恩大教堂	…105
波恩旧市政厅	…105
波盖利亚市场	…166
波克普咖啡馆	…072
波特梅里恩	…050
伯尔尼大教堂	…215
伯尔尼大学	…215
伯尔尼旧城区	…214
勃兰登堡门	…086
博洛尼亚双塔	…145
博斯普鲁斯海峡	…267
不和谐建筑群	…163
布达王宫	…260

布拉格城堡	…252
布拉格广场	…253
布拉尼城堡	…287
布拉诺岛	…135
布雷拉画廊	…140
布隆尼森林	…068
布卢瓦城	…067
布鲁塞尔大广场	…196
布鲁塞尔市政厅	…197
布鲁塞尔王宫	…197

C

Café Hauptwache	…107
Cerveceria Giralda	…175
Checchino Dal 1887	…127
Chez Leon	…201
采尔大街	…106
菜园圣母院	…132
仓库城	…114
查理大桥	…253
城堡广场	…246
楚格峰	…113
传统市场	…187
船员工会之家	…115
茨温格尔宫	…112

D

Da Baffetto	…126
De Kaaskamer	…209
De Knijp	…211
达·芬奇科技博物馆	…139
达勒姆区	…090
达利美术馆	…164
大本钟	…034
大公宫殿	…287
大英博物馆	…033
代尔夫特陶瓷工厂	…207
代尔夫特新教堂	…207
丹麦王宫	…283
但丁故居	…133
德累斯顿王宫	…112
德意志博物馆	…094
德意志角	…104

地下宫殿	…267	歌德故居	…103
蒂尔加藤公园	…087	格拉茨城堡山	…234
雕刻博物馆	…095	格拉茨旧城区	…234
东方广场	…155	格拉斯哥大教堂	…049
冬宫	…275	格兰维亚大道	…159
都柏林城堡	…286	共和广场	…123
独立广场	…157	孤苦圣母教堂	…165
杜塞尔多夫国王大道	…106	古罗马斗兽场	…118
多瑙河	…231	古罗马剧场	…077
		国际热气球周	…218
		国王十字车站	…035

E

俄罗斯国家模范大剧院	…273

H

		Hatchards	…037

F

Floris	…037	哈德良别墅	…121
Fortnum&Mason	…039	哈德良城墙	…056
Fressgass美食街	…107	哈勒赫城堡	…050
凡尔赛宫	…068	哈尼亚市场	…242
梵·高博物馆	…205	海布伦宫	…233
梵蒂冈博物馆	…151	海德堡大学	…112
腓特烈堡宫	…283	海德堡古堡	…113
芬兰堡	…190	海德公园	…033
丰收女神广场	…156	海军总部	…275
枫丹白露宫	…068	汉堡港	…110
夫拉姆	…180	汉堡鱼市场	…114
		和平咖啡馆	…071

G

Geels&Co	…209	荷恩克林根城堡	…220
Giolitti	…126	荷兰国家博物馆	…205
感恩圣母教堂	…139	赫尔辛基露天市集广场	…193
高迪故居博物馆	…163	赫尔辛基市议会广场和大教堂	…191
哥伦布纪念柱	…163	黑森林博物馆	…111
歌德大街	…106	红场	…273
		红磨坊	…065
		花神咖啡馆	…072
		华莱士纪念塔	…049
		环形运河	…204
		皇帝城堡	…097
		皇帝大教堂	…103
		皇宫教堂	…233
		皇后大街	…187
		皇家美术馆	…197
		皇家啤酒屋	…099
		皇家新月楼	…057

皇家植物园	…036	克拉姆葛拉斯宫	…253
皇室化身女子修道院	…155	克里姆林宫	…272
霍夫堡宫	…228	克里特岛	…241
		肯辛顿宫	…036
		库尔旧城区	…221
		库肯霍夫花园	…208
		库兹涅茨基街	…278

I

Ivo	…127

J

JEAN-PAUL HEVIN	…071		
Jelmoli	…223	L'Hotel-de-Ville	…224
基辅金门	…289	La Violeta	…159
加拉塔塔	…269	拉阿尔武费拉湖	…165
加那利群岛	…173	莱茵河	…104
加尼埃歌剧院	…065	莱茵瀑布	…220
加泰罗尼亚音乐宫	…162	蓝湖	…285
戛纳影节宫	…081	老佛爷百货	…070
剑河	…042	老萨克森豪森	…103
剑桥大学	…043	乐高乐园	…285
剑桥市集广场	…045	雷克雅未克旧城区	…285
剑桥书店	…045	泪之塔	…211
狡兔之家	…073	里昂老城	…078
脚镣塔餐厅	…115	里昂圣母教堂	…079
杰古沙龙冰河湖	…286	力普啤酒馆	…072
居里夫人博物馆	…248	丽都	…062
橘园	…089	利多岛	…131
巨人之路	…056	利物浦马修街	…054
君士坦丁凯旋门	…119	粮食胡同	…235
		列宁博物馆	…191

L

K

		林肯大教堂	…056
Kaiser's Reblaube	…225	领主广场	…134
Kropf	…225	隆尚宫	…077
卡尔约翰大街	…181	卢浮宫	…063
卡拉卡拉浴场	…122	卢卡提诺	…127
卡里克空中索桥	…057	卢塞恩湖	…221
卡罗维发利	…256	卢森堡地下要塞	…287
卡诺波	…123	鲁尔工业区	…113
卡普里岛	…146	鹿特丹方块屋	…206
卡斯蒂里亚大街	…157	路德维希堡宫	…111
凯旋门	…060	伦敦塔桥	…034
科尔多瓦大清真寺	…171	伦敦眼	…034
科尔多瓦犹太街区	…174	罗丹美术馆	…062
科隆大教堂	…104	罗马竞技场	…077
克拉科夫中央广场	…249	罗马桥	…174

罗马议事广场 …119
罗瑞塔教堂 …254
吕贝克圣佩特里教堂 …111

M

Mauer Park跳蚤市场 …091
马德里王宫 …154
马德里主广场 …156
马尔默城堡 …186
马肯渔村 …206
马赛肥皂店 …082
马赛旧港 …076
马赛市政厅 …077
马斯特里赫特古城墙 …208
马斯特里赫特旧城购物街区 …210
马提亚斯教堂 …261
迈森大教堂 …112
曼彻斯特艾伯特广场 …055
玫瑰宫 …284
梅尔购物街 …200
梅克修道院 …231
美泉宫 …232
美因河 …103
蒙瑟瑞特山 …164
蒙田大道 …069
米哈波林荫大道 …078
米开朗基罗博物馆 …133
米克诺斯岛 …241
米兰大教堂 …138
米兰精品区 …141
米诺要塞 …219
米其林专卖店 …070
米斯特拉遗迹 …240
摩纳哥大教堂 …288
莫拉斯基夸斯钟乳石洞 …256
莫斯科国家历史博物馆 …273
莫扎特故居 …233
莫扎特纪念馆 …229
慕尼黑谷物市场 …098
穆拉诺岛 …132

N

那不勒斯皇宫 …145

纳克索斯岛	···242
纳沃纳广场	···122
南针峰	···080
尼德艾格杏仁巧克力专卖店	···115
尼斯昂日湾	···081
涅伯鲁夫宫	···248
涅瓦大街	···278
宁芬堡宫	···096
牛津大学	···044
牛津商业中心	···045
纽伦堡大审法庭	···097
挪威王宫	···178
诺贝尔和平中心	···179
诺丁山	···036

O

Oepfelchammer	···224
欧洲大厦	···102

P

Papa Giovanni	···126
Passeig de Gracia大街	···166
Paxton&Whitfield	···039
Prestat	···039
Psara's	···243
潘普洛纳	···173
庞贝古城	···146
蓬皮杜文化艺术中心	···066
皮拉图斯山	···221
皮耶赫梅	···073
菩提树下大街	···087
普拉多美术馆	···155
普希金美术馆	···274

Q

骑士桥购物区	···038
切尔诺贝利博物馆	···289
亲王宫	···288
全俄展览中心	···274

R

热那亚港口	···147
热那亚加里波第路	···147

热那亚君王宫	···145
人民广场	···123
日内瓦大喷泉	···217
日内瓦湖	···217
荣军院	···062
瑞典王宫	···184
瑞士村跳蚤市场	···070
瑞士国家公园	···222

S

Sebatini	···127
Stadtkeller餐厅	···225
萨伯隆圣母院	···198
萨尔茨堡城堡	···231
萨尔茨堡大教堂	···232
萨哈利修广场	···257
塞拉诺城楼	···165
塞拉诺街	···159
塞纳河	···064
塞尚故居	···078
塞维利亚大教堂	···170
塞维利亚美术馆	···171
塞维利亚圣十字区	···171
塞维利亚王宫	···171
塞西里恩霍夫宫	···090
沙夫豪森老城区	···219
尚博堡	···067
少女峰	···216
圣保罗大教堂	···122
圣彼得大教堂	···150
圣彼得广场	···151
圣彼得修道院	···232
圣彼得与圣保罗大教堂	···254
圣诞老人村	···192

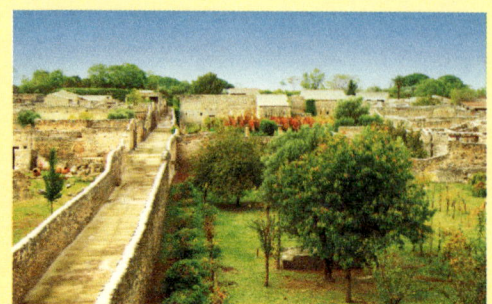

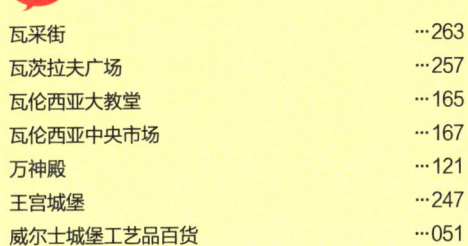

圣胡博购物拱廊	…200	苏黎世大教堂	…218
圣凯瑟琳街	…083	苏黎世湖	…219
圣洛伦茨教堂	…097	索菲亚王妃艺术中心	…158
圣马可大教堂	…131	索伦托	…146
圣马可广场	…130		
圣玛利亚大教堂	…119	**T**	
圣母百花大教堂	…133	TSUM中央百货公司	…278
圣母大教堂	…199	台伯河	…121
圣帕特里克大教堂	…286	太阳门广场	…156
圣乔凡尼与圣保罗教堂	…131	泰尔奇城堡	…255
圣乔治马乔雷教堂	…132	泰晤士河	…035
圣日耳曼德佩教堂	…066	坦佩雷东正教堂	…191
圣若热城堡	…282	特拉法尔加广场	…035
圣三位一体纪念柱	…255	特里堡瀑布	…111
圣十字架宫	…049	特里堡瀑布	…120
圣十字架烈士谷	…158	特洛伊	…268
圣十字教堂	…134	特维斯卡亚大街	…277
圣十字教堂	…247	天主教国王城堡	…172
圣史蒂芬大教堂	…262	图根哈特别墅	…254
圣索菲亚博物馆	…267	图兰朵餐厅	…279
圣天使堡	…151	托普卡珀皇宫	…266
圣托梅糕饼店	…175		
圣瓦西里大教堂	…273	**W**	
圣伊西德罗大教堂	…157	瓦采街	…263
施泰因	…220	瓦茨拉夫广场	…257
史度拜冰河	…234	瓦伦西亚大教堂	…165
史佩广场艺术市场	…209	瓦伦西亚中央市场	…167
史前巨石阵	…056	万神殿	…121
双风车咖啡馆	…073	王宫城堡	…247
双叟咖啡馆	…072	威尔士城堡工艺品百货	…051
水坝广场	…205		
水晶王国	…186		
斯德哥尔摩大教堂	…185		
斯德哥尔摩诺贝尔博物馆	…185		
斯德哥尔摩市政厅	…187		
斯福尔扎城堡	…140		
斯卡拉歌剧院	…139		
斯诺登尼亚国家公园	…050		
斯塔森露天博物馆	…185		
斯特拉夫德镇	…055		
松恩峡湾	…180		
苏格兰博物馆	…049		
苏格兰威士忌遗产中心	…051		

威尼斯大运河	…131	雪朗峰	…216
威尼托街	…124		
威斯康提城堡	…222	**Y**	
威斯敏斯特宫	…033	雅典国家花园	…240
韦奇奥宫	…134	雅典竞技场	…239
维拉努夫宫	…248	雅典卫城	…239
维斯比旧城区	…186	雅典中央市场	…243
维托里奥·埃马努埃莱二世长廊	…141	亚历山大广场	…091
维也纳格拉本大街	…235	亚维农时钟广场	…082
维也纳国家歌剧院	…230	岩石教堂	…193
温德米尔湖	…057	羊角村	…208
温莎城堡	…055	耶稣复活教堂	…276
文学咖啡馆	…279	依云镇	…080
沃伦丹	…206	艺术桥	…063
乌斯彭斯基大教堂	…191	英式花园	…096
无忧宫	…089	英雄广场	…262
		犹太教大会堂	…256
X		犹太人牺牲者纪念馆	…087
西班牙广场	…155	有顶大集市	…268
西岱岛	…064	于连铜像	…198
西尔皮斯街	…174	渔夫堡	…261
西教堂	…205	雨果咖啡馆	…073
西庸城堡	…217	原子球塔	…198
希腊国家考古博物馆	…238	约克大教堂	…057
希腊咖啡馆	…126		
锡耶纳	…146	**Z**	
夏慕尼	…079	赞斯堡	…207
先贤祠	…065	战神广场	…061
宪法广场	…239	战神广场	…276
香榭丽舍大街	…069	中央市场	…135
肖邦博物馆	…247	中央市场	…263
小孩堤防	…207	宙斯神庙	…239
小马广场	…175	朱丽叶之家	…144
小美人鱼铜像	…284	钻石博物馆	…199
协和广场	…061		
辛特拉王宫	…283		
新宫	…090		
新圣女修道院	…274		
匈牙利国会大厦	…261		
匈牙利国家歌剧院	…262		
熊公园	…215		
许愿池	…120		
选帝侯大街	…091		

《欧洲攻略》编辑部

编写组成员：

陈 永	陈 宇	崇 福	褚一民
付国丰	付 佳	付 捷	管 航
贵 珍	郭新光	郭 政	韩 成
韩栋栋	江业华	金 晔	孔 莉
李春宏	李红东	李 濛	李志勇
廖一静	林婷婷	林雪静	刘博文
刘 成	刘 冬	刘桂芳	刘 华
刘 军	刘小凤	刘晓馨	刘 艳
刘 洋	刘照英	吕 示	苗雪鹏
闵睿桢	潘 瑞	彭雨雁	戚雨婷
若 水	石雪冉	宋 清	宋 鑫
苏 林	谭临庄	佟 玲	王恒丽
王 诺	王 武	王晓平	王 勇
王宇坤	王 玥	王铮铮	魏 强
吴昌晖	吴昌宇	武 宁	肖克冉
谢 辉	谢 群	谢 蓉	谢震泽
谢仲文	徐 聪	许 睿	杨 武
姚婷婷	于小慧	喻 鹏	翟丽梅
张爱琼	张春辉	张丽媛	赵海菊
赵 婧	朱芳莉	朱国梁	朱俊杰
高 虹	诗 诗	莎 莎	天 姝
郭 颖	晓 红	王 秋	艳 艳

图书在版编目（CIP）数据

欧洲攻略/《欧洲攻略》编辑部编著. —北京：华夏出版社，2015.6
（全球攻略）
ISBN 978-7-5080-8425-1

Ⅰ．①欧… Ⅱ．①欧… Ⅲ．①旅游指南—欧洲 Ⅳ．①K950.9

中国版本图书馆CIP数据核字（2015）第074321号

欧洲攻略

作　　者	《欧洲攻略》编辑部
责任编辑	杨小英
责任印制	刘　洋
出版发行	华夏出版社
经　　销	新华书店
印　　装	北京金吉士印刷有限责任公司
版　　次	2015年6月北京第1版　2015年6月北京第1次印刷
开　　本	720×920　1/16开
印　　张	19
字　　数	300千字
定　　价	68.00元

华夏出版社　网址：www.hxph.com.cn　地址：北京市东直门外香河园北里4号　邮编：100028
若发现本版图书有印装质量问题，请与我社营销中心联系调换。电话：（010）64663331（转）

乐游全球·全年无休